「パナマ文書以後」に対応する

# 国外財産の移転・管理と税務マネジメント

税理士 佐藤臣夫
税理士 清水鏡雄

清文社

## は し が き

　いま、富裕層を中心に国外財産の保有が増加してきています。純金融資産を中心に5,000万円以上の国外財産を有する富裕層は、平成23年には約350万世帯であったものが、平成27年には約436万世帯と増加しています。
　パナマ文書事件以後のG20やOECDの動きを挙げるまでもなく、先進国を中心に、富裕層への課税強化の動きは避けて通れない流れとなっています。日本においても、平成30年以降、預金者情報をマイナンバーにより検索等する仕組みが整う予定であり、富裕層への課税強化網は着実に構築されてきています。
　本書は、パナマ文書事件以後の国際的な情報交換制度等が機能強化されてゆく課税環境の下で、富裕層を含む納税者、また税理士等専門家が、国外財産を税務上の法令順守の観点から適切に管理・移転・相続させる一連の流れについて、各取引段階での所得税、法人税、相続税（贈与税）課税関係の要点を把握し理解できることを目的としています。

　国際税務調査の方向性として、匿名性を悪用した犯罪等の防止のため、法人の実質的支配者の把握のための国際協調を推進する意思が明確化されました。資金洗浄（マネーロンダリング）等への対策の観点も踏まえ、法人（ペーパーカンパニー）等の脱税、行き過ぎた租税回避行為については、その企業を実質的に支配する自然人（実質的支配者）の情報収集が積極的に行われ、特定されてくるでしょう。
　本書第1章では、税務調査における「実質的支配者」の把握の意義等を解説し、タックスプランニング（租税計画）を提供してきた税務専門家においても、租税条約を含む各国の租税法と私法（契約等）を駆使したこれまでの国際課税のリスク軽減の手法にも影響が及ぶ点を示しております。

一方で、所得税及び相続税の課税強化の政策は、世界各国間での外資誘致政策競争を背景とする法人税制の緩和政策とセットとなっており、この傾向はしばらく続くことが想定されます。

　このような課税強化の下で、国外財産をどのように動かし、かついかに管理したらよいかというのは、富裕層にとっての最大の関心事となっています。

　日本に居住する個人が財産を所有する形態に着目すると、個人が財産を直接所有する形態と、個人が財産を法人に所有させて、株式として財産を間接的に所有する2つの形態があります。特に富裕層の場合、海外投資について、個人で投資する場合と法人により投資をする場合で、課税関係にどのような違いがあるのかの基本的なポイントをおさえておくことは不可欠です。この点については、第2章で課税の基本を示し、第3章で財産・所有形態別に税務マネジメント上の要点を解説しています。

　また近年、AI（人工知能）、Fin Tech（AIを使った新たな金融サービス）、ロボット産業、宇宙産業等、国際的な人的ネットワークを駆使する21世紀型ビジネス産業が開花しております。富裕層の子息も海外留学をされている傾向があるため、事業承継のありかたについても日本国内にとどまらず、日本国外を視野に入れた上で簡単にふれております。

　第4章で、国外財産に対する税務調査事例、非公開株式を用いた租税回避行為に対する税務調査事例（失敗事例）等を紹介し、納税者の国外財産の管理の重要性を示しております。

　最後に、本書の機会を与えて下さった清文社の小泉定裕社長、編集部大久保彩音氏、依田文実氏に衷心より感謝の意を申し上げます。

平成29年10月

税理士　佐藤　臣夫<br>税理士　清水　鏡雄

# 目次

## 第1章 富裕層課税のリスクとタックスヘイブン

### 第1節 富裕層を取り巻く環境の変化 ……… 2

**1** パナマ文書の衝撃　2
**2** パナマ文書等が暴露した世界　4
**3** デリバティブを使った利益移転スキーム　8
　**1** 国際金融取引の表(おもて)の取引関係—合法的スキーム—　8
　**2** 国際金融取引の裏(うら)の取引関係—利益移転スキーム—
　　　パナマ文書が暴露した世界—真実の取引の実態—　11
　　**1** 真実の所有者の隠ぺい　14
　　**2** オフショア銀行への利益移転取引の暴露　15

### 第2節 日本における国外財産に対する課税強化 ……… 21

**1** 国外転出時等課税制度　22
　**1** 制度導入の背景等　22
　　**1** 対象者が国外転出する時（国外転出時課税　所法60の2）　24
　　**2** 対象者（居住者である贈与者）が国外に居住する親族（非居住者）へ対象資産の全部又は一部を贈与する時（国外贈与時課税　所法60の3）　24
　　**3** 対象者（居住者である被相続人）に相続が開始し、相続又は遺贈により国外に居住する相続人等（非居住者）が対象資産の全部又は一部を取得する時（国外相続時課税　所法60の3）　24

## 2 国外転出時課税（出国税） 25
### 1 制度の概要 25
### 2 国外転出時課税の内容 26
## 3 国外贈与時課税 37
## 4 国外相続・遺贈時課税 38
## 5 平成28年度以降の主な改正点 39

# 2 国外財産調書制度 40
## 1 制度の概要 41
## 2 国外財産調書の提出義務者 44
## 3 財産の所在 45
## 4 国外財産の価額 45
### 1 土 地 48
### 2 建 物 48
### 3 預貯金 48
### 4 有価証券 49
### 5 貸付金（海外関連会社に対する貸付金を含む） 49
### 6 未収入金 49
### 7 書画骨董等 50
### 8 現金、書画骨董等以外の動産 50
### 9 その他の財産 50
## 5 国外財産調書の様式 50
## 6 罰則及びインセンティブ規定 53
### 1 税務調査及び提出における罰則規定 53
### 2 過少申告加算税及び無申告加算税の特例 54
### 3 諸外国における制度 55

# 3 財産債務調書制度の創設 55
## 1 制度創設の経緯 55
## 2 新制度の概要 57

         1 根拠規定の変更　57
         2 提出基準の見直し　57
         3 インセンティブ措置の導入　58
         4 記載事項の見直し　58
         5 質問検査権の規定の整備　58
     3 財産債務調書の記載の仕方　60
 4 国外送金等調書　62
     1 制度の概要と調書の内容　62
     2 「お尋ね」文書　63
         1 お尋ねを受領した後の修正申告、期限後申告の取扱い　63
         2 マイナンバーによる名寄せ　63
     3 罰則規定　64
 5 国外証券移管等調書　67
     1 制度の概要　67
     2 罰則規定　67

## 第3節 各国との租税条約に基づく情報交換制度の活用 …… 70

 1 深度ある調査の実施　70
 2 要請に基づく情報交換　71
 3 自発的な情報交換　71
 4 自動的な情報交換　71
 5 FATCA と CRS　73
     1 FATCA　73
         1 FATCA の概要　73
         2 米国と各国との協定　75
     2 CRS による自動的情報交換（非居住者金融口座情報の交換）　77
         1 CRS の意義　77
         2 当事者の役割　79

**6** 租税条約等に基づく情報交換ネットワークの現状　　81

# 第2章　国外財産を動かす際の基礎知識

## 第1節　タックスプランニングの視点と国際課税調査の視点 …… 86

**1** タックスプランニングの視点　　86
**2** 国外財産の保有・運用の基本とタックスプランニング　　89
　1　タックスプランニングの活用　　89
　2　導管投資のタックスプランニング　　90
　3　タックスヘイブンの機能　　92

## 第2節　各税制の基本解説 …… 95

**1** キャピタルゲイン課税の基本　　95
　1　外国公社債（利付債）の譲渡所得　　95
　2　外国公社債（利付債）の償還差益　　96
　3　外国公社債（ゼロクーポン債）の譲渡所得　　96
　4　外国上場株式の譲渡　　97
　5　国外不動産からの賃貸収入　　97
　6　国外不動産の譲渡　　97
**2** 国際資産税（相続、贈与）の基本　　98
　1　日本の相続税　　98
　　1　納税義務者の区分と課税財産の範囲　　98
　　2　財産の所在　　102
　　3　相続税の計算の仕組み　　103
　　4　二重課税の調整　　103
　　5　日米相続税条約　　103

- **2 国際相続** 105
  - 1 国際相続の概要 105
  - 2 米国の相続手続き 109
- **3 国際贈与** 113
  - 1 国際贈与の概要 113

## 3 タックスヘイブン課税等の基本（個人株主を中心に） 117

- **1 タックスヘイブン対策税制** 117
  - 1 タックスヘイブンを利用する原点 117
  - 2 タックスヘイブン対策税制の概要（平成29年度税制改正前）（居住者の特定外国子会社等に係る所得の課税の特例） 121
  - 3 新外国子会社合算税制（平成29年度税制改正後） 131
- **2 コーポレート・インバージョン対策合算課税（個人株主を中心に）** 147
  - 1 制度の概要（平成29年度税制改正前） 147
  - 2 平成29年度税制改正について 150

## 4 移転価格課税の基本 151

- **1 移転価格税制の概要** 151
  - 1 適用される法人等 151
  - 2 国外関連者 152
  - 3 国外関連取引 152
  - 4 適用対象取引 152
  - 5 本支店間取引 153
- **2 独立企業間価格** 153
  - 1 棚卸資産の販売又は購入 153
  - 2 棚卸資産の販売又は購入以外の取引 156
  - 3 ベストメソッドルール 156
- **3 主な移転価格算定方法の取引例** 157
  - 1 独立価格比準法（CUP法）を用いる場合 157
  - 2 再販売価格基準法（RP法）を用いる場合 158

        3　原価基準法（CP法）を用いる場合　159
        4　寄与度利益分割法（PS法）を用いる場合　160
        5　残余利益分割法（RPSM）を用いる場合　161
        6　取引単位営業利益比較法（売上高営業利益率を利益指標とする場合）　162
    4　タックスヘイブン対策税制と移転価格税制　163
        1　多国籍金融機関のタックスプランニング　163
        2　多国籍事業法人（国内メーカー）のタックスプランニング　163
        3　富裕層個人のタックスプランニング　164
5　租税回避スキーム　166
    1　租税回避スキームがもたらした社会　166
    2　行き過ぎた租税回避スキーム　167
        1　マクドナルド事例（ルクセンブルクの税優遇）　167
        2　非課税利子スキーム（ルクセンブルクの金利導管取引）　170
    3　タックスプランニングの義務的開示制度　171

# 第3章　国外財産の動かし方と課税関係

## 第1節　はじめに　174

## 第2節　概要説明（全体概念図）　180

## 第3節　個人による国外財産（金融資産・不動産）投資と課税　184

1　国外金融資産—スイスプライベートバンクを利用した金融資産投資　184
    1　国外金融資産投資（保有）の課税関係　186
        1　日本での課税関係　186

- 2 相手国での課税関係　201
- **2　個人が保有する国外金融資産の譲渡**　204
  - 1 日本での課税関係　205
  - 2 金融資産の譲渡―相手国での課税関係　208
  - 3 租税条約での調整の検討　210
- **3　個人が保有する国外金融資産の贈与**　210
  - 1 日本での課税関係　210
  - 2 財産所在地国での課税関係　210
- **4　個人が保有する金融資産の相続**　213
  - 1 日本での課税関係　213
  - 2 相手国での課税関係　215

## 2 国外不動産―米国不動産投資　219

- **1　個人の国外不動産保有（貸付）の課税関係**　224
  - 1 日本での課税関係　224
  - 2 相手国での課税関係　225
  - 3 租税条約での課税関係と日本での二重課税の調整　225
  - 4 国外財産調書への記載（5,000万円超の場合）　226
- **2　個人が保有する国外不動産の譲渡**　226
  - 1 日本での課税関係　226
  - 2 相手国での課税関係　228
  - 3 租税条約での調整の検討　228
- **3　個人が保有する国外不動産の贈与**　229
  - 1 日本での課税関係　229
  - 2 相手国での課税関係　230
  - 3 二重課税の調整―国外財産に対する贈与税額の控除（贈与税の外国税額控除）　233
  - 4 国外不動産の贈与に対する出国税の適用の可否　233
- **4　個人が保有する国外不動産の相続**　233

- 1 日本での課税関係　233
- 2 相手国での課税関係　234
- 3 二重課税の調整―国外財産に対する相続税額の控除（外国税額控除）　235
- 4 租税条約での調整の検討　235
- 5 国外不動産の相続に対する出国税の適用の可否　236

## 第4節　国内非公開株式を利用した国外財産（金融資産・不動産）投資と課税　237

### 1 国内非公開株式を利用した国外金融資産投資　237

#### 1 国内非公開株式を利用した国外金融資産投資（保有）の課税関係　240
- 1 日本での課税関係　240
- 2 金融資産保有の相手国の課税関係　241
- 3 二重課税の調整　242

#### 2 国内非公開株式を利用した国外金融資産の譲渡　242
- 1 日本での課税関係　242
- 2 金融資産所在地国での課税関係　243

#### 3 国内非公開株式を利用した国外金融資産の贈与　244
- 1 日本での課税関係　244
- 2 相手国での課税関係　245

#### 4 国内非公開株式を利用した国外金融資産の相続　245
- 1 日本での課税関係　245
- 2 相手国での課税関係　247

### 2 国内非公開株式を利用した国外不動産投資　247

#### 1 国内非公開株式を利用した国外不動産投資（保有）の課税関係　249
- 1 日本での課税関係　249
- 2 相手国での課税関係　249

- 3 租税条約　249
- 2 国内非公開株式を利用した国外不動産の譲渡　250
  - 1 日本での課税関係　250
  - 2 相手国での課税関係（米国の課税関係）　251
- 3 国内非公開株式を利用した国外不動産の贈与　251
  - 1 日本での課税関係　251
  - 2 相手国での課税関係　252
- 4 国外不動産を保有する国内非公開会社の株式の相続　252
  - 1 日本での課税関係　252
  - 2 相手国での課税関係　253

## 第5節　国外非公開株式を利用した国外財産（金融資産・不動産）投資と課税　254

### 1 国外非公開株式を利用した国外金融資産投資　254
- 1 国外非公開株式を利用した国外金融資産投資（保有）の課税関係　255
  - 1 日本での課税関係　255
  - 2 外国法人所在地国での課税関係　257
- 2 国外非公開株式を利用した国外金融資産の譲渡　258
  - 1 日本での課税関係　258
  - 2 外国法人所在地国での課税関係　259
- 3 国外非公開株式を利用した国外金融資産の贈与　260
  - 1 日本での課税関係　260
  - 2 外国法人所在地国での課税関係　260
- 4 国外非公開株式を利用した国外金融資産の相続　261
  - 1 日本での課税関係　261
  - 2 相手国での課税関係　261

### 2 国外非公開株式を利用した国外不動産投資　262
- 1 国外非公開株式を利用した国外不動産の保有・賃貸の課税関係　263

- 1 日本での課税関係　263
- 2 不動産所在地国（法人設立国）での課税関係　263

### 2 国外非公開株式を利用した国外不動産の譲渡　264
- 1 日本での課税関係　264
- 2 外国法人所在地国での課税関係　265
- 3 租税条約の検討　267

### 3 国外非公開株式を利用した国外不動産の贈与　267
- 1 日本での課税関係　267
- 2 外国法人所在地国での課税関係　268

### 4 国外非公開株式を利用した国外不動産の相続　268
- 1 日本での課税関係　268
- 2 相手国での課税関係　269

## 第6節　日本の非公開会社の外国子会社を利用した国外財産（金融資産・不動産）投資と課税　270

### 1 国外金融資産投資　270

#### 1 外国子会社が国外金融資産を投資（保有）する課税関係　271
- 1 日本での課税関係　271
- 2 外国子会社所在地国での課税関係　272

#### 2 国外金融資産を保有する外国子会社の株式の譲渡　272

#### 3 国内非公開株式（親会社株式）を利用した国外金融資産の贈与　273
- 1 日本での課税関係　273
- 2 相手国での課税関係　273

#### 4 国内非公開株式（親会社株式）を利用した国外金融資産の相続　274
- 1 日本での課税関係　274
- 2 相手国での課税関係　275

### 2 外国子会社の国外不動産投資　275

#### 1 外国子会社を利用した国外不動産の保有の課税関係　276

- 1 日本での課税関係　276
- 2 不動産所在地国（法人設立国）での課税関係　276

**2 外国子会社（国外非公開株式）を利用した国外不動産の譲渡　277**
- 1 日本での課税関係　277
- 2 外国法人所在地国での課税関係　277

**3 国内非公開株式（親会社株式）を利用した国外不動産の贈与　279**
- 1 日本での課税関係　279
- 2 相手国での課税関係　280

**4 国内非公開株式（親会社株式）を利用した国外不動産の相続　280**
- 1 日本での課税関係　280
- 2 相手国での課税関係　281

**5 譲渡課税がない国（シンガポール）に非公開会社（外国子会社）を設立し、国外に不動産投資を行うケース　283**
- 1 日本での課税関係　284
- 2 シンガポールの課税関係　284
- 3 租税条約の検討　285

## 第7節 非公開株式と事業及び無形資産の国外移転　286

### 1 国内事業の海外移転（国外への事業展開）　290

**1 事業移転の方法　292**
- 1 個人の事業（資産）の譲渡　292
- 2 法人の事業資産の譲渡　293
- 3 国外事業の株式による移転―現物出資　295
- 4 クロスボーダーMBO（マネジメント・バイ・アウト）　296
- 5 クロスボーダーDESの課税関係　297

**2 持株会社　298**
- 1 持株会社の設立方法　298
- 2 国外における持株会社設立　299

3　本社機能の海外移転（国内事業の国外財産への転換）　300
**2** 非公開株式を利用した無形資産の移転　304
　**1**　日本の無形資産の使用料・譲渡の課税関係　307
　**2**　租税条約における課税関係　308
　**3**　無形資産の国外移転と譲渡課税　309
　**4**　無形資産の国外移転後のロイヤルティと移転価格税制　309
　**5**　コーポレート・インバージョン対策税制　310
　**6**　欧州諸国の研究開発・技術革新を促進するための優遇税制　310
　**7**　無形資産を軽課税国に所在する法人に移転させる税務スキーム　310

## 第8節　非公開株式と事業承継　316

**1** 非公開株式を利用した事業承継　316
　**1**　分社型分割のケース（2社に分割して事業承継）　316
　**2**　分社型分割（親子会社に分割し事業承継）　319
　**3**　持株会社設立（持株会社による事業承継）　321
**2** 国内事業会社の国外財産への変更と事業承継　323
**3** 国外事業再編と事業承継（次世代事業承継）　325
**4** スタートアップ企業の事業モデル　330

# 第4章　失敗事例紹介

## 第1節　相続に係る失敗事例　338

**事例1**　知らなかった！　日本居住者で亡くなると全世界財産に課税される。　338
**事例2**　被相続人Aは、相続開始日現在において、海外の金融機関に預金を保有していたが、相続人Bは相続税の申告に当たり、当該海外預金

　　　　を除外して申告を行っていた事例　341
事例3　海外の銀行預金口座に非居住者から現金振込を受けた場合（贈与）　342

## 第2節　当局の課税強化 …………………………………………………… 345

事例4　海外税務当局からの情報提供により、国外に隠していた財産が発覚！　345
事例5　大手非公開会社S社の甲元会長、海外子会社の役員報酬を申告漏れ　349
事例6　インサイダー取引により起訴された前社長、無申告の国外財産に追徴
　　　　―「国外財産調書不提出」による懲罰的加算税適用第一号―　352
事例7　T氏の遺族、国外資産管理会社（香港）が保有していた中国法人の
　　　　株式に係る相続税、所得税を申告漏れ　355
事例8　租税条約に基づく情報交換制度を積極的に活用し、非居住者Aが国
　　　　内不動産の譲渡で得た所得について課税を行った事例　356
事例9　国外送金等調書などの資料情報や租税条約に基づく情報交換を活用
　　　　するとともに、親族・関係法人を含め一体的に調査を実施し、課税
　　　　を行った事例　358
事例10　調査により、いわゆるタックスヘイブンに設立した法人を介して行っ
　　　　た知的財産権の譲渡について、外国子会社合算税制を適用し課税を
　　　　行った事例　360
事例11　国外に出国した個人が、居住形態から居住者とみなされて、外国子会
　　　　社合算課税（タックスヘイブン対策税制）を適用された事例　361
事例12　調査により、いわゆるタックスヘイブンにおいて、調査法人が実質
　　　　出資者である子会社の所得を把握したことから、外国子会社合算税
　　　　制を適用して課税を行った事例　365

## 第3節 BEPS等の租税回避スキーム ……… 367

**事例13** 出資したLPSを通じて米国中古マンションを購入。その減価償却費は個人の不動産所得の損失ではなく、LPSは法人に該当し、損失は個人所得と相殺できないとされた事例　367

**事例14** アップル社に1.4兆円追徴（欧州委員会がアイルランド政府に課税指示）／税率0.005％究極の巨額「税逃れスキーム」に欧州委員会が「違法」と断定　372

**事例15** Amazon事例（電子取引の売上計上場所、物流倉庫のPE認定）　379

**事例16** オウブンシャホールディング事件　384

## 第4節 新しい国際課税原則の構築の必要性 ……… 388

**1** 本庄資教授の考え方（BEPS行動計画）　388
**2** OECDの新ルール　389

---
**・コラム・**

自ら税率を決められる法人税　125
「信託」の歴史的経緯と「パナマ文書」以後の課税環境の変化　217
米国の贈与税・遺産税　231
米国法人を利用した不動産投資　282
アイルランドの急成長　375

---

参考資料：租税条約での利子・配当・使用料の限度税率表　393

# 凡　例

## ■法令等の略記

|  |  |
|---|---|
| 所法 | 所得税法 |
| 所令 | 所得税法施行令 |
| 所規 | 所得税法施行規則 |
| 所基通 | 所得税法基本通達 |
| 相法 | 相続税法 |
| 相基通 | 相続税法基本通達 |
| 法法 | 法人税法 |
| 法令 | 法人税法施行令 |
| 財基通 | 財産評価基本通達 |
| 措法 | 租税特別措置法 |
| 措令 | 租税特別措置法施行令 |
| 送金法 | 内国税の適正な課税の確保を図るための国外送金等に係る調書の提出等に関する法律 |
| 送金令 | 内国税の適正な課税の確保を図るための国外送金等に係る調書の提出等に関する法律施行令 |
| 送金規則 | 内国税の適正な課税の確保を図るための国外送金等に係る調書の提出等に関する法律施行規則 |
| 国外通 | 内国税の適正な課税の確保を図るための国外送金等に係る調書の提出等に関する法律（国外財産調書及び財産債務調書関係）の取扱いについて（法令解釈通達） |
| 金商法 | 金融商品取引法 |

## ■条数等の略記

所法60の2①二 ……………… 所得税法第60条の2第1項第二号

＊　本書の内容は、平成29年9月30日現在の法令等によっています。

# 第1章

# 富裕層課税のリスクと
# タックスヘイブン

## 第1節 富裕層を取り巻く環境の変化

### 1 パナマ文書の衝撃

　国際社会に立て続けに衝撃が走っています。
　2016年4月3日、パナマ文書による、政治家、著名経済人、富裕層、多国籍企業によるタックスヘイブンを利用した不公正な取引と、それを操る旧大英帝国の中枢である国際金融市場シティの実態が暴露され、世界の政財界に激震が走りました。
　その数か月後、世界の国際金融の中心、ロンドン金融街シティを擁する英国がEUを離脱（Brexit）するという想定外の出来事が重なり、その余波は瞬く間に全世界に広がりました。離脱派も、まさか勝利すると思っておらず、再度の国民投票を求めた者もいましたが、もう後戻りはできません。
　これは、いったい何を意味しているのでしょうか。

　パナマ文書が暴露した、闇の世界が「真実」かどうかはわかりませんが、もしそれが「真実」ならば世界の政治経済はただ事では済まないでしょう。不公正なタックスヘイブンを糾弾する政治リーダーが、反汚職の御旗を振る首脳が、彼らの親族や友人名義でタックスヘイブンを利用して不正蓄財をしている可能性があると公表された事実は衝撃的です。現在報道されている情報は、パナマの法律事務所「モサック・フォンセカ」から「南ドイツ新聞」に漏えいした情報のほんの一部の情報にしか過ぎず、ICIJ（国際調査報道

ジャーナリスト連合）の膨大な資料の解析調査は、現在も続いています。また、公表された情報を基に各国の税務当局の本格的な調査も始まったばかりです。

　これらの闇の世界の取引を暴こうとする税務当局やジャーナリストと、それを覆い隠そうとする勢力とのせめぎ合いは、これからまさに本格的に水面下で死闘を繰り返しながら進められていくことになるでしょう。

　このような欺瞞に満ちた不公平な世界の中で、個人としての富裕層が、自らが築いてきた財産を守り、その貴重な財産をいかに有効に次世代に引き継いでいくかは、今の世代に課せられた重要な役割ですが、しかし、一方でどのようにしたらよいかは明確な指針がないのが現状です。

　そこで本書は、このような混沌とした世界経済、国際環境の中で、どのように国内外財産を移動、管理し、税務をマネージメントしていくかを、国外財産の取得、運用、譲渡、贈与（相続）という各取引について、富裕層個人が直接投資した場合、非公開会社により保有させた場合、複数の非公開会社を使い分けてスキーム化した場合に分けて、**第3章**冒頭に掲げた「全体取引図」によりガイドしながら検討していくことにします。

　パナマ文書は、タックスヘイブン、オフショア金融システム等の実態を暴露するとともに、それを使用していた者が世界的に有名な多国籍企業、著名経済人、富裕層、各国政治指導者である可能性があることを暴露しました。その衝撃は、国際税務の世界だけではなく、富める者と富まざる者の格差が租税負担の不公平により拡大増幅するという構図を改めて明らかにしたことにより、各国政府や何も知らなかった庶民をも震撼させました。その怒りの凄まじさは、アイスランド首相がわずか数週間の間に辞任したことからも窺い知れます。さらに、英国キャメロン首相（父親がオフショア信託を保有）、ロシアのプーチン大統領（友人名義）、中国の習近平主席（親族名義）等、税に関する不正撲滅を主導していた一国の元首が、その政治的に発する不正糾弾の言葉の裏側で、彼らの妻や親族あるいは友人名義で、不正取引を行っ

ていた可能性を示唆したという点で、全世界に衝撃を与えました。

　ご承知のとおり、パナマ文書による暴露以前にも、国際課税に関する不公平、不公正な取引が暴露され、OECDを中心に多国籍企業による「不公正競争」に対する是正に向けた様々な取り組みが行われてきました。

　また、真実の所有者を隠ぺいする仕組み（システム）についても、リヒテンシュタイン事件やスイスの伝統的な巨大投資銀行に対する米国IRS（内国歳入庁）の執拗な追及により、その実態の一部が明らかにされ、スイスの銀行の伝統であった守秘義務条項が破られ、厚い壁に守られてきた顧客情報がついに明らかにされるようになっていました。そもそも、スイスが顧客情報を米国当局に提出したこと自体が画期的なことでした。

　さらに、英国による、スターバックス等の世界的規模の多国籍企業に関する租税回避の実態が明らかにされるようになり、英国庶民の不公正な取引、不公平な租税負担の実態に対する怒りは爆発していました。

　これらの非常事態を受け、OECDが租税回避取引に対する実態解明と、その具体的な対策を講ずるべき作業をまさに行っているときに、「パナマ文書」が租税回避よりも深刻な真実の所有者を隠した取引の実態を暴露しました。この衝撃により、行き過ぎた租税回避の解明に向けた各国税務当局の連携はさらに強固に、加速され、これらのタックスヘイブンを使った不透明な取引を解明するための情報収集と、課税強化への包囲網がグローバルに構築されていくことは最早、確実な状況となっています。

## 2　パナマ文書等が暴露した世界

　ルクセンブルク事件、リヒテンシュタイン事件、UBS事件そしてパナマ文書と、一連の内部文書漏洩事件により膨大な量の情報ファイルが流出しました。ICIJや各国当局の調査により明らかにされたタックスヘイブンにおける問題点は、①真実の所有者の隠ぺい、②銀行秘密法等による金融機関、国家の守秘性、③金融取引等による利益の移転、という3点でした。

これらの取引は合法的に仕組まれており、違法な脱税や更正をされるような租税回避を目的とした取引ではないと言われています。確かに、多国籍企業や国際的金融機関が、証券化ビジネスと言われる金融取引で、タックスヘイブンにSPC（特別目的会社）を設立して資金調達する一連の取引は合法的にシステム化されています。また、個人富裕層がタックスヘイブンを利用して現地法に基づくトラスト、信託あるいは財団等を利用して資産を保有・運用するのも当たり前とされています。

　しかし、OECDの解明調査により、BEPS取引がどのような租税回避スキーム取引を行っていたかが徐々に明らかになってきてはいますが、パナマ文書等による情報では、どのような取引が行われていたかを明瞭かつ具体的に示した資料は少なく、現状ではメディアの報道により、概念的になんとなく理解している部分が多いため、その実態が明らかになるのは今後の調査等にゆだねられていくのでしょう。

　そこで、国際金融取引のなかで国際的多国籍金融機関が行っているCDO（債務担保証券）という、SPV（特別目的事業体）を使った一連の合法的な取引といわれる金融商品を例にして、具体的にどのような取引が行われているかを見ていき、パナマ文書などによりリークされて明らかにされた部分がどこであるかを示し、それにより真実の取引とはどのような取引であったかを、取引図をつかって具体的に説明していきたいと思います。

### 図表 1-1-1　CDO 取引スキーム図

**貸付債権の証券化スキーム図（CDO 取引）**

A 社に対する貸付債権を証券化（Y 社債として）
日本の投資家に販売する取引（クレジットリンク債）

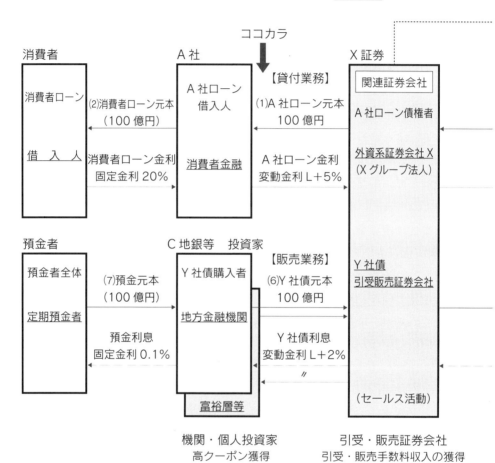

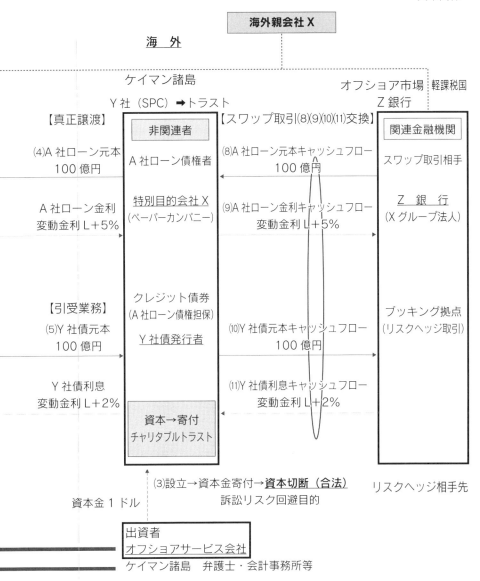

第1節 富裕層を取り巻く環境の変化

## 3 デリバティブを使った利益移転スキーム

### 1 国際金融取引の表(おもて)の取引関係—合法的スキーム—

　ケイマン諸島等のタックスヘイブンにSPCを設立し、SPVに債券を発行させて証券化する金融ビジネスの一つにCDOという取引があります。CDO（Collateralized Debt Obligation）とは、「債務担保証券」と呼ばれ、ABS（資産担保証券）の一つで、貸付債権（ローン）や債券（社債）などから構成される金銭債権を担保として発行される証券化商品のことをいい、複数のローンなどの資産を保有するオリジネーター（原資産所有者）が、それらをSPVに譲渡し、この資産を裏付けとして発行した「社債」の売り出しや「信託受益権」の譲渡を行うことで、投資家から資金調達を行う仕組みになっています。

　この金融商品は、低金利となった日本において、非常に高い社債利息を享受できるとともに、格付機関による高格付けを取得していることから、安全性の高い商品として、機関投資家の間では非常に人気となった金融商品（仕組債）です。この取引により国際金融機関は多額の利益を獲得しているので、取引スキーム図を見ながらその仕組みについて順次簡単に説明していくことにします。

#### （1）X証券とA社のローン取引［貸付業務］

　今、グローバルに金融事業を展開している多国籍金融機関グループの日本法人であるX証券が、日本にある消費者金融A社に、変動金利（円Libor）に5％上乗せした非常に高い金利で100億円を貸し付けます。

#### （2）消費者へのローン取引

　A社は、消費者へのローン資金が経常的に不足しているため、高い上乗せ金利5％を支払ってでもX証券から資金を借り入れ、その資金をもとに消

費者に高利（年利20％）で消費者ローンを貸し付けます。

## （3）ケイマン諸島のY社設立
　Y社はケイマン諸島で現地法律事務所により資本金1ドルで設立されたSPC（特別目的会社）で、事業終了時に慈善団体に資本金を寄付することを宣言してチャリタブルトラスト（慈善信託）となっている法人です。したがって、現地法令上ではY社（SPC）はX証券、Z銀行と資本関係も支配関係もない独立した第三者となっています。

## （4）Y社の債券発行（証券化）業務
　Y社はX証券からA社ローンを買い取り（真正譲渡）、当該ローン債権を担保として自社（Y社）の債券を変動金利（円Libor）＋2％の社債利息で発行して、Y社債券をX証券が引き受けることにより元本100億円の資金を調達します。説明の順番は逆になってしまいましたが、実際には、この100億円が消費者金融A社へのローン債権の原資（預金者→C地銀→X証券〈債券引受〉→Y社→Z銀行〈スワップ下段〉→Y社〈スワップ上段〉→X証券〈A社ローン〉→A社→消費者ローン借入人）という流れになります。キャッシュフローを簡単に整理すれば、預金者が預金した100億円を消費者金融の借入人が借りたという取引になります。

## （5）X証券の引受け、販売業務
　X証券は、Y社債の引受けを行いY社債の元本100億円をY社に支払います。また、投資家である地方金融機関等にY社債を販売し、元本100億円を入金します。ここでは、引受手数料等については省略しますが、X証券が引受け・販売リスクを負担していることになります。

## （6）債券購入者（投資家）

　Y社債の購入者である地方の金融機関や富裕層は、変動金利＋2％という他の金融商品よりも高い利回りを獲得するために購入します。地方金融機関は、余剰資金は手元にあるが資金の運用先が少なく、コンプライアンス遵守のため消費者金融に直接融資することはできないという状況にありました。このことを察知したX証券がアレンジし、「ローン」という形ではなく「海外SPCが発行するCDO債券」という形に変形して地方金融機関などに販売したのです。両者の中身は同じで、単に「ラッピング」を変えただけのものですが、「ラッピング」を変えるだけで超人気商品となったわけです。

## （7）預金取引

　地方金融機関のY社債の購入資金は、一般の預金者からの非常に低い利率の定期預金等の預入資金が原資となっています。

## （8）（9）（10）（11）スワップ取引（いわゆる「キャッシュフロースワップ」取引）

　以上がCDO取引であるA社ローン取引とY社債券取引の流れですが、さらに、ケイマン諸島のY社は多国籍金融機関グループのオフショア金融市場（軽課税国）にあるZ銀行との間でリスクをヘッジするために金利スワップ取引を行います。このスワップ取引は、単純に、Y社に発生するキャッシュフローをZ銀行に移し替えるだけのスワップです。そのキャッシュフローは、（8）Y社が支払うA社ローンの元本100億円は、Z銀行が資金を供給し、（9）Y社が受け取ったA社ローンの金利は、Z銀行に支払う。同様に、（10）Y社が受け取った社債の元本は、Z銀行に支払い、（11）Y社が支払う社債利息は、Z銀行が資金を供給する、というキャッシュフローの交換になります。

　こうすると、SPCのY社はパススルーとなり、基本的に資金は通過するだけで一切残らないことになり、Y社で発生するキャッシュフローをそっく

りZ銀行に移し替えることができます。このようにペーパーカンパニーであるSPC等で発生するキャッシュフローとそれと反対方向のキャッシュフローを作って交換するスワップは、「キャッシュフロースワップ」と呼ばれ、国際金融取引のスキームのなかで非常に多く使われるツールの一つになっています。

　以上が、国際的金融機関が行っているCDOという金融商品の取引スキームです。一つひとつの取引をパーツでみると、違法となる取引はなく、したがって、全体についても合法的といわれるスキームになっているといわれています。

　しかし、パナマ文書等でリークされた情報が加わると、様相が一変します。

　皆様は、どこに問題があるかおわかりになりますか。

## 2　国際金融取引の裏(うら)の取引関係─利益移転スキーム─
## 　　パナマ文書が暴露した世界─真実の取引の実態─

　合法的といわれる表面上の取引スキームを見てきましたが、この取引図に、パナマ文書等により暴露された「真実の所有者」や「オフショア金融機関」へのデリバティブ取引による利益移転の補足説明を加えて、想定の取引スキーム図を作成したものが12～13頁の表となります。

　太字、網かけの部分がパナマ文書により暴露されたといわれる部分に相当する取引となっています。

　　※なお、この取引スキームは、あくまでも想定で作成しているため、実際の取引とは異なりますのでご了承ください。

## 図表 1-1-2　利益移転スキーム図

### デリバティブを使った利益移転スキーム図（CDO 取引）
― パナマ文書が暴露した『闇の世界』―

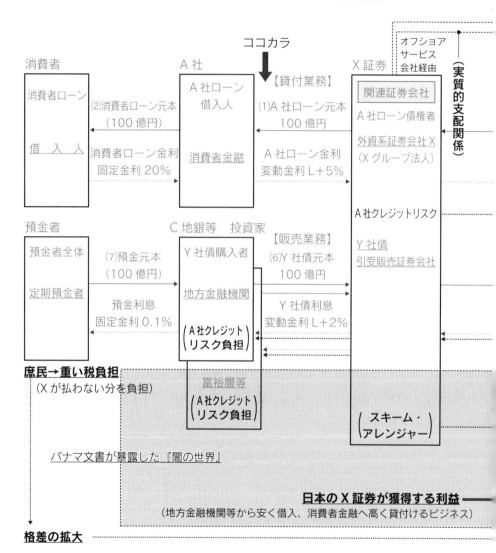

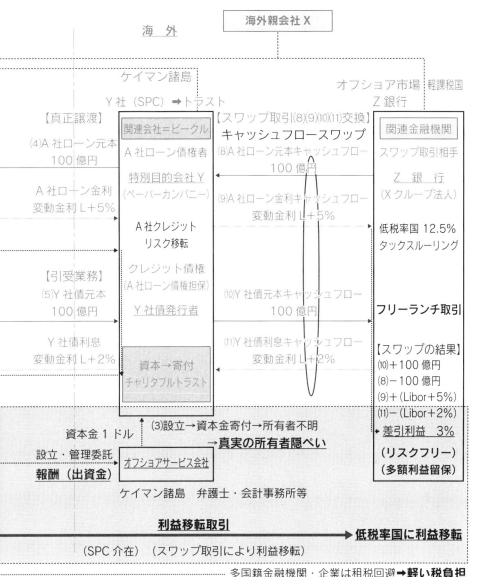

## 1 真実の所有者の隠ぺい

　パナマ文書は、タックスヘイブンでの法人設立を請け負う中米パナマの「モサック・フォンセカ」という法律事務所から流出した膨大な量の内部文書、依頼者からの申込依頼書、契約書、取引メール、パスポートの写し等で構成されています。流出データは 2.6 テラバイト、ファイル数で約 1,150 万件分といわれ、政治家、経済人、有名スポーツ選手など世界の著名人の個人情報や取引詳細が記録されています。

　「モサック・フォンセカ」は、取引スキーム図ではオフショア・サービス会社の位置付けの法律事務所であり、英国ヴァージン諸島等にペーパーカンパニーを設立するサービスや設立した会社の代理業務を行っていたといわれています。

　取引図では、日本の X 証券は、ケイマン諸島の法律事務所であるオフショア・サービス会社に、SPC の設立を依頼するとともに、設立した SPC の運営・管理を業務委託します。法律事務所は資本金を立て替えて SPC を設立するとともに、事業が終了した時点でキリスト教会等の慈善団体に資本金を寄付することを宣言して、チャリタブルトラスト（慈善信託）となります。Y 社出資金は信託財産となり、委託者である日本の X 証券（あるいは、ケイマン諸島の法律事務所）の財産ではなくなることになり、その結果、Y 社は X 証券との資本関係を切断することができ、X 証券、Z 銀行と資本関係、支配関係のない独立した第三者となります。

　しかし、「パナマ文書」が暴露する世界では、「真実の所有者」は「名義上の所有者」でない場合があることを暴露しているわけです。

　Y 社と X 証券には資本関係や支配関係がないというのは、タックスヘイブンの現地法令により作られた形式的な事実ですが、Y 社は、実質的には X 証券のビジネス目的で設立し、X 証券が管理、運営しているビークルにすぎないというのが真実です。

「真実の所有者」が現地の法律事務所等に依頼してSPCを設立し、SPCの運営管理を業務委託しているという事実を、税務当局が資料を揃えて証明することは、日本の主権が及ばない国外であること、しかもタックスヘイブンは書類の保存義務が緩いことから、ほぼ不可能といえます。パナマ文書は本来ならば明るみに出ない依頼人からの申込書、パスポート等の本人確認資料、Eメールの交信記録やマル秘内部文書まで資料として流出したという意味で、非常に重要であり、その衝撃が大きかったわけです。

　もし、X証券が真の所有者であると証明されることになれば、Y社の資本金は法律事務所を経由してX証券が出資していた（実質的に100％支配している）ということになり、Y社は国外関連者に該当し、日本のタックスヘイブン対策税制や移転価格税制の射程に入ってくることになります。

### 2 オフショア銀行への利益移転取引の暴露

　スワップ取引を行うことにより、ケイマン諸島のY社のキャッシュフローをオフショア（軽課税国）のZ銀行に移転させることは、このキャッシュフローに「内在された利益」を移転させることを意味します。すなわち、Y社に計上されるべき利益（本来はX社の利益）がZ銀行の利益として移転し計上されることになります。

　金融取引をかじった方ならばご存知ですが、スワップ取引は交換する将来キャッシュフローを現在価値に引き直したベースで等価交換となる取引ですが、等価でない場合には、差額をアップフロントフィーなどで調整して等価交換にします。すなわち、取引開始の時点ではスワップの現在価値はゼロであり、利益は発生（移転）しないようになっています。

　そうすると、逆に、スワップ取引ならば等価交換であるから、Y社とZ銀行のスワップ取引も等価交換と思いこんでしまうことになります。この取引図は簡略化しているため、余分な取引のキャッシュフローを省略していますので非常にわかりやすくなっていますが、実際にはもっと複雑になっているので、簡単には「等価交換」になっていないことがわからないようになっています。

また、日本から見たときに、ケイマン諸島のY社との取引の反対側にオフショア（軽課税国）のZ銀行とのスワップ取引が付いているかわからない場合があります。例えば、ケイマン諸島のY社がロンドンのオフショア市場でオフショア口座を作って、その口座を使ってZ銀行とスワップ取引をすると、オフショア（ロンドン）とオフショア（軽課税国）間の取引となって、日本から見たときにはそのスワップ取引の存在はわからなくなります。

　このスワップ取引は、Y社に発生する利益をスワップ取引の相手先である軽課税国にあるZ銀行に移転させるために行われるもので、利益移転の仕組みは、以下の通りとなっています。

　100億円の元本はA社ローンとY社債で相殺されますので損益は発生しませんが、利息のキャッシュフローが問題となります。A社ローン金利のキャッシュフローは変動金利＋5％で受け取り、Y社債利息のキャッシュフローは変動金利＋2％で支払うことになっていますから、A社ローンとY社債の利払いのタイミングが一致していれば、差し引き3％相当額の利ざやが利益として毎年発生することになっています。仮に、100億円の元本としますと、毎年3億円相当のキャッシュ（利益）が、Z銀行に残ることが確定されています。会計上は、時価会計なので5年間のスワップ取引全体の評価額が計上されますが、クレジットリスク、流動性リスク、評価計算モデルの計算誤差リスク、金融システムリスク、コリレーションリスク等に対する様々な引当金（リザーブ）を多額に計上したり、特別な会計上の手法などにより、スワップの評価損益はほとんどゼロにしてあります。一方、キャッシュフローベースでは毎期3億円相当のキャッシュが留保されていきます。取引終了時点で、これらのリザーブを取り崩す（リリース）ことにより、会計上もリリース利益が計上され、キャッシュフローベースと会計上の利益が一致することになりますが、このスワップ損益計上のタイミングがずれる仕組みにより、取引期間中では、真実の取引の損益実態が見えてこないことになります。

　このように、スワップ取引を行っただけで、A社の倒産リスク（クレジッ

トリスク)やY社債の引受け・販売リスク(Y社債が販売できなかったリスク)等の特定のリスクを負っていないリスクフリーにもかかわらず、Z銀行には多額の利益が移転していくことになります。A社が倒産するリスクはA社ローンを担保としているY社債を購入した日本の機関投資家等が負っていて、スワップの相手先であるZ銀行が負っているわけではないにも関わらず、利益を内包したキャッシュがZ銀行に集積されていきます。

このように、リスクなしで、ただで利益がごちそうになれる取引を金融業界では「フリーランチ取引」と呼んでいます。

元本が100億円、金利差が3%、ローン期間が5年間とすると、単純に15億円相当の利益が移転することになります。軽課税国の表面上の法人税率は非常に低く設定されていますし、オフショア金融センターに誘致されて金融業務を行っている場合には、当局との間でタックス・ルーリングを結ぶことによって更なる優遇措置を受けることも可能となっています。

預金利息の低い日本では、このような高利息のCDOの仕組債取引は超人気商品となり、非常に多くの商品が大量に発行されていましたので、多額の利益がこのように移転していたことになります。この利益の源泉は、日本国内における貸付先のない機関投資家等の元本を消費者金融に高利で融資する取引の利ざやから発生しているにもかかわらず、利益は日本からこのようにして抜かれていくことになります。

もし仮に、タックスヘイブンの設立、管理を請け負った法律事務所から内部文書、電子メール、契約書等が流出し取引内容が明らかになったとしたら、元々、日本でビジネスを組成し、リスクを負担している日本のX証券に利益が計上されずに、ケイマン諸島のSPCを経由し、スワップ取引により、軽課税国のオフショア金融センターにあるZ銀行に利益が移転する取引になっていることが明らかになりますので、このような実態に基づいて課税関係の検討がなされることになります。

グローバルな金融機関グループにより、本来、日本に納めるべき税金を納めず、税金の安いタックスヘイブン国に利益を移転させることにより、グループ全体の納税額を最小化させる取引となっています。このことは、今までは一般の納税者にとっては直接関係がないこととみられていましたが、所得の源泉地国の当局が課税できないことにより、結果として、X証券グループが日本に税金を納めない分を日本の庶民が重い税負担（又は社会費用）を強いられることになっているという全体構図が明らかにされました。
　この利益は、日本のX証券会社がアレンジして、地方金融機関から安く資金調達し、消費者金融に高く貸し付けた差額であり、常識的には、日本で計上されるべき利益ですが、実際は富める者は安い税金しか払わず、貧しい者が高い税負担を強いられることになり、本来、所得の再配分機能を備えている税金がその機能を果たせず、逆に格差を増幅させていくことになるのです。

　※現在では、このような金融取引を行うほとんどの金融機関は、国税当局との間で移転価格に関する事前確認（APA）を申請しています。


　以上、この取引はタックスヘイブンを利用して租税回避しているほんの一例にすぎませんし、そもそもパナマ文書を漏洩させた「モサック・フォンセカ」は世界の第4位の法律事務所に過ぎませんから、パナマ文書はまさに氷山の一角に過ぎないわけです。更に大きなビジネスを行っているオフショア・サービス会社が、ケイマン諸島やBVI等のタックスヘイブンでビジネスを行っている実態は明らかにされていません。タックスヘイブンの問題の大きさがどのくらいかは正確にはわかりませんが、国際的なNGOは租税回避地に世界の富裕層から800兆円の資産が流れ込んでいると分析しています。また、OECDは、国際的な租税回避による各国の税収損失は年間最大2,400億ドル（約26兆円）に上ると推計しています。


　パナマ文書により資料が流出した特定の富裕層については、当局の流出文書の分析が始まり、当局の手持ち資料と突合して解明が必要と判断された場

合には、これから調査へと移行していくことになると思われます。その時に、流出文書の内容いかんによっては、例えば、真実の所有者を意図的に隠ぺいし、歪んだスワップ取引とわかっていながら利益を税率の低い国の関連会社に移し替えていたということが明白になった場合には、単に日本側（X証券）の所得として更正処分されるに留まらず、仮装・隠ぺいによる重加算税（不正取引）が課せられる可能性があります。

その際に課税当局が検討する課税手法としては、流出元である法律事務所が行ったタックスヘイブンでの法人設立と管理・運営の実態が、①真の所有者からの依頼申込書や、②利益を移し替えるまでの一連のサービス内容を示す内部資料、③関連契約書等が揃って明らかになった場合には、Y社（ケイマン諸島）はX証券（日本）の100％子会社となりますので、タックスヘイブン対策税制により、Z銀行（オフショア軽課税国）に移転した利益はいったんY社の利益に引き戻された上で、Y社の留保所得としてX証券の所得と合算されて課税されることになると考えられます。

また、彼らの一連の取引がドル建てで行われた場合などで、スワップ取引先が為替リスクを負担するヘッジ取引を自己のリスク負担により行っているときには、X証券（日本）、Z銀行（オフショア軽課税国）、為替ヘッジを行う関連者間で、それぞれの企業の役割の大きさに応じて利益を配分する移転価格の手法（寄与度利益分割法、又は残余利益分割法等）により課税が行われる可能性も出てくることになります。

今まで見てきましたのは、法人取引ですが、個人の富裕層についても、「パナマ文書」で明らかになったように、オフショア・サービス会社を使って、名義上の法人、信託、財団等の事業体を設立し、真実の所有者であることを隠して、自らの財産をタックスヘイブンに持ち出して保有するような場合には、法人取引と同様に真実の所有者である富裕層個人が課税されることになりますので、十分留意する必要があります。

富裕層個人が直接国内外財産を動かした場合には、日本における譲渡利益の申告の要否、タックスヘイブン対策税制の適用の可否、将来的には移転価格税制等の適用の可否等について検討する必要が出てきますので、これらの税制についての説明は**第 2 章**において行うこととします。

#  日本における国外財産に対する課税強化

　各国の課税当局は、これまでに説明してきたように、財政の健全化のため、また、パナマ文書が明らかにした租税負担の不公平、不公正を解消するために、国境をまたいだ国際的な協力体制を構築して、富裕層の国外財産や国際的な租税回避に関する情報収集体制の構築を急速に整えています。

　国外財産の調査は困難で簡単に行うことはできませんので、その前に、国外財産に関する情報収集や情報の共有化を行っていくことになります。

　日本においても、国際的な取組みへ積極的に貢献するために、ここ数年、富裕層の国外財産に対する課税強化や租税回避へ向けた新制度等を下記のとおり実施し、国外財産に関する情報収集に積極的に取り組んでおり、課税範囲の拡大、課税の強化に有効な制度の整備を急速に推し進めています。

- 国外財産調書制度（平成24年度改正）
- 財産債務調書制度（平成27年度改正）
- 国外転出時等課税制度（平成27年度改正）
- 非居住者に係る金融口座情報の自動交換のための報告制度（平成27年度改正）
- 多国籍企業情報の報告制度（平成28年度改正／BEPS行動13）
- 租税条約、情報交換協定の締結による情報交換ネットワークの拡大

　今後は、「BEPSプロジェクト」の勧告等を踏まえて、実施のための国内における様々な税制改正が数年かけて行われていくことになります。

# 1 国外転出時等課税制度

## 1 制度導入の背景等

　有価証券等のキャピタルゲインについては、その売却をした者が居住している国に課税権があることが租税条約上原則とされています。

　これを利用して、巨額の含み益を有する株式等を保有したまま、譲渡所得を非課税としている国に出国し、その後に売却、贈与又は相続することにより、含み益に対する税負担を回避することが可能となっていました。

　こうした課税逃れを防止するために、米国、英国、フランス等の先進国においては、従来から、居住地国を出国する時において、保有する有価証券等の未実現の譲渡所得（含み益）に対して課税する制度（いわゆる「出国税」）が設けられています（次頁の**図表1-2-1**）。

　現在では簡単に移住等が可能となり、租税回避目的で出国することが容易となっていることから、日本においても、平成27年度税制改正において、国外転出者の、国外転出時における有価証券等の未実現のキャピタルゲイン（日本国内における値上がり益相当）に対して課税を行う「国外転出をする場合の譲渡所得等の特例」（「国外転出時課税」制度）が導入されました。

　また、国外転出と同様、贈与、相続又は遺贈により含み益を有する有価証券等を非居住者に移転した場合においても、居住者が保有していた時の有価証券等の含み益に課税ができなくなりますので、出国時課税と同様の趣旨により課税を行う「贈与等により非居住者に資産が移転した場合の譲渡所得等の特例」（「国外転出（贈与・相続）時課税」）も創設されています。

図表1-2-1　主要国の出国税制一覧表

| | アメリカ | ドイツ | フランス(注2) | カナダ | イギリス |
|---|---|---|---|---|---|
| 導入年度 | 2008年(注1) | 1972年 | 2011年(注2) | 1972年 | 1998年(注3) |
| 対象者 | 国籍離脱・永住権放棄者 | 国外に移住し非居住者となる者 | 国外に移住し非居住者となる者 | 国外に移住し非居住者となる者 | 一時的非居住者〔出国から5年以内に帰国した者〕 |
| 課税時期 | 国籍離脱・永住権放棄時 | 出国時 | 出国時 | 出国時 | 帰国時 |
| 課税対象 | 国籍離脱・永住権放棄時に有する資産一般の未実現のキャピタルゲイン | 出国時に有する株式の未実現のキャピタルゲイン | 出国時に有する金融資産の未実現のキャピタルゲイン | 出国時に有する資産一般の未実現のキャピタルゲイン | 出国時に有する資産一般の、出国期間中に実現したキャピタルゲイン |
| 資産要件 | 純資産200万ドル以上 | 1社について1%超える株式 | 80万ユーロ超の金融資産又は1社について50%を超える株式 | — | — |

(注1) アメリカは、1967年より国籍離脱者・永住権放棄者に対して、国籍離脱・永住権放棄後10年間、米国源泉所得に対し、引き続き国籍・永住権を保持していた場合と同様の課税を行うという特例制度を有していたが、2008年より、資産一般を対象として、国籍離脱・永住権放棄の時点で、未実現のキャピタルゲインに対し譲渡所得課税を行うという現行制度に変更した。

(注2) フランスは、1999年にも同様の趣旨の制度を導入したが、EU域内の人の移動を制限する措置であるとの理由から、2004年に欧州司法裁判所の判決によりいったん制度を廃止。その上で、含み益が実現するまで納税猶予を認めることとして、2011年より再導入した。

(注3) イギリスは、国外に移住し一時的に非居住者となった後、5年以内に再び帰国した者を対象に、出国中に生じたキャピタルゲインについて、帰国時に発生したものとみなして、帰国時に譲渡所得課税を行う。

出典：財務省「BEPS行動計画に関連する検討課題」（所得税関連）平成26年11月7日

## 1 対象者が国外転出する時（国外転出時課税　所法60の2）

　平成27年7月1日以後に国外に転出する居住者である富裕層を対象に、1億円以上の有価証券等を所有している場合には、その資産の含み益に対して、その国外転出の時に有価証券等の譲渡等があったものとみなし、その者の事業所得、譲渡所得又は雑所得として、所得税を課税する制度が導入されました。

## 2 対象者（居住者である贈与者）が国外に居住する親族（非居住者）へ対象資産の全部又は一部を贈与する時（国外贈与時課税　所法60の3）

　また、国外に居住する親族等に対して贈与した場合も同様に、その贈与の時に贈与者が贈与対象資産を譲渡等したものとみなして、有価証券等の含み益に対して、事業所得、譲渡所得又は雑所得として所得税が課税されます。

## 3 対象者（居住者である被相続人）に相続が開始し、相続又は遺贈により国外に居住する相続人等（非居住者）が対象資産の全部又は一部を取得する時（国外相続時課税　所法60の3）

　さらに、相続開始の時において1億円以上の対象資産を所有等している一定の居住者（適用被相続人等）から、国外に居住する相続人等（非居住者である相続人等）が、相続又は遺贈により、対象資産の全部又は一部（相続対象資産）を取得した場合には、その相続開始の時に、被相続人等が相続対象資産を譲渡等したものとみなして、相続対象資産の含み益に所得税が課税されます。

　これらの新設された制度を総称して「国外転出時等課税制度」といい、将来において国外で行われるであろう譲渡等が、出国時、贈与時、相続時等のタイミングであったとみなされて、有価証券の含み益に課税されることになります。

図表 1-2-2　国外転出時等課税制度

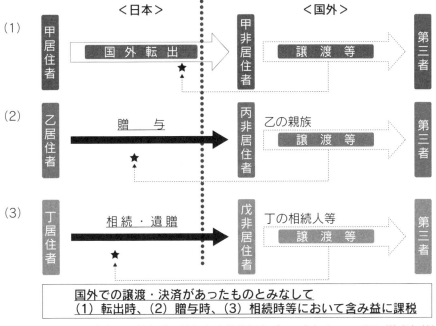

出典：国税庁「国外転出時課税制度（FAQ）」イメージ図（筆者加筆）

　この「国外転出時等課税制度」の概要、必要な手続き、及び今後の改正事項等は以下の通りとなっています。
　なお、国外転出時等課税が適切に行えるように納税者が保有する資産の時価情報等を把握する目的で、従来の「財産及び債務の明細書」の見直しが行われ、「財産債務調書」の提出制度が新たに創設されています（➡ 55 頁参照）。

## 2　国外転出時課税（出国税）

### 1 制度の概要

　平成 27 年春から 7 月にかけて、海外に移住した上場会社の創業者がかなりいると言われています。国外転出時課税は、平成 27 年度税制改正により

創設され、平成27年7月1日以後に一定の居住者が、その国外転出時において有価証券やデリバティブ取引に係る契約等の1億円以上の対象資産を所有又は契約の締結をしている場合には、国外転出時に譲渡又は決済があったものとみなして、その対象資産の未実現の含み益に対して事業所得、譲渡所得又は雑所得として所得税（復興特別所得税を含む）を課税する制度です。対象資産が国内上場株式であれば、国外転出時に、株式等譲渡所得として15.315％の税率で課税されることになります。

## 2 国外転出時課税の内容

### （1）国外転出の意義

国外転出とは、国内に住所及び居所を有しないこととなることを言います（所法60の2①）。

### （2）対象資産の範囲

国外転出時課税の対象資産は、有価証券（以下参照）、匿名組合契約の出資持分、未決済の信用取引等、及び未決済のデリバティブ取引（先物取引やオプション取引など）です（所法60の2⑤）。

有価証券の範囲は、国債、地方債、金融債、一般社債、出資証券、優先出資証券、上場株式、非上場株式、新株予約権証券、投資信託、外国投資信託、貸付信託、抵当証券、コマーシャルペーパー、外国又は外国の者が発行する上記の性質を有する証券、外国信託受益証券、カバードワラント、預託証券、合名会社等の社員持ち分、株主等になる権利などです（所法2①17、所令4、金商法2①）。

**図表 1-2-3　国外転出時課税の概念図**

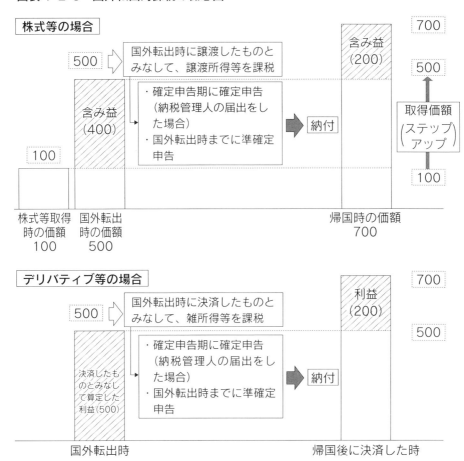

出典：財務省『平成 27 年度 税制改正の解説』「所得税法等（国外転出時の特例の創設）の改正」

◆非上場株式の評価

　非上場株式も国外転出時課税対象資産に含まれます。その評価は相続税評価額等を参考に行うことになります。適正な評価額を算定するには長い時間と詳細な検討を要することになりますので、事前に関係資料をそろえて、早めに作業を開始する必要があります。

## (3) 適用対象者

　国外転出時課税の適用対象者は、国外転出をする居住者で、次のいずれにも該当する者をいいます（所法60の2⑤）。

①国外転出の時に所有している対象資産の価額の合計額が1億円以上であること

②原則として、国外転出の日前10年以内において、住所もしくは居所を有していた期間の合計が5年を超えていること

〈留意点等〉
- 含み損が生じている有価証券についても、対象資産の価額等の合計額1億円の判定金額に含めて判定します（含み益がないので納税にはなりませんが、判定の対象にはなります）。
- 譲渡所得が非課税となっていた国債・地方債等の有価証券や非課税口座（NISA）内の有価証券も含めて判定します（国債・地方債等の公社債等の譲渡による所得は、平成28年1月1日から課税対象となっています）。
- 国外で所有等している対象資産についても、国外転出時課税の判定対象金額に含めて判定します。
- 個人住民税は、翌年1月1日に住所を有する者に課税されるため、所得税が課された場合でも、翌年1月1日には国外に転出して日本に住所がないため、個人住民税は課税されないことになります。

## (4) 判定時期

　対象資産の価額の合計額が1億円以上であるかどうかを判定する時期は、確定申告書を提出する場合により、次のように異なります。

【国外転出以前に確定申告書を提出する場合】
　国外転出の予定日から起算して3か月前の日の、①有価証券等の価額に相当する金額及び②未決済信用取引等又は未決済デリバティブ取引を決済したとみなして算出した利益の額または損失の額に相当する金額の合計額により判定を行うことになります（所法60の2①二・②二・③二）。
　平成29年7月10日が国外転出予定日の場合の判定時期は、平成29年4月10日が3か月前の日になります。

【国外転出後に確定申告書を提出する場合】
　国外転出した時の、①有価証券等の価額に相当する金額及び②未決済信用取引等又は未決済デリバティブ取引を決済したものとみなして算出した利益の額または損失の額に相当する金額の合計額により判定を行うことになります（所法60の2①一・②一・③一）。

(5) 対象資産の価額等の算定方法
　算定基準日における、各対象資産の価額等の算定方法については以下の通り定められています。
　対象資産が外貨建てであるときは、外貨建取引の円換算の取扱いに準じて、対顧客直物電信売買相場の仲値（TTM）により円換算することになります（所基通57の3－2、60の2－8）。

【有価証券等】
　国外転出時等における有価証券等の価額は、原則として、所得税基本通達23～35共－9（株式等を取得する権利の価額）及び59－6（株式等を贈与等した場合の「その時における価額」）の取扱いに準じて求めた価額によります。なお、有価証券の種類による、具体的な算定方法は次頁の表のとおりです。

### 図表 1-2-4　有価証券の種類と算定方法

| 種　類 | | | 算　定　方　法 |
|---|---|---|---|
| 株式等 | 金融商品取引所に上場されているもの | | 金融商品取引所の公表する最終価格 |
| | 上記以外のもの | 売買実例のあるもの | 最近において売買の行われたもののうち適正と認められる価額 |
| | | 類似会社の株式の価額のあるもの | 類似会社の株式の価額に比準した価額 |
| | | 上記以外のもの | その株式の発行法人の1株当たりの純資産価額等を参酌して通常取引されると認められる価額 |
| 公社債 | 利付公社債 | 金融商品取引所に上場されているもの | 金融商品取引所の公表する最終価格＋（既経過利息の額－源泉所得税相当額） |
| | | 日本証券業協会において売買参考統計値が公表される銘柄として選定されたもの | 売買参考統計値の平均値＋（既経過利息の額－源泉所得税相当額） |
| | | 上記以外のもの | 発行価額＋（既経過利息の額－源泉所得税相当額） |
| | 割引公社債 | 金融商品取引所に上場されているもの | 金融商品取引所の公表する最終価格 |
| | | 日本証券業協会において売買参考統計値が公表される銘柄として選定されているもの | 売買参考統計値の平均値 |
| | | 上記以外のもの | 発行価額＋（券面額－発行価額）×（発行日から課税時期までの日数／発行日から償還期限までの日数） |
| | 転換社債型新株予約権付社債 | 金融商品取引所に上場されているもの | 金融商品取引所の公表する最終価格＋（既経過利息の額－源泉所得税相当額） |
| | | 店頭転換社債として登録されたもの | 日本証券業協会の公表する最終価格＋（既経過利息の額－源泉所得税相当額） |
| | | 上記以外のもの：株式の価額が転換価格を超えないもの | 発行価額＋（既経過利息の額－源泉所得税相当額） |
| | | 上記以外のもの：株式の価額が転換価格を超えるもの | 株式の価額(※)×（100円／100円当たりのその転換社債の転換価格） |
| 匿名組合契約の出資の持分 | 売買実例のあるもの | | 最近において売買の行われたもののうち適正と認められる価額 |
| | 上記以外のもの | | 匿名組合契約を終了した場合に分配を受けることができる清算金の額 |

※　上記株式等欄を参照してください。

出典：国税庁「国外転出時課税FAQ」（平成27年4月）

## 【未決済信用取引等】

　国外転出時等における未決済信用取引等の利益の額又は損失の額については、次のA及びBの区分に応じて計算した金額が、国外転出時等における利益の額又は損失の額に相当する金額になります（所規37の2②・③）。

### A　有価証券の売付けをしている場合

　売付けをした有価証券の売付けの対価の額から、国外転出時において所有しているその有価証券の時価評価額に有価証券の数を乗じて計算した金額を控除した金額になります。

**図表1-2-5　未決済信用取引等に係る有価証券の時価評価額**

| | 有価証券区分 | 金額 |
|---|---|---|
| ① | 取引所売買有価証券 | 金融商品取引所において公表された国外転出の日等における最終の売買の価格 |
| ② | 店頭売買有価証券及び取扱有価証券 | 金融商品取引法第67条の19（売買高、価格等の通知等）の規定により公表された国外転出の日等における最終の売買の価格 |
| ③ | その他価格公表有価証券 | 価格公表者によって公表された国外転出の日等における最終の売買の価格 |

出典：国税庁「国外転出時課税FAQ」（平成27年4月）

### B　有価証券の買付けをしている場合

　その買付けをした有価証券の時価評価額に有価証券の数を乗じて計算した金額から、当該有価証券のその買付けの対価の額を控除した金額を国外転出の時等における利益の額又は損失の額に相当する金額になります。

## 【未決済デリバティブ取引】

　国外転出時等における未決済デリバティブ取引の利益の額又は損失の額は、次に掲げる取引の区分に応じて算出した金額になります（所規37の2④・⑤）。

**図表1-2-6　未決済デリバティブ取引等に係るみなし決済損益の額**

| | 取引区分 | 金額 |
|---|---|---|
| ① | 市場デリバティブ取引等 | 市場デリバティブ取引等につき、金融商品取引所又は外国金融市場における国外転出の日等の最終の価格により取引を決済したものとした場合に授受される差金に基づく金額又はこれに準ずるものとして合理的な方法により算出した金額 |
| ② | 先渡取引等 | 先渡取引等につき、その先渡取引等により当事者間で授受することを約した金額を国外転出の時等の現在価値に割り引く合理的な方法により割り引いた金額 |
| ③ | 金融商品オプション取引 | 金融商品オプション取引につき、金融商品オプション取引の権利の行使により当事者間で授受することを約した金額、国外転出の時等の権利の行使の指標の数値及び指標の予想される変動率を用いた合理的な方法により算出した金額 |
| ④ | 金融商品取引法第2条第20項に規定するデリバティブ取引のうち、①～③に掲げる取引以外の取引 | ①から③までに掲げる金額に準ずる金額として合理的な方法により算出した金額 |

出典：国税庁「国外転出時課税FAQ」（平成27年4月）

### （6）対象資産に譲渡損失が生じた場合の取扱い

　上場株式等に係る譲渡損失の損益通算及び繰越控除の特例の適用を受けることができる譲渡損失は、金融商品取引業者等への売り委託により譲渡するなど、一定の譲渡により生じた譲渡損失であることが要件となっています（措法37の12の2②）。

　国外転出時課税の適用により上場株式等の譲渡があったものとみなされることにより生じた譲渡損失は、上場株式等に係る譲渡損失の損益通算及び繰

越控除の特例の適用を受けることはできませんでしたが、平成28年度税制改正により適用ができるように改正されました(措法37の12の2②十一)。

## (7) 納税管理人の届出等の申告手続き

国外転出時課税の対象となる個人は、確定申告書を提出した上で、譲渡所得等に係る所得税を納付する必要があります。納税管理人の届出の有無によって、確定申告書の提出時期や納付期限が下記の通り異なります。

【国外転出時までに納税管理人の届出がある場合】
国外転出をした年分の確定申告期限（翌年の3月15日）までに確定申告書の提出及び納税が必要となります。

【国外転出時までに納税管理人の届出がない場合】
国外転出時までに準確定申告書の提出及び納税が必要となります。

**図表1-2-7　納税管理人の届出と申告手続きの流れ**

**(1) 国外転出の時までに納税管理人の届出をする場合**

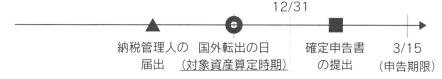

**(2) 納税管理人の届出をしないで国外転出をする場合**

出典：国税庁「国外転出時課税FAQ」（平成27年4月）

## （8）5年以内に帰国した場合

　国外転出時課税の適用を受けた者が国外転出の日から5年以内に帰国した場合には、その帰国の時までに引き続き所有等している対象資産については、国外転出時課税の適用がなかったものとして、帰国した日から4か月以内に「更正の請求」を行うことにより、課税の取消しをすることができます（所法60の2⑥一）。

　後述の「納税猶予の特例」の適用を受け、納税猶予の期限延長届出書を提出している場合には、国外転出の日から10年以内に帰国した時に課税の取消しをすることができます（所法60の2⑦）。

　更正の請求により所得税の還付を受ける場合には、更正の請求のあった日の翌日から起算して3か月を経過する日とその更正の請求に係る更正があった日の翌日から起算して1か月を経過する日のいずれか早い日の翌日から還付の支払決定日までの期間について還付加算金が発生します（国税通則法58①二）。

## （9）納税猶予の特例
### ●納税猶予の概要

　国外転出時課税の申告をする者が、国外転出時までに納税管理人の届出をするなど一定の手続きを行った場合には、国外転出時課税の適用により納付することとなった所得税について、国外転出の日から5年を経過する日まで納税の猶予を受けることができます（所法137の2①）。

　この納税猶予の期間は、国外転出の日から5年以内に「国外転出をする場合の譲渡所得等の特例等に係る納税猶予の期限延長届出書」を所轄税務署へ提出することにより、納税猶予の納期限を5年延長することが可能となっており、合計10年4か月とすることができます（所法137の2②）。

● **納税猶予の手続き**

　国外転出時課税の納税猶予の特例の適用を受けるためには、国外転出の時までに所轄税務署へ納税管理人の届出、納税猶予される所得税額、及び利子税額に相当する担保の提供、納税猶予の継続適用届出書の提出など、下図のとおり所定の手続きを行う必要があります。

**図表 1-2-8　納税猶予の手続きの流れ**

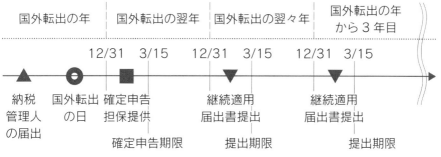

出典：国税庁「国外転出時課税FAQ」（平成27年4月）

● **対象資産の譲渡等があった場合**

　納税猶予期間中に国外転出時課税の対象となった有価証券を譲渡した場合には、納税猶予分の所得税のうち譲渡した分に見合う所得税と利子税を譲渡の日から4か月以内に納付する必要があります（所法137の2⑤、⑫）。

● **譲渡価額が下落した場合**

　売却価額等が出国時の価額より下落した場合は、出国時にその下落した価額で売却したものとみなして、国外転出時課税の申告をした年分の所得税を再計算することができます（所法153の2②）。

　この場合、その譲渡があった日から4か月を経過する日までに、「更正の請求」をする必要があります（所法153の2②）。

### 図表 1-2-9　下落した価額で譲渡した場合の再計算

譲渡価額が国外転出時の価額より下落した場合

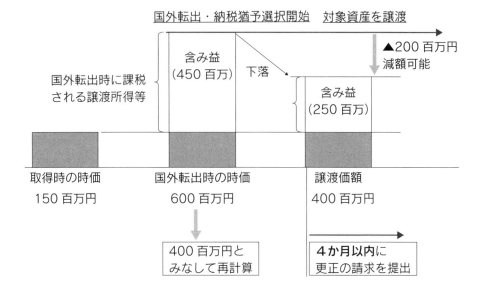

● 納税猶予期間内に帰国した場合

　納税猶予期間内に帰国して、引き続き所有している有価証券がある場合には、国外転出時課税の適用を取り消して、出国した年分の所得税を再計算できます。この場合、帰国した日から4か月以内に所轄税務署に「更正の請求」をする必要があります。

● 納税猶予期間が満了した場合

　納税猶予期間の満了日の翌日以後4か月を経過する日までに、納税を猶予されていた所得税と利子税を納付する必要があります（所法137の2①）。ただし、納税猶予期間満了日まで引き続き所有又は契約している対象資産の価額が国外転出時の価額を下回っている場合には、その下回る価額等で国外転出時に譲渡したものとみなして、国外転出時の属する年分の所得税を再計算することができます（所法60の2⑩）。

この場合には、納税猶予期間の満了日から4か月以内に、「更正の請求」をする必要があります（所法153の2③）。

● 対象資産を譲渡した場合の外国税額控除の適用

　納税猶予適用者が、転出先の国において対象資産の譲渡等を行った場合には、キャピタルゲイン課税を受けた転出先と日本との間で二重課税が生じることになります。転出先国が二重課税を調整しない国であるときは、日本での外国税額控除を適用することで、国外転出時課税により課された所得税と国外転出先で課された外国所得税の二重課税を調整することができます（所法95の2）。

　この場合、外国所得税を納付することとなる日から4か月以内に「更正の請求」をする必要があります（所法153の6）。

　なお、更正の請求を行う場合には、更正の請求書に外国税額控除に関する明細書、外国所得税が課されたことを証する書類等一定の書類の添付が必要となります（所法95⑩）。

● 納税猶予期間中に適用者が死亡した場合

　納税猶予制度の適用を受けていた者が、納税猶予期間の満了までに死亡した場合には、納税猶予分の所得税額の納付義務は、納税猶予の特例の適用を受けていた者の相続人が承継することになります（所法137の2⑬）。

　承継した相続人の納税猶予の期間は、死亡した者の残存期間を引き継ぐことになります（所令266の2⑦）。

## 3　国外贈与時課税

　国外贈与時課税は、贈与する時点で1億円以上の有価証券や未決済信用取引又は未決済デリバティブ取引などの対象資産を所有している一定の居住者が国外に居住する親族等（非居住者）へ対象資産（「贈与対象資産」）を贈与したときに、贈与対象資産の譲渡等があったものとみなして、贈与対象資産

の未実現の含み益に対して贈与者に所得税を課税する制度で、平成27年7月1日以後に行われる贈与について適用されます（所法60の3①〜③）。

国外贈与時課税の対象となる贈与者は、贈与対象資産の譲渡等があったものとみなし、事業所得の金額、譲渡所得の金額又は雑所得の金額を計算し、確定申告書を提出するとともに所得税を納付する必要があります。

本制度は、国外転出時課税制度と比べ申告手続き等に相違はあるものの、おおむね同様となっていますので、制度の詳細は省略しますが、納税猶予制度等の適用も可能となっています。

### 4 国外相続・遺贈時課税

国外相続・遺贈時課税は、相続開始の時点で1億円以上の有価証券や未決済信用取引又は未決済デリバティブ取引などの対象資産を所有している一定の居住者が亡くなり、国外に居住する相続人又は受遺者（「非居住者である相続人等」）が相続又は遺贈により対象資産の全部または一部（「相続対象資産」）を取得した場合には、相続又は遺贈の時に取得した相続対象資産について譲渡等があったものとみなして、相続対象資産の未実現の含み益に対して被相続人に所得税を課税する制度で、平成27年7月1日以後の相続又は遺贈について適用されます（所法60の3①〜③）。

国外相続・遺贈時課税の対象となる者（「適用被相続人等」）の相続人は、相続対象資産の譲渡等があったものとみなし、事業所得の金額、譲渡所得の金額又は雑所得の金額を計算し、適用被相続人等の準確定申告書を提出するとともに所得税を納付する必要があります。

本制度は、国外転出時課税制度と比べ申告手続き等に相違はあるものの、おおむね同様となっていますので、制度の詳細は省略しますが、納税猶予制度等の適用も可能となっています。

〈留意点等〉
- 国外転出時等課税制度は、将来国外で譲渡する有価証券等のうち、国内保有期間における未実現利益に対して所得税を課税するものであることから、相続税、贈与税については別途申告する必要があることに十分留意する必要があります。
- 贈与者は国外転出により贈与又は相続前5年以内に国内に住所がなくなりますが、納税猶予期間中は国内に住所があるものとみなされます。
- 復興特別所得税は課税されますが、個人住民税は課税されません。

## 5 平成28年度以降の主な改正点

平成28年度税制改正において、国外転出をする場合の譲渡所得の特例について以下の見直しが行われています。

(1) 遺産分割等の一定の事由により、非居住者に移転した有価証券等又は未決済信用取引等もしくは未決済デリバティブ取引の対象資産に増減が生じた場合の取扱いの見直し（所法151の6①、153の5、所令273の2）
(2) ストックオプション等の一定の権利を表示する有価証券のうち国内源泉所得として課税対象となるものについて、対象資産から除外（所法60の2①、所令170①）
(3) 納税猶予の特例に係る期限の満了に伴う納期限が、国外転出等の日から5年4か月（又は10年4か月）を経過する日に見直し（所法137の2①、137の3①②）
(4) 国外転出時に確定申告をしていない場合等の対象資産についての取得価額の洗替えの適用除外（所法60の2④）
(5) 国外転出時課税制度の適用によって生じた譲渡損失の損益通算及び繰越控除の範囲の拡大（措法37の12の2②十一）

## 2　国外財産調書制度

　パナマ文書を契機に日本国内においても富裕層の租税回避に厳しい目が向けられています。日本の税務当局は、富裕層がタックスヘイブン等に所有する国外財産に関する情報収集に従来から積極的に取り組んでおり、その中核をなす制度が国外財産調書制度となっています。

　平成24年度税制改正により、平成26年から5,000万円を超える海外資産（平成25年12月31日現在）には「国外財産調書」の提出が義務付けられています。民間調査機関の調査では、平成27年時点で金融資産が1億円以上の富裕層は、日本では約122万世帯と推計されています。一方、5,000万円を超える海外資産を保有しているとして国外財産調書を提出している者は、国税庁発表では平成27年分は8,893人（前年比約8.7％増）、財産総額は3兆1,643億円（前年比約1.6％増）、財産の内訳は有価証券が最多で1兆5,327億円（構成比48.4％）となっています。
　新聞報道によれば、富裕層個人の税務に詳しい税理士は、「富裕層の厚みから考えれば、提出義務を果たしていない人の方が多いのではないか」と指摘しています。実際、国際税務に詳しい大手税理士法人には海外資産や修正申告に関する相談が急増していて、過去の申告漏れを修正申告し、所得税を納付するとともに、法定調書として「国外財産調書」を提出したいという相談が増えており、今まで隠していた秘密の国外財産に関する詳細情報を提供しても、「罰則を気にして眠れない夜を過ごすよりはましだ！」という方が多いそうです。

　一方、税務当局側からすると、海外の金融機関の口座を直接調べることはできません。租税条約による情報交換も、税収確保は国家権力そのものであることから相手国からの協力を得られるかどうかは簡単ではありません。パナマ文書等の一連のリーク事件に端を発し、各国の税務当局間の協調関係に

基づく情報交換や、更に国境を跨いだ取引の実態解明を目指して複数の当局が参加した合同調査等の連携がどこまで構築できるかに、その成否がかかっているといえます。

### 1 制度の概要

次頁の**図表 1-2-10**の通り、国外財産に係る情報の把握体制が十分でないなか、所得税や相続財産の申告漏れに対応し、適正な課税及び徴収に資するために、5,000万円を超える国外財産を保有する個人に対し、その保有する国外財産に関する調書（財産の種類、数量及び価額（時価）その他必要な事項を記載した「国外財産調書」）の提出を求める制度が創設されました（送金法5）。

なお、国外財産調書の提出を担保する観点から、過少申告加算税、無申告加算税について特例を設け、国外財産に関する所得等の申告漏れが発覚した場合において、国外財産調書に記載がある国外財産に関しては、過少（無）申告加算税を5%軽減する優遇措置が設けられています。

反対に、国外財産調書の不提出、記載不備に係る国外財産については、過少（無）申告加算税を5%加算する加重措置が設けられています。

また、国外財産調書に偽りの記載をして提出した場合や、正当な理由なく提出期限内に提出しなかった場合には、1年以下の懲役又は50万円以下の罰金に処されます。ただし、期限内に提出しなかった場合には、情状により、その刑を免除することができるという情状免除規定が設けられています。

● 施行時期は、平成26年1月1日以後に提出すべき国外財産調書について適用されます。罰則については、周知徹底のための期間を考慮して、平成27年1月1日以後に提出すべき国外財産調書から適用されています。
● 財産の価額は12月31日現在で算定し、翌年の3月15日までに提出しなければならないことになっています。

### 図表 1-2-10 国外財産に係る情報の把握について

○ 国外財産に係る情報については、①執行管轄権の制約から、国外の金融機関等に対して調書の提出を求めることや税務調査権限を行使することは困難であり、また、②租税条約等に基づく外国当局との情報交換でも網羅的に納税者の情報の提供を要請することは困難であるなど、国内財産と比べ把握体制が脆弱。

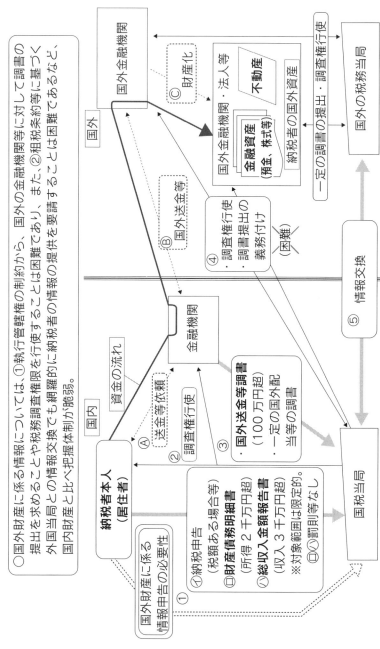

出典:財務省「平成24年度 税制改正の解説」「国際課税関係(国外財産調書制度の創設等の改正)(参考図表1)

図表 1-2-11　国外財産調書制度の創設

○ 国外財産に係る所得や相続財産の申告漏れについては、近年増加傾向にあり、国外財産に関する課税の適正化には喫緊の課題。
○ 国外財産の把握体制が十分でない中、内国税の適正な課税及び徴収に資するため、一定額を超える国外財産を保有する個人（居住者）に対し、その保有する国外財産に係る調書の提出を求める制度を創設する。

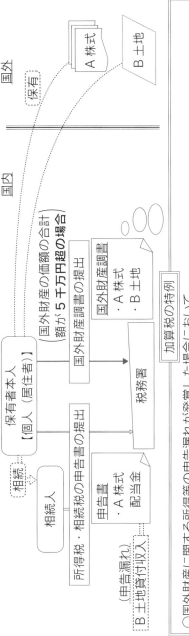

○ 国外財産に関する所得等の申告漏れが発見された場合において、
① 国外財産調書に国外財産の記載のある部分については、過少（無）申告加算税を 5％軽減する。（所得税・相続税）【優遇措置】
② 国外財産調書の不提出・記載不備に係る部分については、過少（無）申告加算税を 5％加重する。（所得税）【加重措置】
(注) 故意の調書不提出・虚偽記載についての罰則（1 年以下の懲役又は 50 万円以下の罰金）を整備する（併せて情状免除規定を設ける）。

(注) 施行時期：平成 26 年 1 月 1 日以後に提出すべき国外財産調書について適用。罰則については、平成 27 年 1 月 1 日以後に提出すべき国外財産調書について適用。

出典：財務省『平成 24 年度 税制改正の解説』「国際課税関係（国外財産調書制度の創設等の改正）」（参考図表 4）

## 2 国外財産調書の提出義務者

　国外財産調書の提出が必要となる者は、国内に住所を有し、又は現在まで引き続いて1年以上居所を有する非永住者以外の居住者で、その年の12月31日において、その価額の合計額が5,000万円を超える国外財産を有する個人となっています（送金法5①）。

　提出が不要となる非永住者とは、居住者のうち、日本の国籍を有しておらず、かつ、過去10年以内に日本に住所又は居所を有していた期間の合計が5年以下である個人をいいます。

　翌年の3月15日（提出期限）までの間に国外財産調書を提出しないで死亡し、又は出国したときは、国外財産調書の提出を要しないとされています（送金法5①）。

　この場合の出国とは、居住者については、納税管理人の規定による納税管理人の届出をしないで国内に住所又は居所を有しないこととなることをいいます。

---

〈留意点等〉

● ノミニー投資は報告対象か

　ノミニー制度を利用している場合には、名目上はオフショア法人の株主ではありませんが、実質的には株主となりますから、オフショア法人が保有する株式等を国外財産として報告する必要があります。

　ノミニー制度とは、真の株主の情報を守るため、実質の株主が表面上わからないように名目上の株主を置くことをいいます。タックスヘイブン国などでは合法的な制度となっていますので、ノミニー制度を利用すること自体は問題がないとされていますが、日本の税務上は真実の所有者の取引となります。

## 3 財産の所在

　国外財産調書により報告する対象となる財産は、国外にある財産のすべてとなります。外国において、1億円を銀行借入れして、その資金をもとに外国の2億円の不動産を購入した場合にも、国外財産調書には購入した2億円の不動産を記載して提出する必要があります。

　国外にある財産かどうかの判定の基準となる「財産の所在」については、相続税法の規定（相法10①②）の定めるところによるとされます（送金法5②、送金令10①）。また、国外財産の所在の判定は、その年の12月31日における現況によることとされています（送金令10③）。なお、財産の種類による所在の判定については、46～47頁の**図表 1-2-12**をご参照ください。

## 4 国外財産の価額

　国外財産の価額は、その年の12月31日における時価又は見積価額により評価することになります（送金法5②、送金令10④、送金規則12⑤）。

　時価とは、その年の12月31日における、不特定多数の当事者間で自由な取引が行われる場合に通常成立すると認められる価額をいい、その価額は、専門家による鑑定評価額、金融商品取引所等の公表する最終価格（最終価格がない場合には、同日前の最終価格のうち最も近い日の最終価格）などをいいます。

　また、見積価額とは、その年の12月31日における財産ごとの現況に応じ、その財産の取得価額や売買実例価額などを基に、合理的な方法により算定した価額をいいます（国外通5－7）。

## 図表1-2-12 相続税法第10条第1項及び第2項における財産の所在

**財産の所在の判定表**

| | 財産の種類 |
|---|---|
| 1 | 動産若しくは不動産又は不動産の上に存する権利 |
| 2 | 1のうち、船舶又は航空機 |
| 3 | 鉱業権若しくは租鉱権又は採石権 |
| 4 | 漁業権又は入漁権 |
| 5 | 金融機関に対する預金、貯金、積金又は寄託金 |
| 6 | 保険金(保険の契約に関する権利を含みます) |
| 7 | 退職手当金、功労金その他これらに準ずる給与(一定の年金又は一時金に関する権利を含みます) |
| 8 | 貸付金債権 |
| 9 | 社債若しくは株式(株式に関する権利(株式を無償又は有利な価額で取得することができる権利その他これに類する権利を含みます)が含まれます)、法人に対する出資又は外国預託証券 |
| 10 | 集団投資信託又は法人課税信託に関する権利 |
| 11 | 特許権、実用新案権、意匠権若しくはこれらの実施権で登録されているもの、商標権又は回路配置利用権、育成者権若しくはこれらの利用権で登録されているもの |
| 12 | 著作権、出版権又は著作隣接権でこれらの権利の目的物が発行されているもの |
| 13 | 1から12までの財産を除くほか、営業所又は事業所を有する者の営業上又は事業上の権利 |
| 14 | 国債又は地方債 |
| 15 | 外国又は外国の地方公共団体その他これに準ずるものの発行する公債 |
| 16 | 預託金又は委託証拠金その他の保証金(5に該当する財産を除きます) |
| 17 | 抵当証券又はオプションを表示する証券若しくは証書 |
| 18 | 組合契約等に基づく出資 |
| 19 | 信託に関する権利 |
| 20 | 未決済信用取引等又は未決済デリバティブ取引に係る権利 |
| 21 | 1から20までに掲げる財産以外の財産 |

| 所 在 の 判 定 | |
|---|---|
| その動産又は不動産の所在 | |
| 船籍又は航空機の登録をした機関の所在 | |
| 鉱区又は採石場の所在 | |
| 漁場に最も近い沿岸の属する市町村又はこれに相当する行政区画 | |
| その預金等の受入れをした営業所又は事業所の所在 | |
| その保険の契約に係る保険会社等の本店等又は主たる事務所の所在 | |
| その給与を支払った者の住所又は本店若しくは主たる事務所の所在 | |
| その債務者の住所又は本店若しくは主たる事務所の所在 | 口座が開設された金融商品取引業者等の営業所等の所在 |
| その社債若しくは株式の発行法人、その出資のされている法人又は外国預託証券に係る株式の発行法人の本店又は主たる事務所の所在 | |
| これらの信託の引受けをした営業所、事務所その他これらに準ずるものの所在 | |
| その登録をした機関の所在 | |
| これを発行する営業所又は事業所の所在 | |
| 営業所又は事業所の所在 | |
| この法律の施行地（国内） | 口座が開設された金融商品取引業者等の営業所等の所在 |
| その外国 | |
| 左記の預託金等の受入れをした営業所又は事務所の所在 | |
| 左記の有価証券の発行者の本店又は主たる事務所の所在 | 口座が開設された金融商品取引業者等の営業所等の所在 |
| 左記の組合契約等に基づいて事業を行う主たる事務所、事業所その他これらに準ずるものの所在 | |
| その信託の引受けをした営業所、事務所その他これらに準ずるものの所在 | |
| これらの取引に係る契約の相手方である金融商品取引業者等の営業所、事業所その他これらに類するものの所在 | |
| その財産を有する者の住所（住所を有しない場合は居所） | |

出典：国税庁「国外財産調書の提出制度（FAQ）」

## 1 土 地
イ　その財産に対して、外国又は外国の地方公共団体の定める法令により、固定資産税に相当する租税が課される場合には、その年の12月31日の属する年中に課された課税標準額

ロ　その財産の取得価額を基にその取得後における価額の変動を合理的な方法によって見積もって算出した価額

ハ　その年の翌年1月1日から国外財産調書の提出期限までにその財産を譲渡した場合における譲渡価額

## 2 建 物
イ　上記 1 のイ、ロ、又はハに掲げる価額

ロ　その財産が業務の用に供する資産以外のものである場合には、その財産の取得価額から、その年の12月31日における経過年数に応じる償却費の額を控除した金額

● 共有不動産（ジョイント・テナンシー）

　米国などでは、不動産を夫婦共有の財産とし所有する場合が多く、相続時のプロベイト手続きを回避する目的で使用されています。共有持分がわかる場合は、共有持分に応じて国外財産調書の報告をしますが、わからない場合は、各共有者の持分は相等しいものと推定し、その時価又は見積価額の共有者数で除した価額を記載します（国外通5-12）。各共有者は、不動産の取得資金の出所を明確にしておく必要があります。

## 3 預貯金
その年の12月31日における預入高

● 共同名義預金口座（ジョイント・アカウント）

　米国などで現地の銀行にジョイント・アカウント口座として銀行預金を保

有している場合には、実質的に資金を預け入れている名義人の資金提供割合に応じて按分計算し、国外財産として報告する必要があります。

ジョイント・アカウントは、銀行預金口座を複数の名義人で所有する形態の銀行預金口座で、米国、英国などでは、プロベイトによる相続手続きを回避する目的で広く使われている預金口座です。

### 4 有価証券

金融商品取引所等に上場されている有価証券以外の有価証券については、次の価額
- イ　その年の12月31日における売買実例価額のうち、適正と認められる売買実例価額
- ロ　イがない場合には、1のハに掲げる価額
- ハ　イ及びロがない場合には、取得価額

● ストックオプションの評価

ストックオプションに関する権利についても、権利行使可能なものは、国外財産調書の報告対象になります。外資系企業の役員の方が、外国親会社株式を対象としたストックオプションを付与されている場合には、財産の所在は「発行法人の本店又は主たる事務所の所在」で判定し、財産評価基本通達等により評価した価額で国外財産の価額の判定をすることになります。

### 5 貸付金（海外関連会社に対する貸付金を含む）

その年の12月31日における貸付金の元本の額

### 6 未収入金

その年の12月31日における未収入金の元本の額

7 **書画骨董等**
　イ　その年の 12 月 31 日における売買実例価額のうち、適正と認められる売買実例価額
　ロ　イがない場合には、1のハに掲げる価額
　ハ　イ及びロがない場合には、取得価額

8 **現金、書画骨董等以外の動産**
　種類別、用途別、所在別に区分し記載

9 **その他の財産**
　種類別、用途別、所在別に区分し記載（預託金や保険契約に関する権利等）

---

〈留意点等〉
- 邦貨換算については、その年の 12 月 31 日における TTB により行います。
- 青色申告を提出する者の不動産所得、事業所得又は山林所得に係る減価償却資産で、その用途が一般用及び事業用の兼用の場合には、その価額は、一般用部分と事業用部分に区分することなく計算することとされています（国外通 5 − 9）。
- 共有財産の持分については、原則として、その財産の価額をその共有者の持ち分に応じて按分した価額となります（国外通 5 − 12）。

---

## 5　国外財産調書の様式

　国外財産調書には、氏名、住所又は居所、国外財産の種類、数量、価額及び所在、及びその他必要な事項を記載しなければなりません。

## 図表1-2-13　国外財産調書　別表第二

平成　　年12月31日分　　国外財産調書

| 国外財産を有する者 | 住所<br>(又は事業所、事務所、居所など) | | | | | | |
|---|---|---|---|---|---|---|---|
| | 氏名 | | | | | | |
| | 個人番号 | | | 電話番号(自宅・勤務先・携帯) | | | |

| 国外財産の区分 | 種類 | 用途 | 所在<br>国名 | | 数量 | (上段は有価証券等の取得価額)<br>価額 | 備考 |
|---|---|---|---|---|---|---|---|
| | | | | | | 円 | |
| | | | | | | 円 | |

提出用　平成二十八年十二月三十一日分以降用

合計額　　　　　　　合計表②へ

(摘要)

(　)枚のうち(　)枚目　　通信日付印(年月日)

出典：国税庁ホームページ

第2節　日本における国外財産に対する課税強化

## 図表 1-2-14　国外財産調書合計表の記載内容　別表第一

◎ **国外財産調書を提出しなければならない方**
居住者（所得税法第2条第1項第4号に規定する「非永住者」の方を除きます。）の方で、その年の12月31日において、その価額の合計額が5千万円を超える国外財産を有する方は、その財産の種類、数量及び価額その他必要な事項を記入したこの国外財産調書を国外財産調書合計表を添付し、翌年の3月15日までに所轄税務署長に提出しなければなりません。（国外送金等調書法第5条、国外送金等調書規則別表第2）。

なお、上記提出期限までの間（その年の翌年の3月15日までの間）に、国外財産調書を提出しないで死亡し、又は出国をしたときに、この国外財産調書を提出する必要はありません。
※　「国外にある財産をいう」こととされています。ここでいう「国外にある」かどうかの判定については、財産の種類ごとに行うこととされ、例えば次のように、その財産の所在、その財産の受入れをした営業所、又は事業所の所在などによることとされています。
（例）・「不動産又は動産」は、その不動産又は動産の所在
　　　・「預金、貯金又は積金」は、その預金、貯金又は積金の受入れをした営業所又は事業所の所在
　　　・「有価証券」は、その有価証券を管理する口座が開設された金融商品取引業者等の営業所等の所在

◎ **国外財産調書の記入に当たっての留意事項**
この国外財産調書には、その財産の区分に応じて、「種類別」、「用途別」（一般用及び事業用の別）及び「所在別」に、その財産の「数量」及び「価額」を記入します。
なお、次のような財産については、それぞれ、次のとおり記入することとして差し支えありません。
(1) 財産の用途が一般用及び事業用の兼用である場合には、「用途」は「一般用、事業用」と記入し、「価額」は用途別に区分することなく記入してください。
　※　事業用とは、この国外財産調書を提出する方の不動産所得、事業所得又は山林所得を生ずべき事業又は業務の用に供することをいい、一般用とは、当該事業又は業務以外の用に供することをいいます。
(2) 2以上の財産の区分からなる財産で、それぞれの財産の区分に分けて価額を算定することが困難な場合には、いずれかの財産の区分にまとめて記入してください。

---
**（国外財産の区分）**
①土地（林地を含む。）、②建物、③山林、④現金、⑤預貯金（当座預金、普通預金、定期預金等の預貯金）、⑥有価証券（株式、公社債、投資信託、特定受益証券発行信託、貸付信託、その他の有価証券）、⑦匿名組合契約の出資の持分、⑧未決済信用取引等に係る権利、⑨未決済デリバティブ取引に係る権利、⑩貸付金、⑪未収入金（受取手形を含む。）、⑫書画骨とう及び美術工芸品、⑬貴金属類、⑭その他の動産（家庭用動産を含む。）、⑮その他（上記の財産以外のもの）
　※　家庭用動産とは、例えば、家具、什器備品などの家財や自動車などの動産をいい、④現金、⑫書画骨とう及び美術工芸品、⑬貴金属類は含まれません。その他の動産とは、①から⑭のどの種類にも当てはまらない財産、例えば、預託金、保険の契約に関する権利、信託受益権などをいいます。

---

◎ **財産債務調書を提出する場合**
財産債務調書（国外送金等調書法第6条の2）を提出する方は、国外財産調書に記入した国外財産のうち国外転出特例対象財産（上記国外財産の区分⑥から⑨に掲げる国外財産（⑥のうち「特定有価証券」に該当するものを除きます。））について、その取得価額を「価額」欄の上段に記入してください（国外送金等調書規則別表第一備考三）。

◎ **国外財産調書合計表の作成・添付**
この調書の提出に当たっては、別途、「国外財産調書合計表」を作成し、添付する必要があります。

---

◎ **国外財産調書の記載要領**
この調書の各欄の記入に当たっては、財産を、用途別、所在別に分け、更に、上記「国外財産の区分」の①から⑮の財産に区分した上で、以下のとおり記入してください。
なお、⑫書画骨とう及び美術工芸品については1点10万円未満のもの、⑭その他の動産については、1個又は1組の価額が10万円未満のものの記入は必要ありません。

1　「住所」欄
住所を記入してください。
なお、所得税の納税義務がある方で、この調書を、住所以外の事業所や事務所、居所などを所轄する税務署に確定申告書と一緒に提出する方は、（　）内の当てはまる文字を○で囲んだ上、事業所等の所在地（上段）と住所（下段）を記入してください。
おって、住所地に代えて事業所等の所在地を納税地とする場合には、納税地の変更に関する届出が必要です。

2　「国外財産の区分」欄
上記「国外財産の区分」の①から⑮の順序で記入してください。

3　「種類」欄
この欄には、「国外財産の区分」欄に記入した財産のうち、次に掲げる財産について、その種類を次のとおり記入してください。
(1) 預貯金：「当座預金」、「普通預金」、「定期預金」等
(2) 有価証券：「株式」、「公社債」、「投資信託」、「特定受益証券発行信託」、「貸付信託」、「特定有価証券」等及び銘柄名
　※　株式については、「上場株式」と「非上場株式」に区分して記入してください。
　※　「特定有価証券」とは新株予約権その他これに類する権利で株式を無償又は有利な価額により取得することができるもののうち、その行使による所得の全部又は一部が国内源泉所得となるものをいいます（所得税法施行令第170条第1項）。
(3) 匿名組合契約の出資の持分：匿名組合名
(4) 未決済信用取引等：「信用取引」、「発行日取引」及び銘柄名
(5) 未決済デリバティブ取引に係る権利：「先物取引」、「オプション取引」、「スワップ取引」等及び銘柄名
(6) 書画骨とう及び美術工芸品：「書画」、「骨とう」、「美術工芸品」
(7) 貴金属類：「金」、「白金」、「ダイヤモンド」等
(8) その他の動産（家庭用動産を含む。）：適宜に設けた区分
(9) その他の財産：「預託金」、「保険に関する権利」、「信託受益権」等
　※　土地、建物、山林、現金、貸付金、未収入金については、本欄の記入は必要ありません。

4　「用途」欄
この欄には、財産の用途に応じて、「一般用」又は「事業用」と記入してください。

5　「所在」欄
この欄には、財産の所在地について、国名及び所在地のほか、氏名又は名称（金融機関名及び支店名等）を記入してください。
また、上記「国外財産の区分」の①から⑭までの財産については、国名及び所在地のみを記入することとして差し支えありません。
なお、国名については一般的に広く使用されている略称を記入してください。

6　「数量」欄
この欄には、「国外財産の区分」欄に記入した財産のうち、次に掲げる財産について、その数量を次のとおり記入してください。
(1) 土地：地積数及び面積
(2) 建物：戸数及び床面積
(3) 山林：面積又は体積
(4) 有価証券、匿名組合契約の出資の持分：株数又は口数
(5) 未決済信用取引等、未決済デリバティブに係る権利：株数又は口数
(6) 書画骨とう及び美術工芸品：点数
(7) 貴金属類：点数又は重量
(8) その他の動産（家庭用動産を含む。）：適宜に設けた応じた数量
(9) その他の財産：「預託金」、「保険の契約に関する権利」、「信託受益権」等の適宜に設けた区分に応じた数量
　※　現金、貸付金、未収入金については、本欄の記入は必要ありません。

7　「価額」欄
この欄には、それぞれの財産に係る「時価」又は時価に準ずるものとして「見積価額」を記入してください。
また、上記「国外財産の区分」の⑥から⑨までの財産（⑥のうち「特定有価証券」に該当する有価証券を除きます。）については、取得価額の記入も必要となります。
　※　国外財産の見積価額の算定方法（例示）については、「国外財産調書の記載例」の裏面をご覧ください。

8　「備考」欄
2以上の財産区分からなる財産を一括して記入する場合には「備考」欄に一括してその財産の区分等を記入してください。

9　「合計額」欄
この欄には、調書に記入したそれぞれの財産の価額の合計額を記入してください。

10　「摘要」欄
この調書に記入した国外財産について、参考となる事項などを記入してください。

11　その他の留意事項
「国外財産の区分」の⑭に該当する家庭用動産で、その取得価額が100万円未満のものである場合には、その年の12月31日における当該動産の見積価額については、10万円未満のものと取り扱って差し支えありません。

出典：国税庁ホームページ

## 6 罰則及びインセンティブ規定

### 1 税務調査及び提出における罰則規定

　国外財産調書の提出制度においては、故意に以下の行為をした者は、1年以下の懲役又は50万円以下の罰金に処することとされています（送金法9、10）。

　ただし、次のニについては、情状により刑を免除することができるとされています（送金法10②ただし書）。

イ　当該職員の質問に対して答弁せず、もしくは偽りの答弁をし、又は検査を拒み、妨げ、若しくは忌避したとき（送金法9三）

ロ　当該職員の物件の提示又は提出の要求に対し、正当な理由がなく応じず、又は偽りの記載もしくは記録をした帳簿書類その他の物件を提示し、若しくは提出したとき（送金法9四）

ハ　国外財産調書に偽りの記載をして提出した者（送金法10①）

ニ　正当な理由がなくて国外財産調書をその提出期限内までに提出しなかった者（送金法10②）

---

〈留意点等〉

● ニの国外財産調書の不提出罪は、提出期限を徒過した時点で既遂となると考えられますが、仮にいったんは既遂となった場合であっても、情状により、処罰する必要がないときには刑を免除することができる旨を明らかにしたものです（送金法10②ただし書）。

● 上記ハの国外財産調書の虚偽記載、及びニの不提出に対する罰則については、平成27年1月1日以後に提出すべき国外財産調書に係る違反行為について適用されます。

　　罰則の適用については、制度の十分な周知期間を確保し、円滑な導入に万全を期す観点から、施行を本制度の導入時期より1年後倒ししています。

## 2 過少申告加算税及び無申告加算税の特例

本制度においては、修正申告又は期限後申告を行った場合には、国外財産調書の適正な提出に向けたインセンティブとして、修正申告又は期限後申告により納付する過少申告加算税及び無申告加算税の特例措置が設けられています。

【過少申告加算税等の軽課措置】

国外財産に係る所得税又は贈与税、相続税について修正申告等があり、過少申告加算税又は無申告加算税が課される場合であっても、期限内に提出した国外財産調書に修正申告等の基因となる国外財産が記載されているときは、これら過少申告加算税については対象となる本税の5％に相当する金額を控除した金額（「優遇措置」）となります（送金法6①）。

【過少申告加算税等の加重措置】

国外財産に係る所得税又は贈与税、相続税に関し申告漏れ又は無申告による修正申告等（死亡した者に係るものを除く）があり、過少申告加算税又は無申告加算税の適用がある場合において、提出期限内に国外財産調書の提出がないとき、又は重要なものの記載が不十分であると認められるときは、この修正申告等につき課される過少申告加算税又は無申告加算税の額は、対象となる本税額の5％に相当する金額を加算した金額（「加重措置」）となります（送金法6②）。

なお、初めて加算税の加重措置を適用された事例について紹介していますのでご参照ください（➡352頁事例6）。

〈留意点等〉
- 相続税及び死亡した者に係る所得税に係る「加重措置」については、適用対象外となっています。
- 「重要なものの記載が不十分であると認められるとき」とは、記載事項に

> ついて誤りがあり、又は記載事項の一部が欠けていることにより、所得の基因となる国外財産の特定が困難である場合をいいます。
> ● 提出期限後に提出された国外財産調書について、それが調査のあったことにより更正又は決定を予知して提出されたものでないときは、当該国外財産調書は期限内に提出されたものとみなして、優遇措置又は加重措置の規定を適用することとされています（送金法6④）。

### ③ 諸外国における制度

国外財産調書制度の創設に当たっては、先進諸国の類似の国外財産（資産）の報告制度を参考に創設されています（次頁の**図表1-2-15**参照）。

## 3 財産債務調書制度の創設

平成27年度税制改正により、富裕層のコンプライアンスの向上に向けた取組みとして、国外財産調書と同様の事項を記載させるなど従来の「財産及び債務の明細書」（「財産債務明細書」）の見直しが行われ、「財産債務調書」の提出制度が創設されました。

### 1 制度創設の経緯

従前の「財産債務明細書」は、提出が義務付けられていたものの罰則規定がなかったため、不提出者や記載の不備、虚偽記載が多数見受けられ、制度の趣旨が十分発揮されていませんでした。

また、次の理由により実際に保有している個別の資産の規模や価額が不明確であったため、情報収集や申告内容の検証に活用するには不十分でした。

① 保有財産の記載区分がおおまかで個別財産の詳細が不明である。
② 時価ではなく取得価額での記載も可能である。

## 図表1-2-15　諸外国における「外国資産報告制度」の概要

| | 報告者等 | 違反があった場合の措置 |
|---|---|---|
| 米 | ○ ①**残高1万ドル超の外国金融口座**、②**5万ドル超の特定外国金融資産**（外国預金口座、外国法人が発行する有価証券等）を保有する個人・法人等 | ○ ①の場合、当該口座に係る情報の未報告について、口座1件当たり**1万ドル以下の制裁金（故意の場合は10万ドルと口座残高の50%のいずれか高い金額の制裁金）**。また、**刑事罰として、5年以下の懲役若しくは25万ドル以下の罰金またはその併科**。<br>○ ②の場合、当該金融資産に係る**過少申告額の40%（通常20%）の制裁金**。また、**刑事罰として、1年以下の懲役もしくは2.5万ドル（法人は10万ドル）以下の罰金またはその併科**。 |
| 独 | ○ 外国法人の10%以上の持分等を保有する個人・法人等 | ○ 未報告の場合、5,000ユーロ以下の制裁金。 |
| 仏 | ○ 外国金融口座、外国生命保険契約を保有する個人 | ○ 未報告の口座1件当たり1,500ユーロの制裁金。なお、情報交換協定等未締結国に保有する未報告口座については1万ユーロの制裁金。<br>○ 未報告の保険契約に係る**払込額の25%の制裁金**。 |
| 加 | ○ 合計10万ドル超の外国資産を保有する個人・法人等 | ○ 以下のいずれかの金額の制裁金が課される。<br>－ 未報告の場合、督促後違反継続期間中、1日25ドルの制裁金（最低100ドル、最高2,500ドル）<br>－ 故意による未報告の場合、督促後違反継続期間中、月1,000ドルの制裁金（最高24,000ドル）<br>－ 24ヶ月以上の未報告の場合、未報告額の5%。 |
| 豪 | ○ 合計5万ドル以上の外国資産、外国法人の10%以上の持分等を保有する個人 | ○ 未報告の場合、**最大で1年以下の懲役**もしくは5,500ドル以下の罰金または併科。 |
| 韓 | ○ 合計10億ウォン超の外国金融口座を保有する個人・法人 | ○ 未報告の場合、口座残高の10%以下の制裁金等。 |

（注）これらの国では、居住者が未報告の外国口座等からの所得を自主的に申告した場合に制裁金などを軽減する仕組み等を時限的または恒久的に採用し、コンプライアンスの履行を促進している。

出典：財務省『平成24年度　税制改正の解説』「国際課税関係（国外財産調書制度の創設等の改正）」（参考図表1）

③ 罰則規定がないため金額等の記載に不備、未記入が多い。

また、その結果、制度の課題として以下の点が指摘されていました。
① 提出状況について、「財産債務明細書」の提出が必要な者（約36万人）のうち、実際に提出した者は約16万人と提出率は44％にとどまっており、その意義が十分周知されていない。
② さらに、国外財産調書を提出した者（5,539人）で「財産債務明細書」の提出義務がある者（約3,100人）のうち、約4割（1,200人）は、「財産債務明細書」を提出していない。
③ 国外転出時等課税の創設に際して、適正な執行を確保するために、保有有価証券の情報把握が必要となった。

## 2 新制度の概要

財産債務調書の提出制度は、従前は、「財産債務明細書」として提出を求めていたものに以下の見直し等を行い、新たに内国税の適正な課税の確保を図るための国外送金等に係る調書の提出等に関する法律（「国外送金等調書法」）の一部として、「財産債務調書」の提出を求めるものです。

### 1 根拠規定の変更

所得税法ではなく「国外送金等調書法」に規定されたことにより、国外財産調書と同様の事項を記載することが可能となりました。

### 2 提出基準の見直し

従前は、2,000万円超の所得額基準のみで判定していましたが、新たに「その年の12月31日において有する財産の価額の合計額が3億円以上であること、又は、有価証券等の価額が1億円以上であること」という財産額基準が導入されました。

### 3 インセンティブ措置の導入

　国外財産調書と同様、財産債務調書の提出の有無により、過少申告加算税等を加減算する特例措置（インセンティブ措置）が導入されました。

### 4 記載事項の見直し

　財産債務明細書の記載事項である財産の種類、数量及び価額のほか、財産の所在、有価証券の銘柄等、国外財産調書の記載事項と同様の事項の記載を要することとなりました。また、財産の評価についても、原則として時価とするなど国外財産調書と足並みを揃えるようになりました。

　なお、国外財産調書へ記載した国外財産については、財産債務調書の備考欄に「国外財産調書に記載のとおり」と記載することにより、国外財産の内容を記載する必要はなくなりました。

### 5 質問検査権の規定の整備

　財産債務明細書では、確定申告書の提出に合わせて提出を義務付けられていたため、所得税の税務調査の一環としての指摘や訂正を求められる程度でしたが、「財産債務調書」は国外送金等調書法7条2項に質問検査権が規定され、その者の国外財産もしくは債務に関する帳簿書類その他の物件を検査し、又は当該物件（その写しを含む）の提示もしくは提出を求めることができることになり、「財産債務調書」の記載内容の不備だけでも単独で税務調査の対象とされることになりました。

**図表 1-2-16　財産債務調書制度の概要図**

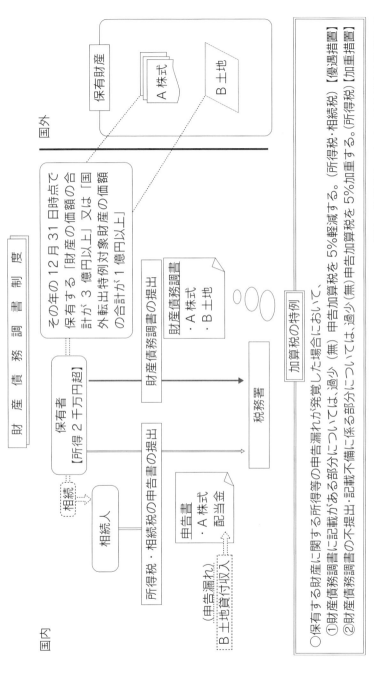

(注)　財務省ホームページを参考に筆者作成

第2節　日本における国外財産に対する課税強化

## 3 財産債務調書の記載の仕方

### 図表 1-2-17　財産債務調書の記載例

[参考]「財産債務調書」に係る国外財産の記載例（「国外財産調書」を提出する場合）

平成××年12月31日分　財産債務調書

| 財産債務を有する者 | 住所又は事業所、事務所、居所など | 東京都千代田区霞が関3-1-1 | | | | |
|---|---|---|---|---|---|---|
| | 氏名 | 国税　太郎 | | | | |
| | 個人番号 | 0000 0000 0000 | | | 電話番号（自宅・勤務先・携帯） | 03-xxxx-xxxx |

| 財産債務の区分 | 種類 | 用途 | 所在 | 数量 | (上段)有価証券等の取得価額<br>財産の価額又は債務の金額 | 備考 |
|---|---|---|---|---|---|---|
| 土地 | | 事業用 | 東京都千代田区○○1-1-1 | 1<br>250㎡ | 250,000,000 | |
| 建物 | | 事業用 | 東京都港区○○3-3-3 | 1<br>500㎡ | 110,000,000 | |
| 建物 | | 一般用<br>事業用 | 東京都品川区○○5-5-5-2501 | 1<br>95㎡ | 89,000,000 | 土地を含む |
| | | | 建物計 | | (199,000,000) | |
| 現金 | | 一般用 | 東京都千代田区霞が関3-1-1 | | 1,805,384 | |
| 預貯金 | 普通預金 | 事業用 | 東京都千代田区○○2-2-2<br>○○銀行△△支店 | | 38,961,915 | |
| 有価証券 | 上場株式（B社） | 一般用 | 東京都港区○○3-1-1<br>△△証券△△支店 | 5,000株 | 6,500,000<br>6,450,000 | |
| 特定有価証券 | ストックオプション<br>（○○株式会社） | 一般用 | 東京都港区△△1-2-1 | 600個 | 3,000,000 | |
| 匿名組合出資 | C匿名組合 | 一般用 | 東京都港区○○1-1-1<br>株式会社 B | 100口 | 100,000,000<br>140,000,000 | |
| 未決済デリバティブ取引に係る権利 | 先物取引（○○） | 一般用 | 東京都品川区○○5-1-1<br>××証券××支店 | 100口 | 30,000,000<br>29,000,000 | |
| 貸付金 | | 事業用 | 東京都目黒区○○2-1-1<br>○○　△△ | | 3,000,000 | |
| 未収入金 | | 事業用 | 東京都豊島区○○2-1-1<br>株式会社 C | | 1,500,000 | |
| 貴金属類 | ダイヤモンド | 一般用 | 東京都品川区○○5-5-5-2501 | 3個 | 6,000,000 | |
| その他の動産 | 家庭用動産 | 一般用 | 東京都品川区○○5-5-5-2501 | 20個 | 3,000,000 | |
| その他の財産 | 委託証拠金 | 一般用 | 東京都品川区○○5-1-1<br>××証券××支店 | | 10,000,000 | |
| 借入金 | | 事業用 | 東京都千代田区○○2-2-2<br>○○銀行△△支店 | | 20,000,000 | |
| 未払金 | | 事業用 | 東京都港区○○7-8-9<br>株式会社 D | | 1,500,000 | |
| その他の債務 | 保証金 | 事業用 | 東京都台東区○○2-3-4<br>株式会社 E | | 2,000,000 | |
| 国外財産調書に記載した国外財産の価額の合計額<br>（うち国外転出特例対象財産の価額の合計額（34,000,000）円） | | | | | 89,000,000 | |
| 財産の価額の合計額 | | 780,717,299 | 債務の金額の合計額 | | 23,500,000 | |
| (摘要) | | | | | | |

「国外財産調書に記載した国外財産の価額の合計額」及び「うち国外転出特例対象財産の価額の合計額」を記載する。

出典：国税庁「国外財産調書の提出制度（FAQ）」

[参考]「国外財産調書の記載例」(国税庁ホームページ≪申請・届出様式(法定調書関係)≫に掲載)

「国外財産調書」の記載例

平成××年12月31日分　国外財産調書

| 住所<br>(又は事業所<br>事務所、居所など) | 東京都千代田区霞が関3-1-1 | | | 整理番号 | 0XXXXX |
|---|---|---|---|---|---|
| 氏名 | 国税　太郎 | | | | |
| 個人番号 | 0000 0000 0000 | | | | |

| 国外財産<br>の区分 | 種類 | 用途 | 所在 | 数量 | 価額又は取得価額 | 備考 |
|---|---|---|---|---|---|---|
| | | | | | 円 | 価・取 |
| 土地 | | 事業用 | ○○州○○市XX通り6000 | 200 ㎡ | 34,500,000 | |
| 建物 | | 事業用 | ○○州○○市XX通り6000 | 150 ㎡ | 80,000,000 | |
| 建物 | | 一般用 | アメリカ ○○州○○市XX通り4410 | 95 ㎡ | 77,000,000 | |
| | | | 建物計 | | (157,000,000) | |
| 現金 | | 事業用 | ○○州○○市XX通り10 | | 56,861,865 | |
| 預金 | | 事業用 | アメリカ ○○州○○市XX通り123（XX銀行○○支店） | | 23,781,989 | |
| 預金 | | 一般用 | アメリカ ○○州○○市XX通り123（XX銀行○○支店） | | 5,000,000 | |
| | | | 預金計 | | (67,733,941) | |
| 有価証券 | 上場株式 (Apex,B.Xxxx) | 一般用 | アメリカ ○○州○○市XX通り321 | 10,000株 | 3,000,000 | |
| 特定有価証券 | ストックオプション (○○Co.Ltd.) | | アメリカ ○○州○○市XX通り100 | 600株 | 3,000,000 | |
| 匿名組合出資 | C印名目 | 一般用 | アメリカ ○○州○○市XX通り156 | | 140,000,000 | |
| 未決済信用取引 | 信用取引(○○) | | アメリカ ○○州○○市XX通り967 | 100口 | 0 | |
| 未決済デリバティブ取引 | 先物取引 (○○) | | アメリカ ○○州○○市XX通り967 | 100口 | 20,000,000 | |
| 貸付金 | | 事業用 | アメリカ ○○州○○市XX通り4410 | | 25,000,000 | |
| 未収入金 | | 一般用 | アメリカ ○○州○○市XX通り1210番地 | | 15,000,000 | |
| 書画骨とう | | 一般用 | アメリカ ○○州○○市XX通り4410 | | 4,800,000 | |
| 貴金属類 | | 一般用 | アメリカ ○○州○○市XX通り4410 | 1 kg | 2,000,000 | |
| その他の動産 | 自動車 | 一般用 | アメリカ ○○州○○市XX通り867 | 1台 | 5,000,000 | |
| その他の財産 | | 一般用 | アメリカ ○○州○○市XX通り867 | | 6,000,000 | |
| | | | | | 10,000,000 | |
| 合計額 | | | | | 513,841,941 | |

(1)枚のうち(1)枚目 (摘要)

出典：国税庁「国外財産調書の提出制度（FAQ）」

## 4 国外送金等調書

### 1 制度の概要と調書の内容

あなたが金融機関を通じて行った海外送金や海外から受領した送金について、「国外送金等に関するお尋ね」という税務署からのハガキが送られてくるかもしれません。

「国外送金等に関するお尋ね」とは、法的拘束力のない税務署からの協力依頼のお願いですが、どうしてこのような「お尋ね」が届くのでしょうか。

あなたが国外に送金等した情報は、海外送金する際にあなたが作成し金融機関に提出した「外国送金依頼書（兼支払請求書）兼告知書」に記載したことにより、国外送金等調書法第3条の規定に基づき、あなたから金融機関に対し告知がされたことになります。送金等を行った金融機関は、同法第4条の規定により、送金取引を行った日の属する月の翌月末日までに、当該為替取引に係る営業所の所在地の所轄税務署長に国外送金等調書を提出しなければなりません。平成10年に国外送金等に係る調書の提出を金融機関に義務付けた法律が施行され、平成21年3月までは200万円超の送受金について提出が求められていたものが、現在は100万円を超える送受金については、税務署への「国外送金等調書」（「等」は国外からの入金の場合）の提出が義務付けられています。

国内の銀行が税務署へ提出する「国外送金等調書」の記載内容は以下の通りです。

① 国内送金者又は受領者の住所（所在地）及び氏名（名称）
② 個人番号又は法人番号
③ 国外への送金か国外からの送金の受領かの区分
④ 国外送金等年月日
⑤ 国外の受領者又は送金者の氏名（名称）

⑥　国外の銀行の営業所の名称
⑦　取次に係る金融機関の営業所の名称
⑧　相手国名
⑨　本人預金口座の種類、預金口座番号
⑩　国外送金等の金額
⑪　送金原因
⑫　提出者の住所及び氏名

## 2 「お尋ね」文書

　この調書は、平成21年度には提出枚数が473万枚だったものが、平成27年度では642万枚にも及んでいます。この「国外送金等調書」は、あなたが国外送金に利用した金融機関から税務署へ提出され、受け取った税務署は、上記情報と手持ち情報とを照合して「国外送金等に関するお尋ね」を作成し、国内の送金者又は受領者に送付します。「お尋ね」により、具体的な送金等の取引内容や確定申告の有無を確認するとともに、送金依頼書等の保管資料の提出も併せて要求される場合があります。

### 1 お尋ねを受領した後の修正申告、期限後申告の取扱い

　これらの文書は行政指導として送付されているものなので、特別な場合を除いては、税務調査における質問検査権の行使には該当しないと考えられます。したがって、これらの文書への回答と合わせて修正申告や期限後申告と国外財産調書を提出すれば、通常の場合には、自主的な申告として取り扱われ、加算税の免除・軽減が受けられると考えられます。

### 2 マイナンバーによる名寄せ

　マイナンバー制度の開始に当たって、平成28年1月1日以後の海外送金については、「国外送金等調書」にマイナンバーの記入が求められることに

なりました。これにより、海外送金した取引について、マイナンバーから海外送金の送金者、海外からの送金の受領者の特定が可能となっています。つまり、各国の税務当局が金融機関から提出された国外金融資産に係る情報を、情報交換制度を活用して大量に入手し、マイナンバーを利用して国内の情報も含めてマッチングさせることにより、国外で行った金融取引や金融資産の取引者の資料、情報として把握し、蓄積しておくことが可能となっています。

### 3 罰則規定

　国外送金等に係る告知書を金融機関に提出する者、及び国外送金等調書を税務署長へ提出する者は、次の違反があった場合には、1年以下の懲役又は50万円以下の罰金に処せられます。
① 告知書の不提出及び虚偽記載による提出
② 国外送金等調書の不提出及び虚偽記載による提出
③ 国税職員の質問検査権に対する不答弁もしくは虚偽答弁又は検査の拒否、妨害もしくは忌避
④ 国税職員の物件の提示又は提出の要求に対する不提示もしくは不提出、又は偽りの記載もしくは記録をした帳簿書類その他の物件（その写しを含む）を提示もしくは提出したとき

## 図表 1-2-18 国外送金等調書のひな形

```
　　　　　　　　　平成　年分　国　外　送　金　等　調　書
```

| 国内の送金者又は受領者 | 住所(居所)又は所在地 | | | |
|---|---|---|---|---|
| | 氏名又は名称 | | 個人番号又は法人番号 | |

| 国外送金等区分 | 1.国外送金・2.国外からの送金等の受領 | 国外送金等年月日 | 年　月　日 |
|---|---|---|---|

| 国外の送金者又は受領者の氏名又は名称 | |
|---|---|
| 国外の銀行等の営業所等の名称 | |
| 取次ぎ等に係る金融機関の営業所等の名称 | |
| 国外送金等に係る相手国名 | |
| 本人口座の種類 | 普通預金・当座預金・その他（　　　）　　本人口座の番号 |

| 国外送金等の金額 | 外貨額 | | 外貨名 | | 送金原因 |
|---|---|---|---|---|---|
| | 円換算額 | (円) | | | |

| (備考) | |
|---|---|

| 提出者 | 住所(居所)又は所在地 | | | |
|---|---|---|---|---|
| | 氏名又は名称 | (電話) | 個人番号又は法人番号 | |

| 整理欄 | ① | ② |
|---|---|---|

※個人番号又は法人番号欄に個人番号（12桁）を記載する場合には、右詰で記載します。

350

備　考
1　この調書は、内国税の適正な課税の確保を図るための国外送金等に係る調書の提出等に関する法律第4条に規定する調書の標準的な様式として使用すること。
　　なお、調書に記載すべき事項を記載した書面をもって、この調書に代えることができる。
2　この支払調書の記載要領は、次による。
　(1)　「国内の送金者又は受領者の住所(居所)又は所在地」の欄には、国内から国外へ国外送金を行った者又は国内において国外からの送金等の受領を行った者の住所(居所)又は所在地を記載すること。
　(2)　「国内の送金者又は受領者の氏名又は名称」の欄には、国内から国外へ国外送金を行った者又は国内において国外からの送金等の受領を行った者の氏名又は名称を記載すること。
　(3)　「国内の送金者又は受領者の個人番号又は法人番号」の欄には、行政手続における特定の個人を識別するための番号の利用等に関する法律第2条第5項に規定する個人番号又は同条第15項に規定する法人番号を記載すること。
　(4)　「国外送金等区分」の欄は、「1.国外送金」又は「2.国外からの送金等の受領」のいずれかの数字を○で囲むこと。
　(5)　「国外送金等年月日」の欄には、国外送金等を行った年月日を記載すること。
　(6)　「国外の送金者又は受領者の氏名又は名称」の欄には、国内から国外へ国外送金を行った場合の国外の受領者又は国内において国外からの送金等の受領を行った場合の国外の送金者の氏名又は名称を記載すること。
　(7)　「国外の銀行等の営業所等の名称」の欄には、国内から国外へ国外送金を行った場合の国外の銀行等の営業所等の名称又は国内において国外からの送金等の受領を行った場合の国外の銀行等の営業所等の名称を記載すること。
　(8)　「取次ぎ等に係る金融機関の営業所等の名称」の欄は、取次ぎ等に係る金融機関の営業所等の名称を記載すること。
　(9)　「国外送金等に係る相手国名」の欄には、国外送金等を行った相手国名を記載すること。
　(10)　「本人口座の種類」の欄は、普通預金又は当座預金の場合には、○で囲むこと。
　　　また、普通預金又は当座預金以外の場合には、カッコ内に種類を記載すること。
　(11)　「本人口座の番号」の欄には、本人口座の番号を記載すること。
　(12)　「国外送金等の金額の外貨額」及び「外貨名」の欄には、国外送金等の外貨額及び外貨の名称を記載すること。
　(13)　「円換算額」の欄には、国外送金等を行った金額の円換算の金額を記載すること。
　(14)　「送金原因」の欄には、国外送金等を行った原因を記載すること。なお、記載に当たっては、国際収支項目番号を記載しても差し支えない。
　(15)　「備考」の欄には、その他参考となる事項を記載すること。（納税管理人の氏名等を記載する場合には、この欄に記載すること。）

出典：国税庁ホームページ

## 図表 1-2-19　国外送金等に関するお尋ね

**外国送金依頼書（兼支払請求書）兼告知書**
APPLICATION FOR REMITTANCE WITH DECLARATION

| | |
|---|---|
| 送金日 (DATE) | 2017年 7月 10日 |
| 送金通貨・金額 (CURRENCY・AMOUNT) | 18,181.82 US$ |
| 送金種別 電信送金 (T/T) | |
| 支払方法 | 通知払 (ADVISE & PAY) |
| 円貨相当額 (YEN EQUIVALENT) | 2,000,000 円 |
| 送金通貨種類 (CURRENCY) | US$ |

ご依頼人英文名 (APPLICANT'S NAME IN BLOCK LETTERS)：TARO KOKUZEI

受取人口座保有銀行 (BENE'S A/C WITH)／銀行名・支店名 (BANK NAME・BRANCH NAME)：M BANK NY BRANCH
銀行住所 (ADDRESS)：New York City
国名 (COUNTRY)：U.S.A
銀行コード (ABA NO. (ROUTING NO.)、BIC CODE等)：××××××××
受取人名 (BENEFICIARY'S NAME IN BLOCK LETTERS)：TOMIO SATO

- ●「外国送金依頼書」は「国外送金等の告知書」を兼用

- ●金融機関は税務署へ「国外送金等調書」を提出

- ●税務署から上記取引に関する「お尋ね」が郵送

### 国外送金等に関するお尋ね

| 区分 | 送金年月日 | 送金等金額 | 相手先名 | 国内金融機関名 |
|---|---|---|---|---|
| 送金 | 2017.07.10 | 2,000,000円 | TOMIO.SATO | M銀行N支店 |

職業、生年月日、送受金年月日、送金又は受領金額、相手先名、送金先銀行等、送金等の理由、確定申告の提出の有無等について回答することになります。

## 5 国外証券移管等調書

### 1 制度の概要

　平成27年1月1日以後、国内の証券口座から国外の証券口座に有価証券を移管する場合や、国外の証券口座から国内の証券口座に有価証券を受け入れる場合には、証券会社は「国外証券移管等調書」を税務署に提出することになりました。また、平成28年1月1日以後に証券会社等に口座の移管を依頼する場合には、マイナンバーを含めた本人確認を行うこととなりました。

　「国外送金等調書」は資金を送金した場合の情報を国税当局に提供する制度ですから、有価証券を現物のまま国外の口座に移管した取引の場合には、対象外となっていました。「国外証券移管等調書」は、このように送金を伴わないが実質的には送金したことと同様である取引の情報を把握するために、株式等の現物の口座移管取引に関しても調書を提出することを義務付けたものです。

　まず、有価証券等の国外証券移管等の依頼をする者が、その者の氏名（名称）、住所（所在地）等を記した「告知書」を、その国外証券移管等の依頼をする際に、証券会社等の営業所長に提出しなければなりません。証券会社等は、「告知書」の内容に基づいて一定の事項を記載した「国外証券移管等調書」を、翌月末日までに、営業所を所管する税務署長に提出することになります。

### 2 罰則規定

　国外証券移管等調書制度では、次の違反があった場合には、その違反行為をした者は、1年以下の懲役又は50万円以下の罰金に処することとなります（送金法9一～四）。

① 告知書の不提出及び虚偽記載による金融機関への提出

② 国外証券移管等調書の不提出及び虚偽記載による税務署長への提出
③ 国税職員の質問検査権に対する不答弁もしくは虚偽答弁又は検査の拒否、妨害もしくは忌避
④ 国税職員の物件の提示又は提出の要求に対する不提示もしくは不提出、又は虚偽記載の帳簿書類その他の物件の提示もしくは提出

## 図表1-2-20　国外証券移管等調書のひな形

平成　　年分　国外証券移管等調書

| 国外証券移管者又は受入者 | 住所(居所)又は所在地 | | | | | |
|---|---|---|---|---|---|---|
| | 氏名又は名称 | | | 個人番号又は法人番号 | | |

| 国外証券移管等区分 | 1.国外証券移管・2.国外証券受入れ | 国外証券移管等年月日 | 　　年　　月　　日 |
|---|---|---|---|

| 国外証券移管等の相手方の氏名又は名称 | |
|---|---|
| 国外の金融商品取引業者等の営業所等の名称 | |
| 国外証券移管等に係る相手国名 | |

国外移管等をした有価証券

| 種類 | 銘柄 | 株数又は口数 | 額面金額 | | |
|---|---|---|---|---|---|
| | | | 外貨額 | 外貨名 | 円換算額 |
| | | 株(口) | | | 千　　　円 |
| | | | | | |
| | | | | | |
| | | | | | |

| 移管等の原因となる取引又は行為の内容 | |
|---|---|
| (備考) | |

| 金融商品取引業者等 | 所在地 | | | | |
|---|---|---|---|---|---|
| | 名称 | | 法人番号 | | |
| | | (電話) | | | |

| 整理欄 | ① | ② | | 373 |
|---|---|---|---|---|

○個人番号又は法人番号欄に個人番号(12桁)を記載する場合には、右詰で記載します。

備　考
1　この調書は、内国税の適正な課税の確保を図るための国外送金等に係る調書の提出等に関する法律第4条の3に規定する調書の標準的な様式として使用すること。
　　なお、調書に記載すべき事項を記載した書面をもって、この調書に代えることができる。
2　この調書の記載事項は、次による。
⑴　「国外証券移管者又は受入者の住所(居所)又は所在地」の欄には、国内において有価証券(内国税の適正な課税の確保を図るための国外送金等に係る調書の提出等に関する法律第2条第8号に規定する有価証券をいう。以下同じ。)の国外証券移管又は国外証券受入れの依頼をする者の住所(居所)又は所在地を記載すること。
⑵　「国外証券移管者又は受入者の氏名又は名称」の欄には、国内において国外証券移管又は国外証券受入れの依頼をする者の氏名又は名称を記載すること。
⑶　「国外証券移管者又は受入者の個人番号又は法人番号」の欄には、行政手続における特定の個人を識別するための番号の利用等に関する法律第2条第5項に規定する個人番号又は同条第15項に規定する法人番号を記載すること。
⑷　「国外証券移管等区分」の欄は、「1．国外証券移管」又は「2．国外証券受入れ」のいずれかの数字を、○で囲むこと。
⑸　「国外証券移管等年月日」の欄には、国外証券移管等を行った年月日を和暦で記載すること。
⑹　「国外証券移管等の相手方の氏名又は名称」の欄には、国外証券移管を行った場合の国外における受入者又は国外証券受入れを行った場合の国外における移管者の氏名又は名称を記載すること。
⑺　「国外の金融商品取引業者等の営業所等の名称」の欄には、その国外証券移管等に係る国外証券口座を開設された国外における金融商品取引業者等の営業所等の名称を記載すること。
⑻　「国外証券移管等に係る相手国名」の欄には、国外証券移管等を行った相手国名(上記7の営業所等がある国名)を記載すること。
⑼　「国外移管等をした有価証券」の「種類」の欄には、国外証券移管等を行った有価証券の種類について、「国債」、「地方債」、「普通社債」、「外国公債」、「外国社債」、「株式」、「株式等証券投資信託の受益権」のように記載すること。
⑽　「国外移管等をした有価証券」の「銘柄」の欄には、国外証券移管等を行った有価証券の銘柄を記載すること。
⑾　「国外移管等をした有価証券」の「株数又は口数」の欄には、国外証券移管等を行った有価証券の株数又は口数を記載すること。
⑿　「国外移管等をした有価証券」の「額面金額」の欄には、国外証券移管等を行った有価証券について、その額面金額に係る外貨額・外貨名・円換算額をそれぞれ記載すること。
⒀　「移管等の原因となる取引又は行為の内容」の欄には、国外証券移管等の原因となる取引又は行為の内容を記載すること。
⒁　「備考」の欄には、国外証券移管等の依頼をする者が、納税管理人の届出をしている場合にはその納税管理人の氏名及び住所(国内に住所がない場合には、居所)を、法人課税信託の受託者である場合(当該国外証券移管等が当該法人課税信託に係るものである場合に限る。)には当該法人課税信託の名称及び当該法人課税信託の信託された受託営業所の所在地を記載すること。
　　また、その他参考となる事項を記載すること。

出典：国税庁ホームページ

# 第3節 各国との租税条約に基づく情報交換制度の活用

　経済のグローバル化、国境を超える取引が恒常的に行われ、海外取引や国外財産の保有・運用形態が複雑、多様化している現在において、行き過ぎた国際的な租税回避事例が次々と公表されるようになり、G20 や OECD の場で国際的な脱税や租税回避行為に対処するための国際協力の機運が一層高まってきています。我が国においても、プロジェクトチームによる実地調査や租税条約に基づく外国税務当局との情報交換の積極的な実施により、多国籍企業や富裕層に対する課税強化に向けた取組みが一段と進められています。

　また、協力しないタックスヘイブン国に対してはブラックリストに掲載し制裁を課すこと等により、グローバルな枠組みに参加するような知恵を出し合って、各国が連携して様々な取組みを行っているところです。

## 1 深度ある調査の実施

　国税当局は、前述した「国外財産調書」「財産債務調書」「国外送金等調書」及び「国外証券移管等調書」等により入手した情報と、以下に記述する外国税務当局から入手した海外の金融機関が保有していた情報を、マイナンバーにより名寄せを行い、国外財産に対する税務調査等の基礎資料のデータベースを構築することが可能となっています。

　さらに、大口の超富裕層に対しては、特別プロジェクトチームを組織して深度ある調査を実施する計画となっています。

## 2 要請に基づく情報交換

　個別の納税者に対する調査において、国内で入手できる情報だけでは事実関係を十分に解明できない場合に、条約等締結相手国・地域の税務当局に必要な情報の収集・提供を要請するものです。

　「要請に基づく情報交換」を利用することにより、外国税務当局から、海外法人の決算書、申告書、登記情報、契約書、インボイス、銀行預金口座情報などの資料のほか、外国税務当局の調査担当者が取引先に直接ヒアリングして収集した情報や資料の提供を受けることが可能となります。今では、オフショア金融センターを有するタックスヘイブンの当局とも情報交換を実施し、資料情報の提供を受けられるようになっています。

## 3 自発的な情報交換

　自国の納税者に対する調査等の際に入手した情報で外国税務当局にとって有益と認められる情報を自発的に提供する制度です。国際協力の観点から、租税条約等ネットワークを活用し、外国税務当局に対する自発的な情報提供も積極的に実施されており、平成27年度では、国税庁から外国税務当局に提出した件数は186件、他方、外国税務当局から国税庁に提供された件数は33件に上っています。

　例えば、外国法人の調査を行った外国税務当局から、業務委託手数料の一部を法人名義預金ではなく代表者名義の海外の預金口座に送金したとして、情報の提供を受領するような場合です。

## 4 自動的な情報交換

　法定調書から把握した非居住者等への利子、配当、不動産所得、無形資産の使用料、給与・報酬、キャピタルゲイン等の支払いに関する情報を、支払

国の税務当局から受領国の税務当局へ一括して自動的に送付する制度です。

外国税務当局から「自動的情報交換」により提供を受けた利子、配当等に関する情報を申告内容と照合し、海外投資所得や国外財産等についての内容を確認する必要があると認められた場合には、税務調査を行うなど、有効に活用されることになります。

> ◆新聞報道
>
> 　韓国の大手銀行Ｓの株を保有する大阪府や奈良、兵庫両県の株主数人が大阪国税局の税務調査を受け、2013年までの3年間で株の配当や譲渡所得など計15億円超の申告漏れを指摘されていたことが22日、分かった。追徴税額は過少申告加算税を含め計約3億円とみられ、大半が既に修正申告したという。
>
> 　関係者によると、日本居住者（筆者注：無制限納税義務者で全世界財産に課税される）が韓国で得た所得は、韓国での課税分を差し引いた上で日本でも申告する必要があるが、株主数人は申告していなかった。
>
> 　国税当局は2014年から、国外に5,000万円を超える財産を持つ人に「国外財産調書」の提出を義務付けた。大阪国税局は日韓租税条約に基づき韓国の税務当局から寄せられた情報と照合し、申告漏れを発見した。（略）
>
> 　　　　　　　　　　　（2015年12月22日付日本経済新聞電子版より）

〈留意点等〉

●海外不動産の申告漏れ

　日本居住者で、海外不動産を所有し賃貸収入や売却して譲渡益があるにも係わらず、日本で申告しないで済ませている方も少なくないといわれています。その理由としては、不動産のある現地国で既に申告を済ませているので、日本でも申告する必要があることを知らなかったということです。反対に、知ってはいたけれど秘密の財産としていたので申告しないという方もい

ます。

　こういう方は、国外財産を取り巻く各国税務当局の情報収集ネットワークの細かくなった網の目に引っ掛かるリスクが非常に高くなっています。

　前者の場合には故意に国外所得の申告をしていなかったわけではありませんので、重加算税の対象となりませんが、後者の場合には、重加算税の対象となるばかりか、悪質と判断されると「国外財産調書」制度の罰則規定が適用される可能性もあります。あるいは、不動産を取得した時や売却した時の送金等についても税法以外の法律（例えば、「改正マネーロンダリング法」による海外送金違反）による罰則規定が適用される可能性もあります。

　海外不動産についても、適正な報告や申告をするよう十分に留意する必要があります。

## 5　FATCAとCRS

　世界的に、国外に資産を移転させて保有することにより租税回避を行っている例が多数発覚していることから、富裕層が国外で保有する金融資産に関する情報を収集するシステムを構築して、これらの租税回避行為を防止する動きが各国で行われてきています。

### 1　FATCA

#### 1　FATCAの概要

　米国では、米国市民及び居住者等が海外において開設している金融資産に関する口座情報を収集する仕組みとして、2010年3月にFATCA（外国口座税務コンプライアンス法）が成立しています。

　この法律は、米国外の金融機関（日本の国内金融機関も含む）に対し、米国市民及び居住者等が保有する口座を特定し、当該口座情報を米国税務当局

(IRS)に報告することを要求しています。これに従わない外国金融機関（FFI）には、米国の投資から受ける利子、配当やキャピタルゲインに対して30％の懲罰的な源泉税が課されることとされています。

こうした背景から、現在、世界各国において多くの金融機関が、FATCAが求める口座の特定や報告書等の要求を満たすための体制を強化しています。

日本の税務当局は、米国財務省と国際的な税務コンプライアンスの向上及びFATCAの実施方法について明確化するとともに、金融機関の負担軽減を図ったうえで、平成25年6月に国家間協定に合意しました。平成26年7月1日から、国内金融機関において既存口座や新規口座について米国人の口座かどうかの確認作業が開始され、外国法人やその役員等に対して、法人番号やマイナンバーの提出を求めるなど、外国法人情報や個人情報の収集が強

図表1-3-1　FATCAのスキーム図

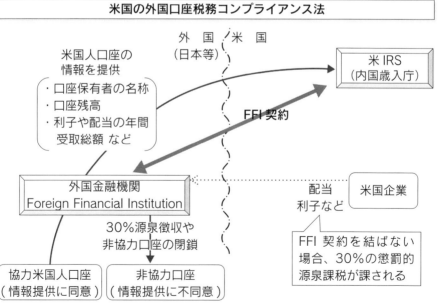

出典：財務省「税制調査会（国際課税DG③）〔自動的情報交換について〕」

化されています。

## 2 米国と各国との協定

　FATCAは、米国IRS（内国歳入庁）とFFI（米国からみた外国金融機関）がFFI契約を締結することになっていますが、国が代表して米国と協定を結んだ場合には、各国のFFIは個別にFFI契約を結ぶ必要がなくなります。協定は大きく分けてモデル1協定とモデル2協定の2つがあり、日本はモデル2協定を締結しています。

### (1) モデル1協定

　モデル1協定は、各国が国内法を整備し、預金者等の同意の有無に関係なく、FFIが各国税務当局を経由してIRSに非居住者の口座情報を提供するスキームで、米国から情報提供をもらうもの（互恵あり）と、米国から情報提供を受けない（互恵なし）に分かれています。

　モデル1協定（互恵あり）を締結している国は、英国、ドイツ、フランス、イタリア、スペイン等の欧州各国、南アフリカ、ブラジル、キプロス、モーリシャス、英領ジブラルタル、英領ガンジー島、リヒテンシュタインです。中国、韓国、アイスランド、パナマ、セーシェルなどの加入も予定されています。

　また、モデル1協定（互恵なし）を締結している国は、ブルガリア、英領ケイマン諸島、バハマ、バルバドス、英領ヴァージン諸島などです。

### 図表1-3-2　FATCA　モデル1情報提供スキーム図

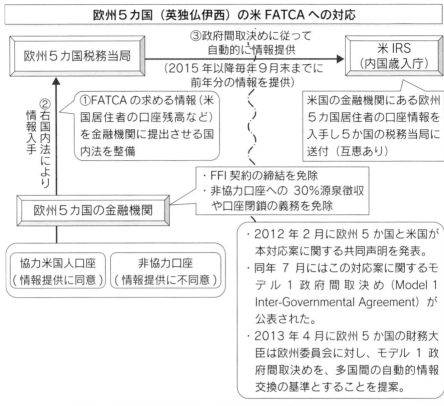

出典：財務省「税制調査会（国際課税DG③）〔自動的情報交換について〕」

### (2) モデル2協定

　モデル2協定は、情報提供に協力することを同意した口座（協力口座）の情報をFFIが直接IRSに提供し、同意を得られない口座（非協力口座）についてはその総件数、総額をIRSに提供するスキームです。非協力口座に係る情報については、IRSから租税条約に基づく要請があれば、各国の税務当局がFFIに対して非協力口座の情報を入手し、IRSに提供する仕組みとなっています。

モデル2協定を締結している国は、日本、スイス、オーストリア、チリ、バミューダ諸島となっています。

**図表 1-3-3　FATCA　モデル2情報提供スキーム図**

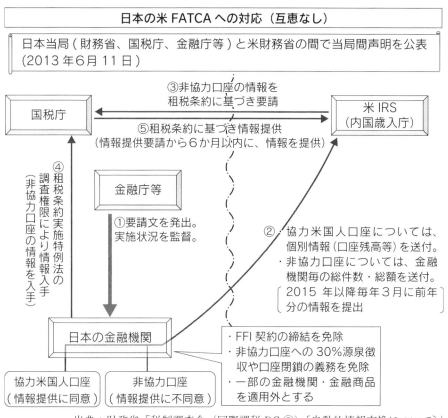

出典：財務省「税制調査会（国際課税 DG ③）〔自動的情報交換について〕」

## 2　CRS による自動的情報交換（非居住者金融口座情報の交換）

### 1　CRS の意義

また、米国を除く OECD 各国は、BEPS（税源浸食と利益移転）の防止プロジェクトの一環として、他国に設定した銀行預金口座等を利用した脱税や

租税回避行為に対する対抗策として、金融口座情報についての自動的情報交換ネットワーク作りに積極的に取り組んでいます。

非居住者の口座の特定方法や情報の範囲等を各国で共通化することにより、金融機関の事務負担を軽減しつつ、金融資産の情報を各国税務当局間で効率的に交換するための共通報告基準（CRS：Common Reporting Standard）と呼ばれる、統一基準の策定を進めています。

このCRSによる非居住者金融口座情報の自動的情報交換制度は平成29年又は平成30年から順次実施され、約100か国・地域が参加するといわれ、日本は平成30年から自動的情報交換を実施することにしています。

平成29年に初回の情報交換を実施する予定の主な国・地域は、英国、フランス、ドイツ、イタリア、ベルギー、オランダ、スペイン、韓国、アイルランド、アイスランド、ルクセンブルク、リヒテンシュタイン、英領バージン諸島、英領ケイマン諸島、英領ジャージー、英領バミューダ、英領マン島、アルゼンチン、南アフリカなど55か国・地域となっています（2016年5月9日現在）。

また、平成30年に初回の情報交換を実施する予定の主な国は、スイス、オーストラリア、オーストリア、カナダ、シンガポール、スイス、中国、香港、チリ、ニュージーランド、パナマ、バハマ、モナコ、ロシアなどです。

CRSにより、各国の金融機関は非居住者の口座情報について自国の税務当局に報告し、各国の税務当局は、それぞれの居住地国に対して口座情報を年1回送付することになります。制度に加入した各国の税務当局は、自国の居住者が保有する国外の銀行口座等の情報を入手でき、適切な税務行政の執行が可能となります。

図表1-3-4　CRSによる自動的情報交換のイメージ図

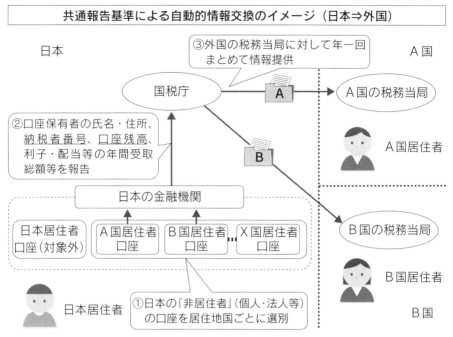

出典：財務省「税制調査会（国際課税 DG ③）〔自動的情報交換について〕」

## 2 当事者の役割

### (1) 金融機関

　金融機関はCRSに定められた手続きに従って口座保有者の居住地国を特定し、報告すべき口座を選別し、報告対象となる情報の収集とデータ化を行い、居住地国の税務当局に報告しなければなりません。

### (2) 各国税務当局

　各国の税務当局は、金融機関から非居住者（制度加入国の非居住者に限る）に係る金融口座情報を報告させ、非居住者の居住地国に対して年に1回互いに情報提供することとされています。報告を要する金融機関は、銀行、生命保険会社、証券会社及び信託等の投資事業体とされています。

また、報告の対象となる口座情報は、①口座保有者の氏名、②住所、③納税者番号、④口座残高、⑤利子・配当等の年間受取総額等とされています。

平成27年度において国税庁が他国に提出した「自動的情報交換」は18万8,000件であり、反対に他国の税務当局から国税庁が受領した「自動的情報交換」は11万7,000件となっています。

各制度で提供される情報は下表のとおりとなっており、国外財産調書、財産債務明細書、国外送金等調書による情報よりも、各国税務当局から提供を受ける国外財産に係る情報の報告範囲の方が広くなっており、国外財産に係る残高情報が含まれています。

図表1-3-5　各制度で報告対象となる情報の概要

| 金融資産情報等 | | 米国FATCA | OECD/CRS | 国外財産調書等 |
|---|---|---|---|---|
| 個人情報 | 氏名 | 提出 | 提出 | 提出 |
| | 住所 | 提出 | 提出 | 提出 |
| | 生年月日 | ― | 提出 | ― |
| | 国籍 | 提出 | ― | ― |
| | 居住国等 | ― | 提出 | ― |
| | 納税者番号 | 提出 | 提出 | 提出 |
| | 口座番号 | 提出 | 提出 | ― |
| 取引情報 | 銀行取引 | 提出 | 提出 | 提出（一部） |
| | 証券取引 | 提出 | 提出 | 提出（一部） |
| | 国外送金情報 | 提出 | 提出 | 提出（一部） |
| | 国外入金情報 | 提出 | 提出 | ― |
| 金融資産残高情報 | 預金・貯金等 | 提出 | 提出 | ― |
| | 有価証券 | 提出 | 提出 | ― |
| その他の財産 | 金地金の譲渡代金 | ― | ― | 提出 |
| | 不動産の譲渡代金 | ― | ― | 提出 |

(注)　大和総研調査季報　2015年新春号を参考に著者作成

## 6　租税条約等に基づく情報交換ネットワークの現状

　経済の国際化が進展する中、国際的租税回避行為への対応を強化するため、租税条約等に基づく情報交換の枠組みの拡大、強化が図られています。我が国においても、新たな租税条約等の締約を進め、既存の租税条約の改正などを通じ、国際的な基準に則った情報交換に関する枠組みの拡大に積極的に取り組むとともに、国際機関において中心的な役割を果たしています。

　最近では、平成29年3月12日に、パナマ共和国政府との間で、OECDが策定した国際基準（CRS）に基づく金融口座の情報交換に必要な自動的情報交換についての租税情報交換協定が発効されることになりました。

　また、平成25年10月1日には、多国間の枠組みとして税務行政執行共助条約が日本において発行しました。

---

報　道　発　表

平成28年5月23日
財　務　省

**パナマ共和国との租税情報交換協定について実質合意に至りました**

1．日本国政府は、パナマ共和国政府との間で、租税情報交換協定の締結に向けた政府間交渉を行い、このたび実質合意に至りました。

2．この協定は、OECDが策定した国際基準に基づく金融口座の情報交換に必要な自動的情報交換を含む両税務当局間における実効的な情報交換について規定するものであり、一連の国際会議等で重要性が確認されている国際的な脱税及び租税回避行為の防止に資することとなります。

3．日本国政府としても、この協定を早期に締結することにより、国際的な脱税及び租税回避行為の防止に向けた情報交換ネットワークの拡充に貢献していきたいと考えています。

4．今後、条文の確定に向けた細部の調整及び両政府内における必要な手続を経た上で署名が行われ、その後、双方における手続を経た上で、本協定は発効することとなります。

執行共助条約は、本条約の締結国間で、租税に関する行政支援（情報交換、徴収共助、送達共助）を相互に行うための多国間条約であり、本条約を締結することにより、より多くの国と協力して国際的な脱税及び租税回避に適切に対処していくことが可能となります。平成29年9月現在、執行共助条約が発効している国・地域は、日本、米国、英国、フランス、イタリア、カナダ、韓国、オランダ、アイルランド、パナマなど84か国、バージン諸島、ケイマン諸島など15地域となっています。

　二国間の租税条約等及び多国間の執行共助条約を併せると、平成29年9月1日現在、発効済みの租税条約等は70条約、適用対象国・地域は122か国・地域となっており、この租税条約等のネットワークを通じて積極的な情報交換に取り組んでいくことになります。

## 図表1-3-6 我が国の租税条約ネットワーク

《70条約等、122か国・地域適用／平成29年9月1日現在》(注1) (注2)

財務省

- ● 租税条約
- ● 情報交換協定
- ● 税務行政執行共助条約のみ
- ● 日台民間租税取決め

**欧州 (42)**
アイルランド、ハンガリー
イギリス、フィンランド
イタリア、フランス
オーストリア、ブルガリア
オランダ、ベルギー
スイス、ポルトガル
スウェーデン、ポーランド
スペイン、ラトビア
スロバキア、ルクセンブルク
スロベニア、ルーマニア
チェコ、ガーンジー(※)
デンマーク、ジャージー(※)
ドイツ、マン島(※)
ノルウェー、リヒテンシュタイン(※)
(執行共助条約のみ)
アイスランド、クロアチア
アルバニア、サンマリノ
アンドラ、チュニジア
エストニア、フェロー諸島
キプロス、マルタ
ギリシャ、モナコ
グリーンランド、リトアニア

**アフリカ (11)**
エジプト、南アフリカ
ザンビア
(執行共助条約のみ)
ウガンダ、セネガル
ガーナ、チュニジア
カメルーン、ナイジェリア
セーシェル、モーリシャス

**中東 (8)**
アラブ首長国連邦、クウェート
イスラエル、サウジアラビア
オマーン、トルコ
カタール
(執行共助条約のみ)
レバノン

**ロシア・NIS諸国 (12)**
アゼルバイジャン、カザフスタン、ジョージア、ベラルーシ
アルメニア、キルギス、タジキスタン、モルドバ
ウクライナ、ウズベキスタン、トルクメニスタン、ロシア

**アジア・大洋州 (24)**
インド、韓国、タイ、パキスタン、フィリピン
インドネシア、シンガポール、中国、バングラデシュ、ブルネイ
オーストラリア、スリランカ、ニュージーランド、フィジー、ベトナム
(執行共助条約のみ)
クック諸島、ナウル、ニウエ、マーシャル諸島

**北米・中南米 (25)**
アメリカ、ケイマン諸島(※)
カナダ、英領バージン諸島(※)
チリ、バハマ(※)
ブラジル、バミューダ(※)
メキシコ、(執行共助条約のみ)
アルバ、アンギラ
アルゼンチン、キュラソー、コスタリカ
コロンビア、セントクリストファー・ネーヴィス
セントビンセント及びグレナディーン諸島
セントマーチン、セントルシア
ターコス・カイコス諸島、バルバドス
ベリーズ、モンセラット
マカオ(※)、マレーシア、サモア(※)
香港、台湾(注3)

(注1) 税務行政執行共助条約が多数国間条約であること、及び、旧ソ連・旧チェコスロバキアとの条約が複数国へ承継されていることから、条約等の数と国・地域数が一致しない。
(注2) ・条約等の数及び国・地域数の内訳は以下のとおり。
・租税条約（二重課税の除去並びに脱税及び租税回避の防止を主たる内容とする条約）：57本、68か国・地域（図中、(※)で表示）
・情報交換協定（租税に関する情報交換を主たる内容とする条約）：11本、11か国・地域（図中、国名に下線）。適用拡張地域を除いて83か国・地域
・税務行政執行共助条約が我が国と両国について効力を有している国・地域は42か国・地域
・日台民間租税取決め：1本、1地域
(注3) 台湾については、公益財団法人交流協会（日本側）と亜東関係協会（台湾側）との間の民間租税取決め及びその内容を日本国内で実施するための法令によって、全体として租税条約に相当する枠組みを構築。

出典：財務省ホームページ

# 第2章

# 国外財産を動かす際の基礎知識

# 第1節 タックスプランニングの視点と国際課税調査の視点

## 1 タックスプランニングの視点

　第1章でみてきましたように、富裕層個人の財産、とりわけ国外財産に対する課税が強化されていく中で、個人財産を守っていくことは今後益々重要となっていきます。とくに、富裕層個人が日本の居住者である場合には、無制限納税義務者に該当し、「全世界所得課税」となりますから、国外財産を直接自分自身で保有するのか、非公開会社を介して保有するかでは、税務上重要な違いをもたらすことになります。

　そのため、海外市場の動向や国外財産に関する知識や分析も重要ですが、租税計画（タックスプランニング）がさらに重要となります。富裕層に対する課税が強化され、財産の把握がされてしまうと、国外財産に対して、所得税、譲渡税、贈与税・相続税が、世界的にも非常に高い税率で課されてしまうリスクが高くなるからです。

　これを回避するには、移住して非居住者になるか、国外財産を隠して申告しないかです。従来は申告しないで国外財産を隠していた富裕層の方もいたと思われ、税務署からの国外財産や海外送金に関する「お尋ね」を受け取った富裕層の方も多いかと思います。しかしながら今後は、国外財産に関する情報収集が国際協力のもと進められる結果、財産を把握される仕組みがグローバル化し、かつタックスヘイブン国を含めて収集されることになりますので、申告しないことによって課税されるリスクは非常に大きくなります。

特に、従来は、香港の業者に依頼すれば簡単に匿名の預金口座を開設することができたり、スイスのプライベートバンクに面接し秘密口座を開設したり、自らの名前を明らかにしないで、タックスヘイブン国と金融機関等により作られた合法的な守秘法域のなかで国外財産を秘密に保有することが可能でしたし、開示されるリスクは極めて低いと思われていました。

　しかし、パナマ文書の衝撃的な暴露により、これらの真実の所有者が隠ぺいされてしまうシステム自体が白日のもとにさらされ、その結果、これらのシステムに対するコストが支払える多国籍企業や富裕層は税負担を回避し、それ以外の庶民が国家の社会費用である税金を負担するという不公平なシステムが明らかになり、富める者と富まざる者の「格差」がこれらのシステムにより増幅していくという現実を突きつけられたことにより、各国政府のこの問題に取り組む姿勢は一変しました。

　以前から、BEPSによる国際的な租税回避により税源を侵食されてきた各国政府は、BEPSプロジェクト等を推進し国際的な連携を強めてきたところでしたが、パナマ文書はさらに大きな衝撃を各国政権の中枢にまでも与えました。これにより、多国籍企業及び富裕層に対する課税強化が急速に行われることは明らかです。各国が保有する資産情報の相互交換が活発に行われるようになりますが、とりわけ、各国の国税当局者はタックスヘイブンにある国外財産の真実の所有者（ベネフィシャルオーナー、BO）が誰かという情報が最重要と考え、情報の蓄積を行っていくと思われます。

　従って、今後は、自らの名前を明らかにしない無記名取引、名義借り取引、多様な事業体を使った取引により国外財産を取得したとしても、真実の所有者に関する情報が開示されるリスクは極めて高くなったと言わざるを得ません。

　このような将来においては、個人で直接国外財産を保有する場合には、デメリットが大きくなることから、現在、一般的に超富裕層と言われる人たち

が行っている方法(直接的に自らが国外財産を保有する代わりに非公開会社である個人資産管理会社を利用して、間接的に国外財産を保有する方法)が大変参考になると思います。

例えば、ユニクロの柳井正氏は「TTY Management B.V」という非公開の資産管理会社をオランダに所有しています。ソフトバンクの孫正義氏は「孫エステート株式会社」という資産管理会社を日本国内に所有しています。証券優遇税制が変更になる前に、創業者個人で所有する自社株を大量にこれらの非上場会社に譲渡したことで有名になりましたが、非公開の資産管理会社を利用して、合法的なタックスマネージメントを効果的に行っていたと言われています。

柳井正氏の場合、オランダ国籍の同社に対しファーストリテイリング株式531万株(持ち株比率5.01%)を譲渡し、譲渡目的については、「配当金を原資として、社会貢献活動を永続的かつ幅広くグローバルに実施するため」と説明しています。オランダは資本参加免税制度があり、発行済み株式の5%以上を継続保有していると配当及び株式売却益は非課税となることから、実際はタックスマネージメントによるものとみられています。年間配当が仮に1株300円とすると、同社が受け取る配当金約16億円が非課税となります。また、同社の保有株式の評価額は1株3万5,700円(平成28年9月2日)とし約1,900億円に上っており、将来の話ですが、この株式を売却したときの利益もまた非課税になると言われています。

また、孫正義氏の場合、孫氏が売却した株数は3,000万株であり、売値は7,710円のため、売却額は2,313億円に上りますが、仮に売却額の半分が売却利益として計算すると、税金は10%相当の115億円で、優遇税制廃止後に売却すると倍の230億円になるところだったことになります。

ちなみに、「孫エステート株式会社」の第一期(平成26年9月30日期)決算公告では、35億円の当期純損失となっていますが、理由の詳細は不明となっています。

両社の他にも楽天の三木谷浩史氏など、数多くの創業者が非上場会社である資産管理会社を利用して、自社株式等の財産を動かして、タックスを合法的にマネージメントし自己の財産を守っているといえます。

　直接個人が国外財産を取得・保有するのではなく、非公開の資産管理会社を通じて行うことが、このような個人富裕層に対する課税リスクを少なくし、個人名義で保有するよりも、資産管理会社名義で保有することのメリットを享受することができるという意味で、税務マネージメントの上では有効な手段となります。

　そこで、本書では、富裕層個人が日本に居住したままの状態（日本居住者）で、国外財産を取得して運用した場合、国外財産を譲渡した場合、贈与又は相続した場合の国外財産の動かし方と税務マネージメントについて、タックスプランニングの視点を取り入れてご紹介していきたいと思います。

## 2　国外財産の保有・運用の基本とタックスプランニング

### 1　タックスプランニングの活用

　富裕層個人が直接国外財産を取得した場合には、様々な問題があることから、資産管理会社を利用して国外財産を所有し、資金を動かす場合に必要かつ基礎的な、①資産の譲渡に関する税制（キャピタルゲイン課税）、②資産の保有・運用に関する税制（タックスヘイブン対策税制）や③利益・所得の移転に関する税制（移転価格税制）について、簡単にご説明していくことにします。

　その前に、多国籍企業がどのようにグローバルな取引の中で節税をしていくかという基本的なタックスプランニングについて、行き過ぎた租税回避行為としてBEPSで検討されているケースをもとに、各国の税制の違いや税の優遇制度を利用した手法について簡単にご紹介し、個人における財産の守

り方や税務マネージメントの参考にしていただければと思います。

## 2 導管投資のタックスプランニング

第三国を経由した導管投資のタックスプランニングについて取引図（**図表2-1-1**）を参照しながらみていきます。

① 直接投資の場合（A国からB国への直接投資）

親会社Aが自社開発の知的財産を活用し有望市場であるB国に進出し、投資対象国Bにある関連会社a'と直接取引します。Aの知的財産の使用権ライセンスを付与した場合には、次のような課税関係となります。

親会社Aに対して、知的財産収益へ法人税30％が課税され、関連会社a'に対しては①知的財産を使用して得た事業所得に対し法人税25％の課税、②知的財産使用料への源泉課税、及び③支払配当への源泉課税が行われることになります。

② 導管投資の場合（A国➡C国へ直接投資、C国➡B国へ直接投資）

関連会社a'への直接投資を、親会社Aから子会社aへの直接投資と、子会社aから関連会社a'への直接投資に2分割します。①低い法人税率、②資本参加免税、③知的財産収益への税制優遇制度、④支払配当源泉非課税制度、⑤タックス・ルーリング等の優遇制度等の有無によって、実効税率が低くなり、かつ使い勝手の良い国を経由地国Cとして選定し、子会社aを設立します。

親会社Aから子会社aに知的財産を移転[1]させておき、知的財産収益は子会社aに留保させるか、配当として親会社Aに還流させると、C国における支払配当の源泉税が非課税となり、例えば親会社Aが日本法人とすると、日本での受取配当も受取金額の5％に課税されるだけで済むことになります。

図表 2-1-1　第三国を経由した導管投資のタックスプランニング

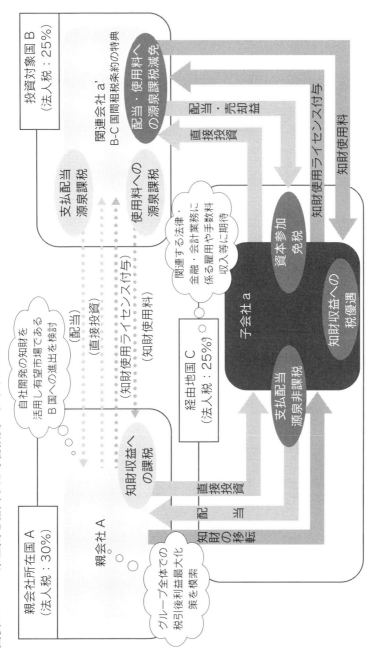

出典：財務省作成資料　平成 28 年 5 月 28 日現在　国際課税を取り巻く経済環境の構造変化　9 頁

第 1 節　タックスプランニングの視点と国際課税調査の視点

また、C国において、関連会社a'からの受取配当や株式売却益は資本参加免税により非課税となり、知的財産のライセンス使用料への知的財産収益への税優遇が受けられる上に、関連会社a'におけるB国での配当・使用料への源泉課税も減免されることになります。

　このように、あらかじめタックスプランニングを行い、第三国の経由地として最適な国・地域を検討していきます。多国籍企業は、専門家を交えて、このような検討を繰り返し、グループ全体での税負担が大幅に減少するスキームを構築し、税引後利益が最大化するようにしていきます。

　以上は第三国を経由した導管投資取引ですが、グループ間で行われた取引になっていることから、タックスヘイブン対策税制及び移転価格税制の射程の範囲にある取引となっていますので、これらの税制の適用要件について十分に検討しておく必要があります。

### 3　タックスヘイブンの機能

　このような「資本参加免税」、「税の優遇制度」や「タックス・ルーリング」を持った国としてよく利用される国は、アイルランド、ルクセンブルク、オランダ、香港、スイス、ベルギー、シンガポール、モーリシャス、キプロス等です。いずれもタックスヘイブン国として位置づけられていますので、税務調査において検討対象となる取引となります。

---

[1] 知的財産を移転させる方法としては、①コストシェアリング、②Buy-In価格の低額設定や③開発委託契約（海外子会社を委託者として親会社が受託者となって開発する契約）による方法等がとられているようであるが、いずれにしても無形資産の対価をコストベース等の低額に価格設定を行い、将来、超過収益が発生した場合には子会社aに帰属するような仕組みにしておく。

また、タックスヘイブン対策税制や移転価格税制の適用を回避するためには、パナマ文書で暴露されたように、真実の所有者や取引実態がわからないよう、名義上の法人を簡単に作れるタックスヘイブンを利用する場合もあります。これらのタックスヘイブンの特徴は、①無税又は低税率であるとともに、②厳格な守秘義務（銀行秘密保持条項）が存在し、③不透明な事業体（信託、財団、無記名証券による有限責任株式会社等）の設立が簡単に許可され、④法人設立の匿名性や法人の実体を求めないこと（ペーパーカンパニーの認容）などです。これらの制度を利用して、真実の所有者を隠した取引を行ったり所有者が不明な法人を設立したりして、資本関係を切断し、タックスヘイブン対策税制や移転価格税制を回避します。

　これらのタックスヘイブンの存在意義は、匿名性のある事業体を容易に設立することができることです。ケイマン諸島、リヒテンシュタイン公国、英領ヴァージン諸島、ガンジー島、ジャージー島、マン島、クック諸島、オランダ領アンティール諸島等がこれに該当します。これらの国や地域には事業体（IBC：International Business Company 等）の設立サービスや運営・管理サービスを提供するオフショアサービスカンパニーや法律事務所、会計事務所等が多数進出しています。
　なかでも、シェルフカンパニー（Shelf Company）は弁護士事務所や会計事務所などにより既に設立登記された会社で、お客様が購入するまで、一切の取引を行っていない会社（棚の上に置かれたままの会社という意味）です。シェルフカンパニーリストの中から気に入った名前の会社を選ぶだけで、通常3～4週間かかるところを、2～5日で会社を設立することが可能です。

　また、オフショアの国際金融センターとしては、スイス、オランダ、ルクセンブルク、アイルランド（ダブリン金融センターが有名）、シンガポール、香港、パナマなどが存在しています。主要国際金融センターに比較する

と規模は小さいですが、**第1章**の事例でご紹介したように、デリバティブ取引のブッキング拠点となって超過利益を集中・集積させ、低い法人税率や優遇処置を享受するための租税回避スキームの重要拠点として利用されています。ユーロ市場としての資金調達機能等も注目されていますが、いずれのオフショア市場もタックスヘイブンとなっており、租税回避に使われるのが特徴となっています。

　また、英国のEU離脱後、ロンドン（シティ）の国際金融センターとしての機能が低下した場合、ヨーロッパにおける代替金融センターとしても注目を集めています。

# 第2節 各税制の基本解説

## 1 キャピタルゲイン課税の基本

　日本の居住者である富裕層個人が国外財産である外国公社債、外国上場株式、及び国外不動産を保有、売却した時の運用収益やキャピタルゲインについて、日本国内でどのように課税されるかについて、まず見ていくことにします。

　平成25年度税制改正において、金融所得課税の一体化を進める観点から、公社債、株式についての平成28年1月1日以後の所得に対する課税が大幅に改正されていますので、改正前後の取扱いについて簡単に説明をしていきます。

　日本の居住者は、無制限納税義務者となりますので、原則国外で生じた所得を含む全世界所得について日本の課税対象となる一方、国外においても課税を受ける場合があります。これらの現地で課税された税金についての二重課税の調整等については、**第3章**で記載することとします。

### 1 外国公社債（利付債）の譲渡所得

　平成27年12月31日以前は、公社債（利付債）の譲渡による利益は、原則として、課税されないことになっていました。

　しかし、平成25年度の税制改正により、公社債等に対する所得税の課税が大幅に見直されたことから、平成28年1月1日以後の公社債の売却損益

については、譲渡所得として 20.315％の税率により申告分離課税が適用されることになるとともに、特定公社債[2]の譲渡損益については、他の特定公社債等の利子、上場株式の配当所得や譲渡所得等との損益通算が可能となりました。

### 2 外国公社債（利付債）の償還差益

平成 28 年 1 月 1 日以後、特定公社債の償還差益は、原則として、償還時の為替レートにより円換算した金額により計算し、譲渡所得として確定申告（申告分離課税）することになります。償還の対価として取得した外貨の一部を円転したことにより発生した為替差益は総合課税の雑所得として認識する必要があります。

### 3 外国公社債（ゼロクーポン債）の譲渡所得

平成 27 年 12 月 31 日以前は、国外発行の割引債は、非課税とされる公社債の譲渡から除かれ総合課税の譲渡所得として課税されていました。譲渡損失については一時所得、経常所得の順番で損益通算することができました。

平成 28 年 1 月 1 日以後は、国外発行の割引債の譲渡益は申告分離課税 20.315％が適用されることになります。

---

[2] 公社債の課税方式が変更になり、特定公社債等と一般公社債等で課税方式が変更となった。特定公社債等は、国債、地方債、公募公社債、外国債（以上、特定公社債）、公募公社債投信、外貨建 MMF、金 ETFS（外国籍の金上場投信）をいう。

また、一般公社債等とは特定公社債以外の公社債や私募公社債投資信託、私募の証券投資信託以外の投資信託等をいう。

## 4 外国上場株式の譲渡

　日本の居住者は、原則として全世界所得について課税対象となりますので、国外財産として保有している外国上場株式を海外の外国証券会社を通じて売却したとしても、国内で上場株式を売却したのと同様に課税対象となり、譲渡所得について20.315％の申告分離課税となります。
　ただし、海外の証券会社を通じて行った売却について外国所得税が課されている場合には、一定の書類を添付して確定申告することにより外国税額控除の適用が受けられます。

## 5 国外不動産からの賃貸収入

　日本国内に賃貸用不動産を所有している場合と同様に、総合課税の不動産所得として確定申告する必要があります。
　ただし、外国所得税が課されている場合には、確定申告することにより外国税額控除の適用が受けられます。

## 6 国外不動産の譲渡

　日本の居住者は、国外に保有する不動産を売却した場合にも、国内に所有する不動産を売却した場合と同様に、分離課税の譲渡所得として確定申告することになります。国外において、外国所得税が課されている場合には、確定申告することにより外国税額控除の適用が受けられます。

## 2 国際資産税（相続、贈与）の基本

### 1 日本の相続税

相続税は、相続又は遺贈により財産が無償で移転することに対して課される税金です。日本では無制限納税義務者である日本居住者については全世界財産課税方式を採用しているため、国内に限らず国外財産についても相続税、贈与税が課税されます。

平成29年度税制改正により、海外移住等による租税回避に対応するためや、海外からの優秀な人材受け入れの促進のために、相続税等の納税義務者の区分と課税財産の範囲について見直しが行われていますので、改正前の制度及び改正点について、合わせて見ていくことにします。

#### 1 納税義務者の区分と課税財産の範囲
【平成29年度税制改正前】

改正前の制度では、日本の相続税の納税義務者は、①相続開始の時において国内に住所があるかどうか、②5年以内に国内に住所があったかどうか、③日本国籍を有しているかどうかにより、居住無制限納税義務者、非居住無制限納税義務者、制限納税義務者及び特定納税義務者の4種類に区分しています。

● 居住無制限納税義務者

相続開始時点で、相続又は遺贈により財産を取得した者で、財産を取得した時において日本国内に住所を有していれば、「居住無制限納税義務者」に該当し、国内財産、国外財産の区分に関係なく相続により取得した全世界の財産が相続税の課税対象となります（相法1の3①）。

● 非居住無制限納税義務者

相続又は遺贈により財産を取得した次に掲げる者で、その財産を取得した時において日本国内に住所を有しない者をいいます。

① 日本国籍を有する個人

その個人又は被相続人が相続開始前5年以内のいずれかの時において日本国内に住所を有していたことがある場合に限る。

② 日本国籍を有しない者

被相続人がその相続開始時において日本国内に住所を有していた場合に限る。

　非居住無制限納税義務者の場合には、居住無制限納税義務者と同様に取得した全世界の財産が、相続税の課税対象となります（相法1の3②、相法2①）。

● 制限納税義務者

　相続により財産を取得した個人で、相続した時において、国内に住所がなく、かつ、非居住無制限納税義務者に該当しない者を「制限納税義務者」といいます。相続により取得した財産のうち、国内財産のみが相続税の対象になります（相法1の3③、相法2②）。

● 特定納税義務者

　特定納税義務者とは、贈与により相続時精算課税の適用を受けた財産を取得した個人をいいます（相法1の3④）。

　特定納税義務者は、過去に相続時精算課税の適用を受けた財産の全部が相続税の課税対象となります（相法21の16①）。

**図表 2-2-1　相続税及び贈与税の納税義務（平成 29 年度税制改正前）**

| 被相続人 贈与者 ＼ 相続人 受贈者 | 国内に住所あり（日本居住者） | 国内に住所なし 日本国籍あり 5年以内に住所あり | 国内に住所なし 日本国籍あり 5年以内に住所なし | 国内に住所なし 日本国籍なし |
|---|---|---|---|---|
| 国内に住所あり | 居住無制限納税義務者（全世界財産課税） | 非居住無制限納税義務者（全世界財産課税） | 非居住無制限納税義務者（全世界財産課税） | 制限納税義務者（国内財産課税） |
| 国内に住所なし　5年以内に住所あり | 居住無制限納税義務者（全世界財産課税） | 非居住無制限納税義務者（全世界財産課税） | | 制限納税義務者（国内財産課税） |
| 国内に住所なし　5年以内に住所なし | 居住無制限納税義務者（全世界財産課税） | 非居住無制限納税義務者（全世界財産課税） | | 制限納税義務者（国内財産課税） |

居住無制限納税義務者の範囲は ■、非居住無制限納税義務者の範囲は ▨、制限納税義務者の範囲は □ で示しています。

(注)　1　相続税の納税義務者のうち、特定納税義務者はこの表に含まれていない。
　　　2　住所、国籍の有無の判断は、原則として財産取得の時を基準とする。

出典：税大講本　相続税法（平成 29 年版）

## 【平成 29 年度税制改正後】

今回の改正の主なポイントは次の通りです。

### ●国外滞在期間の延長（5 年 ➡ 10 年）

租税回避の防止等を目的として、国内で住所を有しない者であって日本国籍を有する相続人等に係る相続税の納税義務について、国外財産が課税対象外とされる要件が、被相続人及び相続人等が相続開始前 10 年（改正前は 5 年）以内のいずれの時においても国内に住所を有したことがないこととなります。

### ●課税する国外財産の範囲の拡大

国内に住所を有しない者であっても日本国籍を有しない相続人等が、国内に住所を有しない者であって相続開始前 10 年以内に国内に住所を有していた被相続人等（日本国籍を有しない者であって一時的滞在（国内に住所を有

している期間が相続開始前15年以内で合計10年以下の滞在をいいます）をしていたものを除く）から、相続等により取得した国外財産を課税対象に加えることとなります。

● 一時的滞在外国人の納税義務の緩和

一時的に国内に居住する外国人に係る相続税等の納税義務を緩和し、国内財産のみを課税対象とすることとなります。

改正後の納税義務者の区分と課税される財産の範囲は次の表の通りとなります。

**図表2-2-2 相続税及び贈与税の納税義務（平成29年度税制改正後）**

| 被相続人<br>贈与者 \ 相続人<br>受贈者 | 国内に住所あり | | 国内に住所なし | | |
|---|---|---|---|---|---|
| | | 短期滞在の外国人（※1） | 日本国籍あり | | 日本国籍なし |
| | | | 10年以内に住所あり | 10年以内に住所なし | |
| 国内に住所あり | 居住無制限納税義務者／全世界財産課税 | | 非居住無制限納税義務者／全世界財産課税 | | |
| 　短期滞在の外国人（※1） | | | | | |
| 国内に住所なし　10年以内に住所あり | | | | | |
| 　短期滞在の外国人（※2） | | | | 制限納税義務者 | 国内財産課税 |
| 　10年以内に住所なし | | | | | |

居住無制限納税義務者の範囲は ▨、非居住無制限納税義務者の範囲は ▨、制限納税義務者の範囲は □ で示しています。

※1 出入国管理及び難民認定法別表第1の在留資格の者で、過去15年以内において国内に住所を有していた期間の合計が10年以下のもの
※2 日本国籍のない者で、過去15年以内において国内に住所を有していた期間の合計が10年以下のもの

出典：財務省 平成29年度 税制改正の解説（筆者加筆）

## 2 財産の所在

相続財産が日本国内にあるかどうかの判定は、相続税法10条の規定により判定します。相続財産の種類ごとに、税法における財産の所在する場所が規定されています。主な財産の所在場所の判定基準は以下のとおりです（相法10①、②、③）。

**図表 2-2-3　財産の所在**

| 財産の種類 | 所在の判定 | 根拠条文 |
|---|---|---|
| 動産 | その動産の所在による | 相法10①一 |
| 不動産又は不動産の上に存する権利 | その不動産の所在による | 相法10①一 |
| 預金、貯金、積金又は委託金で次に掲げるもの<br>①銀行、株式会社商工組合中央金庫に対する預金、貯金又は積金<br>②農業協同組合、農業協同組合連合会等 | その受入れをした営業所又は事業所の所在による | 相法10①四 |
| 保険金 | 契約を締結した保険会社等の本店又は主たる事務所の所在による | 相法10①五 |
| 退職手当金等 | 当該手当金等を支払った者の住所又は本店もしくは主たる事務所の所在による | 相法10①六 |
| 貸付金債権 | その債務者の住所又は本店もしくは主たる事務所の所在による | 相法10①七 |
| 社債、株式、法人に対する出資等 | その社債もしくは株式の発行法人、出資されている法人の本店又は主たる事務所の所在による | 相法10①八 |
| 集団投資信託又は法人課税信託 | 信託の引受けをした営業所等の所在による | 相法10①九 |
| 国債・地方債 | 法律施行地に所在するものとし、外国又は外国の地方公共団体その他これに準ずるものの発行する公債は、当該外国に所在するものとする | 相法10② |

出典：国税庁ホームページをもとに筆者作成

## 3 相続税の計算の仕組み

　日本の相続税の計算の仕方は、民法の規定に基づき、誰がどの財産を取得したかにより課税財産が確定されます。さらに、「遺産に係る基礎控除額」は民法に規定する法定相続人の数により計算し、相続税の総額の計算はその課税遺産総額を民法に規定する「法定相続分」に応じて取得した場合の金額に基づいて計算されます。

## 4 二重課税の調整

　無制限納税義務者は、相続又は遺贈により取得した全世界財産について日本の相続税が課されます。そのため、日本国外にある財産を取得した場合において、その財産について外国法令により日本の相続税・贈与税に相当する税が課せられたときは、同一の財産について日本と外国の双方で課税されることになり、この二重課税を調整するために、外国で課税された相続税相当額を控除することができます（相法20の2）。

## 5 日米相続税条約

　日米相続税条約は、相続税及び贈与税に関して日本が唯一締結している租税条約です。正式には、「遺産、相続及び贈与に対する租税に関する二重課税の回避及び脱税の防止のための日本国とアメリカ合衆国との間の条約」といいます。1954年に締結され、その後他の国と相続税に関する租税条約は締結されていません。所得税の条約と同様に、この相続税条約も原則として国内法に優先して適用されることになります。

図表 2-2-4 相続税計算の流れ（相続人が配偶者・子2人の場合）

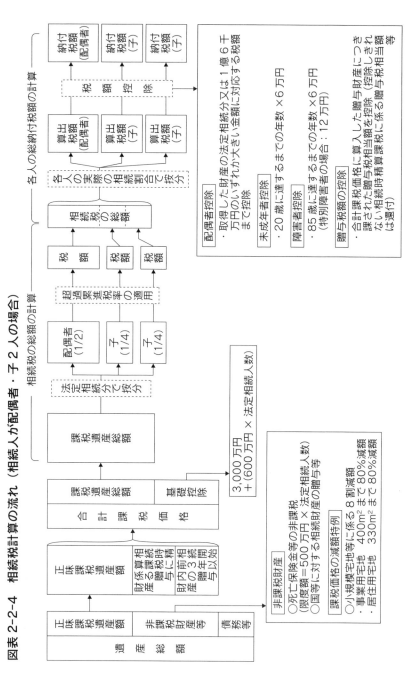

出典：財務省ホームページ

## 2 国際相続

### 1 国際相続の概要

　国外財産がある相続の場合、財産の所在地国によって、日本とは異なる相続に関する法律や、課税制度が行われていますので、それぞれの国における相続に関する制度を前もって十分検討しておくことが必要です。

　例えば、日本においては、被相続人が死亡した場合には、相続財産は相続人の共有財産となりますが、米国や英国などプロベイトという制度が行われている国では、被相続人の遺産は独立した人格を持つ遺産財団に属します。また、相続税（遺産税）についても、日本では相続人に対して課税（遺産取得課税方式）されますが、米国等では被相続人の財産に対して課税するという仕組み（遺産課税方式）になっています。このように、相続に関するそれぞれの手続きについて各国において様々な方法がありますので、国外財産を有している日本居住者が亡くなられた場合の相続手続きの進め方について簡単に見ていくことにします。

#### （1）相続に関する準拠法

　日本と国外相続財産が所在する国との間で相続手続に関する問題が生じた場合に、それを解決するためのよりどころとすべき法律（準拠法）を決定しなければなりません。国際的な契約、不法行為、婚姻、親子、相続などの私法上の問題及びその手続き上の問題を解決するための準拠法を指定するのが国際私法といわれる法律です。日本における国際私法は「法の適用に関する通則法」（平成18年法律第78号）といい、その第36条（相続）には「相続は、被相続人の本国法による」と規定されています。日本では、財産の種類や所在場所により準拠法を決定するのではなく、被相続人の国籍のある国の法律が相続の準拠法であることを定めています。また、同法第38条（本国法）で、二重国籍の場合、無国籍の場合等における本国法の定め方を規定しています。

準拠法についての考え方には、被相続人の国籍のある国の法律を準拠法とする国（本国法主義／ドイツ、イタリア、日本等）、被相続人の居住地の法律を準拠法とする国（居住地法主義／スイス、デンマーク等）、更に、不動産の所在地など、相続財産の種類によって準拠法が変わる国（相続分割主義／米国、英国、フランス等）など様々に分かれています。

## （2）反致の規定（法の適用に関する通則法第41条）

　このように各国によって準拠法についての規定が異なっていることから、日本の国際私法の規定では、被相続人の国籍がある国の本国法となっていて、被相続人の本国法が準拠法として指定されていても、被相続人の本国の国際私法によれば、日本法が準拠法となっている場合があります。

　このような場合、日本の国際私法である「法の適用に関する通則法」第41条（反致）では、「当事者の本国法によるべき場合において、その国の法に従えば日本法によるべきときは、日本法による」こととされています。このため、最終的に、相続に係る準拠法が日本法となる場合があります。

　ただし、実際に準拠法を決定するには、国や地域によって色々なケースがありますので、被相続人に係る国籍が日本以外の場合や海外に不動産等を保有する場合には、日本及び日本以外の国・地域の国際私法について予め慎重に検討しておく必要があります。

## （3）包括承継主義と管理清算主義（プロベイト）

　日本の相続税は、相続が開始されると、相続開始の時点で被相続人の財産及び債務は相続人に包括的に承継される「包括承継主義」を採用しています。このような「包括承継主義」を採用している国は、日本以外ではフランス、ドイツ、イタリア、スイスなどです。

　一方、米国、英国など英米法体系の国では、被相続人が亡くなると、被相続人の財産は、遺産財団を形成し、裁判所の管理の下に遺言執行者又は遺産管理人が当該財産の清算手続きをする「管理清算主義」を採用しています。

この「管理清算主義」に基づく一連の相続手続きはプロベイト（検認）と呼ばれ、手続きが終了するまで、通常1年から3年はかかり、長いときには10年たっても終わらない場合もあり、相続人にとって時間と費用と手間のかかる大変負担の大きな相続手続きとなっています。

### （4）各国の相続税法

主要国における相続税の有無と最高税率を比較すると**図表 2-2-5** のとおりです。

このように、単純に最高税率を比較しただけでも、日本は世界でも税率が高い国の一つとなっています。さらに、平成25年度の税制改正により、税率構造の変更及び基礎控除額の縮小という改正が行われ、相続税は富裕層だけではなく首都圏や都市部に居住用の不動産を所有する中間所得層にまで課税ベースが拡大されてきています。

一方で、世界的に見ますと相続税、贈与税、キャピタルゲイン課税がない国はたくさんあるので、国内で財産を保有するよりは、国外で財産を保有するニーズは大きくなってきており、その結果、国際相続分野への関心も高まってきています。

## 図表 2-2-5 主要国の相続税（遺産税）の概要

(2010年1月現在)

| 区分 | 日本 | アメリカ | イギリス | ドイツ (2008年12月以前) | ドイツ 現行制度 | フランス (2007年8月以前) | フランス 現行制度 |
|---|---|---|---|---|---|---|---|
| 課税方式 | 法定相続分課税方式（併用方式） | 遺産課税方式 | 遺産課税方式 | 遺産取得課税方式 | 遺産取得課税方式 | 遺産取得課税方式 | 遺産取得課税方式 |
| 最低税率 | 10% | 18%　2010年度廃止 | 40% | 7%（注）税率は親疎により3種類。（最高税率50%） | 7%（注）税率は親疎により3種類。（最高税率50%） | 5%（注）税率は親疎により6種類。（最高税率60%） | 5%（注）税率は親疎により4種類。（最高税率60%） |
| 最高税率 | 50% | 55% | 40% | 30% | 30% | 40% | 40% |
| 税率の刻み数 | 6 | 17 | 1 | 7 | 7 | 7 | 7 |
| 基礎控除等 | 5,000万円+1,000万円×法定相続人数（別途配偶者の税額を控除） | 配偶者（免税）基礎控除：100万ドル（8,900万円） | 配偶者（免税）基礎控除：32.5万ポンド（4,810万円） | 配偶者（注）：余剰調整分+56.3万ユーロ（7,488万円）子：20.5万ユーロ（2,725万円） | 配偶者（注）：余剰調整分+75.6万ユーロ（10,055万円）子：40万ユーロ（5,320万円） | 基礎控除：5万ユーロ（665万円）配偶者：7.6万ユーロ（1,011万円）子：5万ユーロ | 配偶者（免税）子：15.6万ユーロ（2,080万円） |

出典：税制調査会資料　資産税の国際比較

## 2 米国の相続手続き

### (1) プロベイト手続き

　日本では、相続財産は相続開始と同時に法定相続人の共有財産となり、遺言書又は遺産分割協議書に基づいて分配されます。

　一方、米国など英米法を適用する国では、前述のように、相続手続きは原則裁判所の管理の下に進められるプロベイトという遺産管理の検認手続になります。このプロベイトは、日本の相続手続きとは全く異なる手続きで、各国によりプロベイト手続きは異なります。プロベイトが必要となる国は、米国、英国、カナダ、オーストラリア、ニュージーランド、香港、シンガポール等があります。ここでは、代表的なアメリカのプロベイト手続きについて簡単に見ていきます。

　米国のプロベイトでは、プロベイト裁判所と呼ばれる各州の家庭裁判所が関与し、裁判所の監督の下に行われます。被相続人の遺産は独立した人格をもつ遺産財団となり、裁判所から任命された被相続人の事務処理を行う人格代表者（通常は、遺言書がある場合は遺言執行者、遺言書がない場合は遺産管理人）が、遺産の管理を行いながら相続財産の清算手続きを実行していきます。

　プロベイトでは、人格代表者の決定、遺言書の有無や有効性の確認、相続人の特定、相続財産の調査・確定、相続財産の管理、負債及び費用の支払い、遺産税の申告・納付、財団の決算・税務申告、残余財産の相続人への分配などの一連の手続きが、裁判所の管理の下に行われていきます。遺言書の確認、相続人の特定、財産や債務の確定は、一般に公開され、長い時間をかけて確定していく作業となり、相続の開始から残余財産が分配されプロベイトが終了するまでは、通常でも1年から3年間を要する、相続人にとって負担の大きな事務手続きとなっています。

図表2-2-6 米国プロベイトの主な手続きの流れ

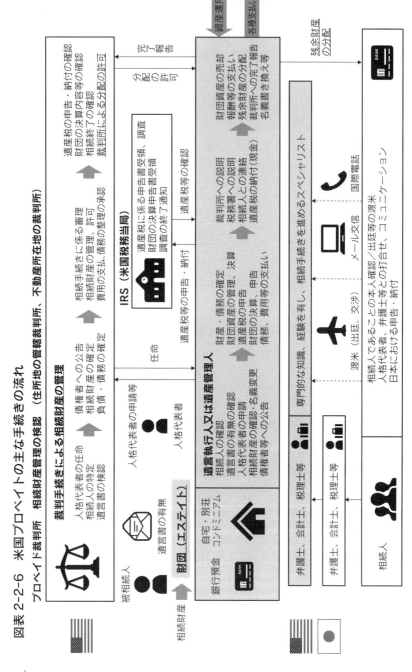

110 第2章 国外財産を動かす際の基礎知識

## （2）プロベイト手続きの問題点

米国におけるプロベイトについては、制度自体に馴染みのない日本の相続人にとって、一般的に以下のように多数の問題点があると言われています。

① 相続人を特定するために、被相続人の個人情報が一般に公開されたり、相続財産や負債を確定するするために、遺言書や資産内容が一般に公開されたりするなど、被相続人や相続人のプライバシーが守られない問題がある。

② 裁判手続きにより証拠に基づいて検認作業が進められるため、遺言書の確認、相続財産、債務の確定、費用等の支払い、残余財産の分配まで長い時間を要する。

③ プロベイト期間中は、裁判所の監督下に置かれ資産等が凍結され裁判所の許可がない限り、名義変更、売却及び使用が自由にできない。

④ 複数の州にまたがって不動産を保有する場合には、住所地、資産のある州ごとにプロベイトが行われる。また、州によってプロベイト手続き等の内容が異なる。

⑤ 遺産税の税務署の確認が取れるまで長期間を要する。また、物納制度がないため、納税資金を予め用意しておかなければならない。

⑥ 弁護士、会計士、不動産鑑定士等の専門家に多額の報酬がかかる。

⑦ 手続きが複雑で、手続きを進めていくこと自体に労力を要する。

⑧ 日本人にとっては、英語で手続きを進めていくため、英語での高度なコミュニケーション能力を必要とする。

このように問題点が多く、時間ばかりかかって相続手続がなかなか進まないこともあり、相続人にとっては労力のいる、精神的負担の大きな事務手続きとなっています。

## （3）プロベイト手続きの回避策

このようにプロベイト手続きは、時間や高額な費用がかかる非常に面倒な手続きとなっています。米国では、被相続人の財産は、プロベイトにより管

理される財産（検認財産）とプロベイトを経ずに他の手段によって移転する財産（非検認財産）に分かれ、以下のようなプロベイトを回避することができる非検認財産にする方法が一般的に行われています。

● **合有財産権（ジョイント・テナンシー）による共同所有**

　米国にある不動産などの財産は、夫婦の合有財産とすることにより、相続開始後、プロベイトを経ずに他方の合有名義者へ財産を承継させることができます。生存配偶者へ被相続人の所有権が移転するわけではなく、合有財産における被相続人の財産権が消滅することにより、生存配偶者が当該合有財産を単独所有することになります。

　ただし、米国における合有や共有の形式には様々なものがあり、プロベイトを回避できないものもありますので注意が必要です。

　また、財産を家族との共有名義にすると、共有名義者が資金を出さない場合には、日米の税務当局から贈与税が課されるリスクがありますので、事前に日米の税務の専門家によく相談する必要があります。

● **受取人指定口座による所有**

　米国では、金融資産においても、相続を開始したときの受取人を金融機関に予め届けておく口座を利用することで、プロベイトを経ることなく自動的に名義変更をすることが可能となります。ただし、非居住者である外国人が契約する場合には設定ができない場合等がありますので、各金融機関に予め確認することが必要です。

● **生前信託（リビングトラスト）による所有**

　生前信託は、信託名義で財産を所有し、委託者（信託設定者個人）の相続が発生したときにプロベイトを回避しながら財産を承継させる方法で、米国で広く利用されている方法です。遺言書によって設定される遺言信託との大きな違いは、遺言信託で移転する財産については、プロベイトを通じて移転

されるのに対し、生前信託で保有している財産についてはプロベイトを経ずに相続することができるという点です。

生前信託においては、信託設定時（生前）に財産の名義を個人から信託名義に変更するため、財産は委託者のものではなく信託のものとなり、相続が発生したときには、被相続人の財産ではないのでプロベイトを回避することができます。

生前信託は、故人の遺志を反映しやすいこと、また、遺産の内容等が公開されないというメリットがあります。

ただし、複雑な仕組みの生前信託については日本の税務上、課税対象となる場合がありますので、このような生前信託を設定する場合は、事前に日本の相続・贈与税に詳しい専門家に相談されておく必要があります。

### ●非公開会社による海外資産の所有

日本の非公開会社に米国の財産を所有させた場合、法人のオーナー株主が亡くなったとしても、財産の所有者は法人名義なのでプロベイトの対象とはなりません。相続が発生した際には、単に米国の財産を所有する日本法人の株式が、相続人に相続されるだけとなります。第3章を参照してください。

米国だけではなく海外に財産を所有している場合は、財産が所在する国においてどのようなプロベイト手続きが行われるかを確認し、財産を取得する前にその対処法を十分に検討しておくことが最も重要となっています。

## 3 国際贈与

### 1 国際贈与の概要

贈与財産に国外財産が含まれる場合や、贈与者又は受贈者が国外に居住しているような国際贈与についても、原則として国際相続と同様の考え方に基づいて課税が行われます。

## （１）国際私法の確認

　国際相続に関する相続手続きの準拠法を判断する場合には、国際私法に基づいて判断することになっていますが、国際贈与の場合においても、相続の場合と同様に国際私法が準拠法を指定する役割を有しています。

## （２）日本の贈与税

　贈与税は、個人から贈与により財産を取得した個人に対して、その財産の取得の時における時価を課税価格として課税されます。相続税の補完機能としての性格を持つため、課税方式は受贈者課税方式が採用され、受贈者が暦年課税又は相続時精算課税を選択できます。

　納税義務者は財産を取得した者であり、①財産取得時に日本に住所を有する居住者かどうか、②日本国籍の有無、③５年以内に日本に住所があったかどうか（平成29年度税制改正前）により、無制限納税義務者か制限納税義務者に区分され、課税財産の範囲が決定されます。

　平成29年度税制改正後は、納税義務者及び課税対象の範囲について、相続税と同様の見直しが行われ、国外に居住してから国外財産を贈与する等の租税回避を抑制するため、国外居住期間要件が５年超から10年超へ見直しされました。また、国内に住所を有せず、日本国籍もない受贈者が、贈与時には国内に住所がないが贈与前10年以内に国内に住所を有していた贈与者から贈与された場合は、国外財産についても課税対象とされました（改正前は、贈与者が５年以内に国内に住所を有していても、受贈者が国内に住所がなく、日本国籍もなければ、国内財産のみが課税対象でした）。

　一方、一時的に国内に居住する外国人に対する納税義務が緩和され、贈与者及び受贈者が一定の在留資格を持って一時的に滞在している場合の贈与税については、国内財産のみが課税対象となります。

　改正後の贈与税の納税義務者と課税対象となる財産の範囲は次の表の通りです。

## 図表 2-2-7　贈与税の納税義務（平成 29 年度税制改正後）

| 贈与者 \ 受贈者 | | 国内に住所あり | | 国内に住所なし | | |
|---|---|---|---|---|---|---|
| | | | 短期滞在の外国人（※1 一時居住者） | 日本国籍あり | | 日本国籍なし |
| | | | | 10年以内に住所あり | 10年以内に住所なし | |
| 国内に住所あり | | 居住無制限納税義務者／全世界財産課税 | | 非居住無制限納税義務者／全世界財産課税 | | |
| 　短期滞在の外国人（※1 一時居住贈与者） | | | | | | |
| 国内に住所なし | 10年以内に住所あり | | | | | |
| | 　短期滞在の外国人（※2） | 非居住贈与者 | | | 制限納税義務者 | 国内財産課税 |
| | 10年以内に住所なし | | | | | |

居住無制限納税義務者の範囲は ■ 、非居住無制限納税義務者の範囲は ▨ 、制限納税義務者の範囲は □ で示しています。

※1　出入国管理及び難民認定法別表第 1 の在留資格の者で、過去 15 年以内において国内に住所を有していた期間の合計が 10 年以下の受贈者
※2　日本国籍がない者で、過去 15 年以内において国内に住所を有していた期間の合計が 10 年以下の贈与者

出典：財務省 平成 29 年度 税制改正の解説（筆者加筆）

〈留意点等〉

外国に居住している期間を 5 年から 10 年に変更し、富裕層の国外移住を牽制する税制改正が行われました。10 年超に変更されると、5 年間と考えて既に海外に移住された方の中には、税制改正を知らずに将来課税されてしまうケースもあり得ますので、税制改正の内容については常に入手しておく必要があります（➡ 338 頁（事例 1））。

贈与税の申告手続きは、暦年贈与により財産を取得した者で、その年の1月1日から12月31日までの1年間を通じて受けた贈与財産の課税価格の合計額が贈与税の基礎控除額110万円を超える場合には、翌年2月1日から3月15日までに贈与税の申告納付が必要になります。

### （3）関係当事国の贈与税等の確認

　国際贈与の事例では、日本の贈与税だけではなく、贈与者や受贈者の国籍地国や居住地国、財産の所在する第三国での財産名義の移転に起因して派生する贈与税等に相当する税が課される可能性があります。

　無制限納税義務者が贈与により取得した国外財産について、国外で贈与税等に相当する税が課せられたときは、外国税額控除制度により二重課税を調整します。贈与税の外国税額控除の考え方は、相続税の外国税額控除の考え方と同様ですが、国際間の二重課税を完全に調整できない場合もあります。

　なお、贈与税が課税される国は、米国、英国、フランス、ドイツ、オランダ、韓国、台湾などです。一方、贈与税が課税されない国は、シンガポール、香港、中国、インドネシア、マレーシア、ニュージーランド、スウェーデンなどです。

### （4）日米相続税条約の確認

　日本は、国際的な二重課税の調整や情報交換を目的として、相続税条約として唯一米国とのみ日米相続税条約を締結していますが、同条約は相続の場合だけではなく贈与の場合にも適用されます。

## 3 タックスヘイブン課税等の基本（個人株主を中心に）

### 1 タックスヘイブン対策税制

　タックスプランニングを行う上で最も重要となる税制が、いわゆるタックスヘイブン対策税制です。タックスヘイブン対策税制は、タックスヘイブンといわれる軽課税国や地域を利用した租税回避に対処するために、日本の課税水準と比較して著しく低い租税負担割合である外国子会社等の所得を、日本の親会社（内国法人）や個人（居住者）の所得とみなして、益金の額や雑所得の総収入金額に含めて合算課税する制度です。

　最近の多国籍企業グループによる国際的な租税回避スキームが社会的に大きな問題となったのを受けて、日本でも外国子会社合算税制について、「外国子会社の経済実態に即して課税すべき」というBEPSプロジェクトの基本的な考え方に基づき、日本企業の海外進出を阻害することなく、より効果的に国際的な租税回避に対応できるよう、平成29年度税制改正により総合的な見直しが行われたところです。

　本書では、日本居住者である個人株主の場合を中心に、主要なポイントについて、新税制も合わせ日本のタックスヘイブン対策税制を見ていくことにします。

#### 1 タックスヘイブンを利用する原点

　経済のグローバル化が進み、国際取引は益々複雑になると同時に企業間の競争が激化し、税はコストという意識が国際企業間で浸透し、様々な租税回避スキームが構築されていく一方、国際課税のルールは従来の伝統的な考え方に基づくものから変わっていませんでした。タックスヘイブンは主権国家の根幹である課税権を放棄することから生まれた、国家や税制を売るビジネスとも言え、主要各国の税制の変化に対応して柔軟に変化していきます。

　企業グループ全体の利益をコントロールするためにタックスヘイブンを利

用する基本的な構造は**図表 2-2-8** の通りです。

　アメリカ親会社と日本子会社の直接取引を、タックスヘイブンに設立した中間法人（IBC）を介して取引を行うと、アメリカ親会社は子会社である IBC に商品を輸出し、その商品を IBC が日本子会社に輸出し、日本子会社はそれを日本市場で再販売するという商流に変化させることができます。IBC を介在させる前に直接取引をしていた価格でアメリカ親会社は IBC に輸出し、日本子会社は IBC から輸入したとすると、IBC には利益が発生しませんが、アメリカ親会社（利益70円）と日本子会社（利益20円）の間では直接取引した場合と同じ利益配分関係になります。

　次に、この商流に移転価格の調整を行うとグループ全体利益（90円）をタックスヘイブンに集中させることができます。アメリカ親会社は子会社である IBC に原価130円（購入価格＋販管費）で輸出し、IBC は日本子会社に再販売価格300円（日本市場で販売する価格）から日本子会社の販管費80円を減算した価格220円で輸出した場合には、アメリカ親会社及び日本子会社の利益はゼロになり、すべての利益（90円）は IBC に計上されることになります。IBC を介在させて取引価格（移転価格）を操作することによって、タックスヘイブンの IBC に低税率で利益を留保することができ、グループ全体の利益や税額をコントロールすることが可能となります。

　このような親子間取引の支配関係を利用して利益を意図的に圧縮し、税率の低いタックスヘイブンの IBC に移転させて留保するような取引が簡単にできてしまうので、それを規制するために創設されたのがタックスヘイブン対策税制です。

　また、タックスヘイブンに利益を集中する上でのカギとなるものが商品の取引価格になりますから、価格操作に対しては移転価格税制が適用され、米国や日本の税率が適用されて課税されることになります。このように、タックスヘイブン対策税制と移転価格税制は密接に関係しています。

図表 2-2-8 タックスヘイブンを利用した取引

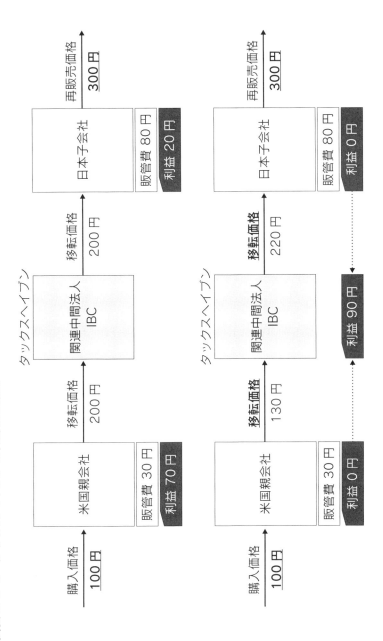

第2節　各税制の基本解説

なお、移転価格税制については次の項で説明することとします。

ところで、各国にあるタックスヘイブン対策税制の課税要件をいかに回避していくかが、世界に多数の関係会社を有する多国籍企業の重要なタックスプランニングとなっています。

これらの話は、一見、法人間の取引において適用されるもので、日本の個人所得税には関係ないように見えます。確かに現在の移転価格税制は法人間の話ですが、タックスヘイブン対策税制については、個人所得税についても適用がありますので、富裕層個人の国外財産を動かし、税務マネージメントをする上では大変重要なポイントとなってきます。

個人名義で、あるいは、資産管理のための日本国内の非公開株式会社を通じて国外財産を購入、保有した場合に、国外財産から生じる運用損益、譲渡損益は、すべて本人あるいは資産管理会社に帰属することになります。

また、海外の資産管理会社を通じて国外財産を購入、保有した場合にも、基本的には、国外財産の所有者となる海外資産管理会社に運用損益、譲渡損益が帰属することになります。そこで、この海外資産管理会社を低税率国、いわゆるタックスヘイブン国に置き、タックスヘイブン対策税制を回避できれば、タックスヘイブンの低税率を享受することができます。

しかし、ここで気を付けなければならないことは、タックスヘイブン対策税制の適用除外要件を満たすなどによりタックスヘイブン課税を回避できればよいですが、回避できないとしても、非公開会社を使って国外財産を動かしていくことのメリットがありますから、必ずしも低税率国に資産管理会社を設立して国外財産をそこで運用管理しなければならないというものではないということです。

国内及び国外に非公開会社を設立し、あるいは投資事業や投資案件ごとに非公開会社を複数、重層的に組み合わせていくようなスキームを考えた場合、例えば、シンガポールに非公開会社である資産管理会社、持株会社、あ

るいは地域統括会社を設立し、その下にタックスヘイブンに設立した金融資産への投資会社、不動産管理会社、あるいは知財保有会社を設立して、実際の事業を行っているビジネスや案件に投資していくというようなスキームになった場合には、タックスヘイブン対策税制や移転価格税制についてのある程度の知識が必要となってきます。

そこで国外財産を動かす際の基礎知識として日本のタックスヘイブン税制について概観していくことは重要となります。

なお、平成29年度税制改正で、タックスヘイブン対策税制は大幅に改正されることになり、平成30年4月1日以降に開始する事業年度から適用されます。新制度の基本的な趣旨は現行制度と同じですが、見直しを行った合算課税の主な改正点について合わせて説明していくことにします。

## 2 タックスヘイブン対策税制の概要（平成29年度税制改正前）
## 　（居住者の特定外国子会社等に係る所得の課税の特例）

タックスヘイブンとは、「租税回避地」を意味し、一般的には無税又は税率が極めて低い国又は地域（以下、「軽課税国」）をいいます。このようなタックスヘイブンに名義上のペーパーカンパニーを設立して、その会社に利益を移転させれば、税負担が大幅に軽減され、租税を回避することが可能となります。

このようなタックスヘイブンを利用した租税回避を防止する目的で創設されたのがタックスヘイブン対策税制です。日本の居住者が軽課税国に所在する外国子会社（「特定外国子会社等」）の株式を保有する場合には、その持分に対応する留保所得を日本の居住者の所得とみなして、その居住者の所得に合算して課税することとされています。

## 図表 2-2-9 タックスヘイブン対策税制（改正前）

### BEPS【行動3】外国子会社合算税制：日本の現行制度

- 日本の「外国子会社合算税制」は、税負担の水準が低い（20％未満（＝「トリガー税率」））外国子会社等の「全て」の所得について日本の親会社の所得に合算して課税する制度（「事業体アプローチ」）
- ただし、外国子会社等に経済活動の実体があり、「適用除外基準」を満たす場合、本税制は適用されない。

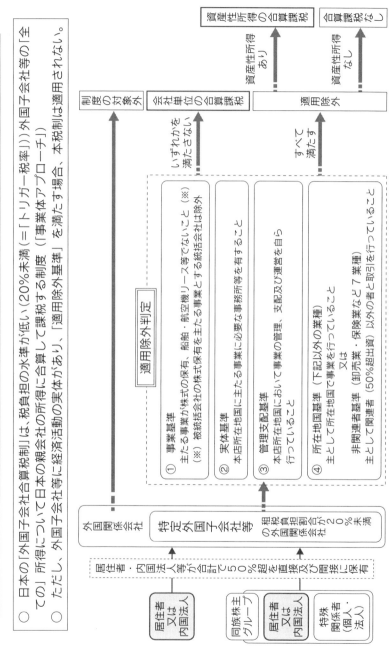

出典：税制調査会資料（財務省作成）

## （1）特定外国子会社等の会社単位の合算課税

　居住者に係る外国関係会社（居住者、内国法人及び特殊関係非居住者がその発行済株式等の50％超を直接及び間接に保有する外国法人）のうち、本店所在地国の租税負担割合が20％未満のもの（特定外国子会社等）の会社単位の所得に相当する金額（適用対象金額）のうち、その居住者が直接及び間接に保有するその特定外国子会社等の発行済株式等の数に対応するものとして計算した金額（課税対象金額）は、その居住者の雑所得に係る収入金額とみなして、申告対象となる年分の雑所得の金額の計算上、総収入金額に算入することとされています（旧措法40の4①）。

　ただし、特定外国子会社等が適用除外基準（①事業基準、②実体基準、③管理支配基準、④非関連者基準又は所在地国基準）の全ての要件を満たしている場合、該当する事業年度に係る適用対象金額については、本税制の適用はされない（会社単位での合算課税は行われない）こととされています（旧措法40の4③）。

　この適用対象金額に係る適用除外規定は、確定申告書に適用除外に該当する旨を記載した書面を添付し、かつ、該当することを明らかにする資料等を保存している場合に限り適用されることとなります（旧措法40の4⑦）。

## （2）特定外国子会社等の判定

　タックスヘイブン対策税制は、外国法人である外国関係会社のうち特定外国子会社等に該当するものが留保所得（「適用対象金額」）を有する場合に、内国法人又は居住者の所得に合算されます。なお、外国関係会社及び特定外国子会社等とは以下の会社をいいます。

図表 2-2-10　特定外国子会社等関係図

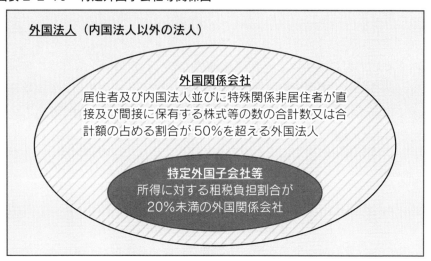

### （3）外国関係会社

外国関係会社とは、外国法人で、その発行済株式又は出資の総数又は総額のうちに居住者及び内国法人並びに特殊関係非居住者[3]が有する直接及び間接保有する株式等の数の合計数又は合計額の占める割合が50％を超える外国法人をいいます（措法40の4②）。

外国関係会社が、原則内国法人との50％を超える株式等の数の割合により判定されることから、孫会社、曽孫会社等も含まれることとなります。

### （4）特定外国子会社等

特定外国子会社等とは、外国関係会社のうち、軽課税国に所在する法人をいいます。すなわち、法人の所得に対して課される税が存在しない、又は法

---

[3] 居住者の親族、使用人、内国法人の役員及びその役員の親族等をいう。これらの者を利用又は外国のノミニーを利用して株式保有割合を50％以下にしたとしても、実質に基づいて株式保有割合を再計算することになる。

人税の負担割合が20％未満（「トリガー税率」）である国又は地域に所在する外国関係会社をいいます（措令25の19）。

外国関係会社の法人税の負担割合については、以下の算式により判定します。

$$\frac{外国関係会社の所得に対して課される租税の額（調整後の税額）}{外国関係会社の本店所在地国の法令に基づく所得金額（調整後の金額）} < 20\%$$

〈留意点等〉

　名義借りなどの様々な方法により、所有者と資本の関係を切断して真実の所有者がわからないようにしてタックスヘイブン対策税制の網にかからないようにしていることがパナマ文書により明らかにされています。株主の名義人を親族、友人、役員の家族、関連会社従業員にしたり、ノミニーシェアホルダーやノミニーディレクターといったオフショア・サービスを利用したり、信託、トラスト、財団、慈善団体なども利用されています（➡第1章参照）。

・コラム・

### 自ら税率を決められる法人税

　そもそも法人税の法定税率が20％未満の国では、上記算式による判定を行うまでもなく特定外国子会社等に該当します。

　しかし、タックスヘイブンの中には、企業誘致の目的から、納税者が自ら法人税の税率を決定できる制度になっているところがあります。本来は法人税率ゼロを選択できるにもかかわらず、日本のタックスヘイブン税制のトリガー税率にかからないように現地での税率を設定し、日本のタックスヘイブン対策税制を回避して多額の利益を留保していたケースがあります。租税回避を目的として税率を納税者が自由に設定できる制度により選択した法人

は租税ではないとして東京国税局が課税しましたが、訴訟となり国税側が敗訴しました。現在では、このように自ら税率を設定するような税は対象とならない旨を明記した条文に改正されていますので、当然、このような税は税負担割合を判定する上では計算の対象外とされています。

### （5）納税義務者

タックスヘイブン対策税制の納税義務者は、①特定外国子会社等の発行済株式等の10％以上を直接及び間接に保有する居住者[4]、②特定外国子会社等の発行済株式等の10％以上を直接及び間接に保有する同族株主グループ[5]に属する居住者です（措法40の4①一、二）。

### （6）合算対象となる所得の計算

タックスヘイブン対策税制により、居住者（個人事業者）が合算課税を受けることになった場合には、以下の算式により計算した金額が、特定外国子会社の事業年度終了の日の翌日から2か月を経過する日を含む年分において、居住者の雑所得の総収入金額に合算されて課税されます（措法40の4①、措令25の21③）。

【算式】合算される金額＝課税対象金額－必要経費（①＋②＋③）
課税対象金額＝（適用対象金額[6]－支出された剰余金等）×持分割合
必要経費　　①特定外国子会社等の株式等を取得するための負債利子
　　　　　　②特定外国子会社等からの配当等に係る外国所得税の額
　　　　　　③必要経費（課税対象金額が限度）

---

[4] 内国法人だけではなく、国内に住所を有する個人の居住者もタックスヘイブン対策税制の納税義務者となる。
[5] 同族株主グループとは、特定外国子会社等の株式等を保有する者のうち、ある居住者又は内国法人とその居住者又は内国法人と特殊の関係にある者（居住者の親族、使用人、居住者又は内国法人が50％超支配している会社等）の株主グループをいう。

## （7）適用除外基準

　タックスヘイブン対策税制は、軽課税国を利用した租税回避行為を防止するために設けられた規定です。ただし、税負担軽減のためではなく正常な事業活動の一環として海外進出している企業については、単に軽課税国にあるという理由だけで合算課税の対象とすることは、企業の正常な経済活動を阻害してしまう恐れがあります。そのため、特定外国子会社等が以下の4つの適用除外基準を満たした場合には、合算課税の対象としないこととされています。

Ⓐ事業基準

　特定外国子会社等の主な事業が、次のいずれにも該当しないこと
① 　株式（出資）又は債券の保有
② 　工業所有権その他の技術による生産方式及びこれに準ずるものもしくは著作権の提供
③ 　船舶もしくは航空機の貸付け（裸用船（機）契約に基づくものに限る）

　なお、株式の保有を主な事業とする特定外国子会社等であっても、事業統括会社（統括会社のうち、被統括会社の株式等の保有を主たる事業とする場合）に該当する場合には、株式保有事業に該当せず、事業基準を満たすものとされます（措法40の4③、措令25の22④）。

　事業統括会社に該当することにより事業基準をクリアしますので、ヨーロッパ地域やアジア地域の事業統括会社として、オランダやシンガポールに数多くの事業統括会社が設立されています。

---

6　特定外国子会社等の事業年度の決算に基づき、日本の法人税法等又は本店所在地国の法令を適用して算出した金額から欠損金額及び法人所得税の額を控除して算出した金額。

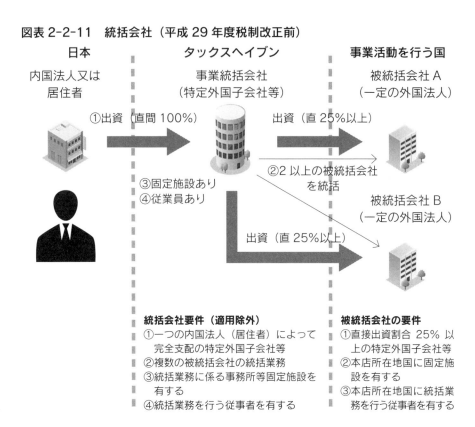

Ⓑ実態基準

　特定外国子会社等が本店所在地国に主な事業を行うために必要な事務所、店舗、工場その他の固定施設を有していること。

　オフショア・サービス会社では実態基準を満たすためのサービスを行っています。事務所オフィスの設置や役員及び従業員の派遣、手紙やメールの転送サービス等に至るまで様々なバックオフィス業務を行ってくれる業者が多数います。

Ⓒ管理支配基準

　特定外国子会社等が本店所在地国において、その事業の管理、支配及び運

営を自ら行っていること。

　なお、事業の管理、支配及び運営を自ら行っているかどうかは、以下の4つの基準を総合的に判断することになります（措通66の6－16）。

①　株主総会及び取締役会の開催場所
②　役員としての職務執行場所
③　会計帳簿の作成及び保管が行われている場所
④　その他の状況

　パナマ文書などの一連のリークにより、オフショア・サービス会社が代表者や役員のノミニー派遣をしたり、株主総会議事録、取締役会議事録、会計帳簿、決算書の作成等のサービスを行い、管理、支配、運営を自ら行っている実態があるように見せかけるサービスを提供している実情が明らかになっています。

Ⓓ非関連者基準又は所在地国基準
【非関連者基準】
　卸売業、銀行業、信託業、金融商品取引業、保険業、水運業又は航空運送業を主たる事業としている場合
　……判定対象の特定外国子会社と非関連者との取引金額（売上又は仕入等）が全体の取引金額の50％超であること（措法40の4③一、措令25の22⑧）。
　ただし、統括会社が被統括会社との間で行う取引は、非関連者との取引として判定されます（措令25の22②）。

【所在地国基準】
　上記以外の事業を主たる事業としている場合
　……判定対象の特定外国子会社等が事業を主として本店又は主たる事務所の所在する国又は地域において行っていること（措令40の4③二）。

特定外国子会社等が二つ以上の事業を営んでいるときは、それぞれの事業に属する収入金額、使用人の状況、固定施設の状況等を総合的に勘案して主たる事業を判定することとされています（措通66の6－8）。

### （8）資産性所得の合算課税
●概　要

　特定外国子会社等が上記の適用除外基準を満たしている場合であっても、以下に掲げる資産運用的な所得（資産性所得）を有する場合には、その資産性所得の合計額（部分適用対象金額）のうち、居住者等の特定外国子会社等に対する株式等の保有割合に応じた金額が居住者の雑所得として、総収入金額に合算され課税されます（措法40の4④、措令25の22の2）。

●資産性所得とは

　資産性所得とは次の所得をいいます。
① 　株式保有割合10％未満の法人の株式等からの配当所得又は譲渡による所得（取引所の開設する市場で譲渡されるもの等に限る）
② 　債券の利子、償還差益又は譲渡による所得（取引所の開設する市場で譲渡されるもの等に限る）
③ 　特許権等の使用料による所得（特定外国子会社等により開発されたもの、対価を支払って取得されたもの等を除く）
④ 　船舶又は航空機の貸付けによる所得

　合算課税対象となる部分課税対象金額は、資産性所得の合計金額に居住者の持分割合を乗じて算出します。

●資産性所得の適用除外基準

　ただし、特定外国子会社等の資産性所得の全てを居住者の所得に合算することは過大な事務負担を強いることになるため、以下に該当する場合には、

資産性所得の合算は行われません（措法40の4⑤）。
① 各事業年度の部分適用対象金額が1,000万円以下である場合。
② 各事業年度の部分適用対象金額が特定外国子会社等の税引前所得の5％相当額以下である場合。

なお、居住者が適用除外の適用を受ける場合には、確定申告書に適用除外である旨を記載した書類を添付し、かつ、その適用があることを明らかにする書類その他の資料を保存する必要があります（措法40の4⑦）。

**（9）配当等があった場合の二重課税の調整（個人所得税の場合）**
　タックスヘイブン対策税制は、特定外国子会社等に生じた留保所得を日本の株主である内国法人又は居住者に合算して課税するものです。そのため、特定外国子会社等が合算課税の対象とされた留保所得（課税対象金額又は部分課税対象金額）を原資として居住者に配当等を行うと、居住者側で配当等に課税されることから、同一の所得に対して日本の所得税が二重に課税されることになります（内国法人は受取配当益金不算入）。
　そこで、居住者が特定外国子会社等から実際に配当等を受けた場合には、その配当等のうち雑所得の金額の計算上総収入金額に合算した金額の合計金額は、特定外国子会社等から受ける配当所得の計算上控除されます。ただし、配当所得から控除される金額は、配当を受けた年分及びその年の前年以前3年内に、雑所得として合算課税を受けた金額が限度とされます（措法40の5①、措令25の23）。

## ③ 新外国子会社合算税制（平成29年度税制改正後）

　改正前の税制では、トリガー税率である20％以上の租税負担割合であれば、明らかに経済実体を伴わないペーパーカンパニー等の所得であっても合算対象とはされない一方、租税負担割合が20％未満の場合には、実体のある事業を行っている場合であっても、その所得が合算されてしまうなどの問

題があったことから、次のような総合的な見直しが行われました。

① トリガー税率の廃止
② ペーパーカンパニー等への課税強化（会社単位の合算課税）
③ 事務負担軽減のため制度適用免除基準を設定（租税負担割合20％以上）
④ 外国関係会社の判定方法の見直し（掛け算方式から連鎖方式へ）
⑤ 実質支配関係基準の導入
⑥ 適用免除基準から経済活動基準への見直し（事業基準、所在地国基準）
⑦ 資産性所得から受動的所得への対象範囲等の見直し
⑧ 証拠書類等の不提示等に対する推定規定の導入

この改正は、外国法人の平成30年4月1日以後に開始する事業年度から適用されます（改正法附則70⑤）。

**（1）新制度の概要**

改正後の税制は、トリガー税率20％は廃止され、居住者、内国法人、特殊関係非居住者及び実質支配関係にある外国法人（居住者等株主等）により、直接保有株式等保有割合と間接保有株式等保有割合の合計割合等が50％超の外国法人（判定対象外国法人）を外国関係会社といい、①ペーパーカンパニー、②事実上のキャッシュボックス及びブラックリスト国所在法人（特定外国関係会社）については、租税負担割合が30％未満の場合には会社単位の所得に対して合算課税を行います。

また、改正前の適用免除基準を見直し、改正後は経済活動基準として名称を変更し、外国関係会社のうち①事業基準、②実体基準、③管理支配基準、④所在地国基準又は非関連者基準のいずれかを満たさない外国法人（対象外国関係会社といい、特定外国関係会社を除く）で、租税負担割合が20％未満の場合には、会社単位の合算課税が行われます。

## 図表2-2-12 外国子会社合算税制：見直しの主なポイント

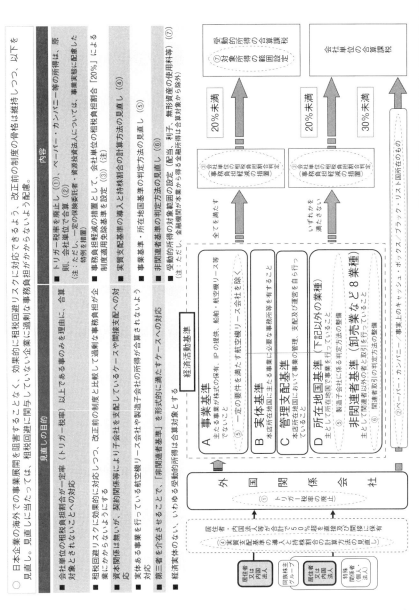

出典：財務省 平成29年度 税制改正の解説

## 図表 2-2-13 外国子会社合算税制：見直しの方向性

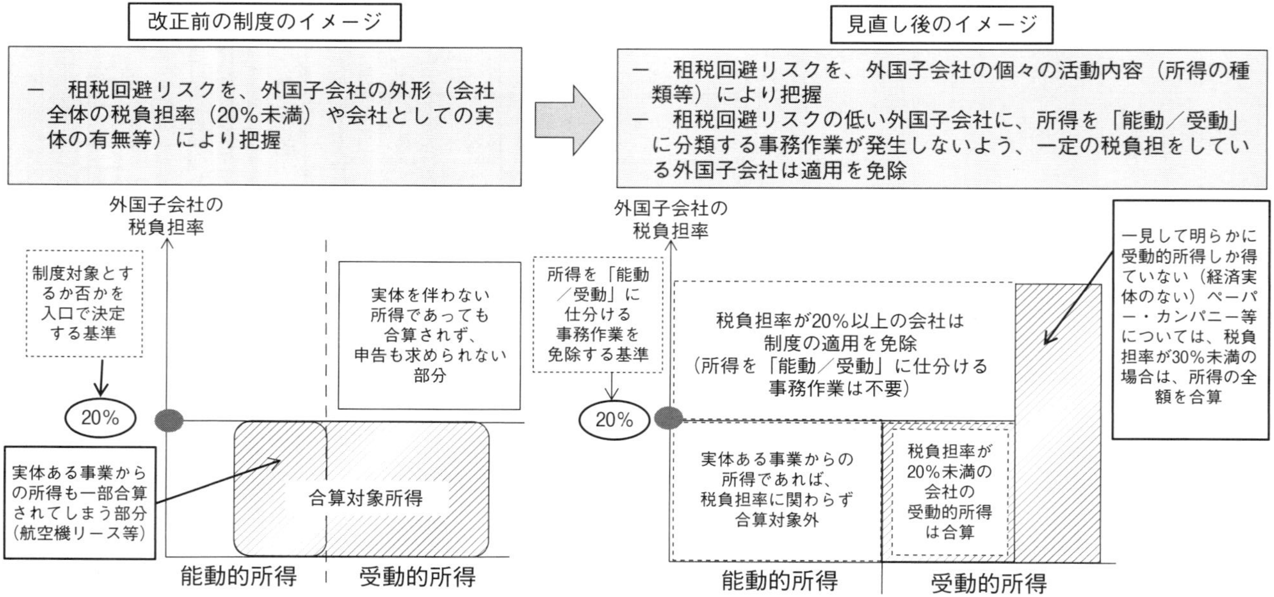

**改正前の制度のイメージ**

- 租税回避リスクを、外国子会社の外形（会社全体の実体の有無等）により把握
- 外国子会社の税負担率 20%

実体ある事業からの所得も一部合算されてしまう部分（航空機リース等）

制度対象とするか否かを入口で決定する基準

合算対象所得

能動的所得 ／ 受動的所得

実体を伴わない所得であっても合算されず、申告を求められない部分

**見直し後のイメージ**

- 租税回避リスクを、外国子会社の個々の活動内容（所得の種類等）により把握
- 租税回避リスクの低い外国子会社に、所得を「能動/受動」に分類する事務作業が発生しないよう、一定の税負担をしている外国子会社は適用を免除

外国子会社の税負担率 20%

所得を「能動/受動」に仕分ける事務作業を免除する基準

税負担率が 20%以上の会社は制度の適用を免除（所得を「能動/受動」に仕分ける事務作業は不要）

実体ある事業からの所得であれば、税負担率に関わらず合算対象外

税負担率が 20%未満の会社の受動的所得は合算

能動的所得 ／ 受動的所得

一見して明らかに受動的所得しか得ていない（経済実体のない）ペーパー・カンパニー等については、税負担率が 30%未満の場合は、所得の全額を合算

出典：財務省 平成29年度 税制改正の解説

134 第2章 国外財産を動かす際の基礎知識

## （2）外国関係会社の範囲と判定方法

　その発行済株式等の総数のうち居住者等株主等が直接及び間接に保有する株式等の合計数の占める割合が50％を超える外国法人を外国関係会社といいます。

　改正前は、判定対象となる外国法人に対する株式の保有割合が50％を超えるかどうかの判定を、居住者等株主等から各段階での株式の保有割合を乗じて計算する「掛け算方式」を採用していました。そのため、50％超の持分による支配が連続していても間接支配はしていないと判定されるケースがありました。

　改正後の外国関係会社の判定は、居住者等株主等の直接保有株式等保有割合と間接保有株式等保有割合を合計した割合とされています（措法40の4②一イ(1)、(2)、(3)）。

　判定対象外国法人の株主等である他の外国法人と居住者等株主等との間に、株式等の保有を通じて発行済株式等50％超の連鎖関係にある一又は二以上の出資関連外国法人が介在している場合、間接保有株式等保有割合は当該株主等である他の外国法人の当該判定対象外国法人に係る持株割合とされ、当該持ち株割合が50％超であれば、外国関係会社に該当することになります（措令25の19の2②）。

　また、居住者又は内国法人との間に実質支配関係がある外国法人も外国関係会社とされています（措法40の4②一ロ）。

　実質支配関係とは、居住者又は内国法人が外国法人のおおむね全部を請求する権利を有している場合における関係をいうとされています（措法40の4②五）。

　このように、持株割合等による支配の連鎖がある場合に外国関係会社に該当することになり、改正前の掛け算方式から連鎖方式に変更されました。

## 図表 2-2-14　外国関係会社の範囲（イメージ）

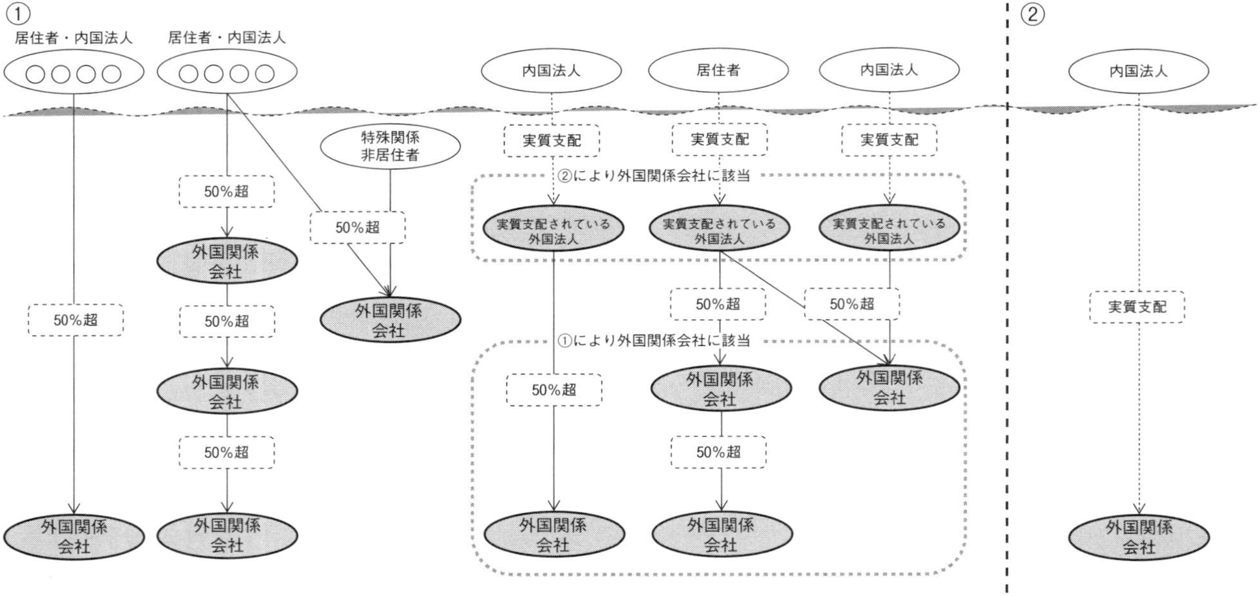

出典：財務省 平成 29 年度 税制改正の解説

136　第2章　国外財産を動かす際の基礎知識

## （3）トリガー税率の廃止

　改正前は、外国関係会社の租税負担割合が20％以上であれば、たとえペーパーカンパニーであっても、特定外国子会社等に該当せず合算課税の対象になりませんでしたが、所得や事業内容によって租税回避のリスクを判断する仕組みに改正する観点から、トリガー税率20％は廃止され、租税回避リスクの高いペーパーカンパニー等について、租税負担割合が20％以上であっても合算課税の対象にされることになりました。

　改正後においても、租税負担割合が20％以上の場合には、特定外国関係会社を除いて会社単位の合算課税の対象外となっており、会社単位の合算課税が行われるかどうかの判断基準となっています。

## （4）特定外国関係会社

　特定外国関係会社は、次に掲げる外国関係会社とされています（措法40の4②二）。

① 　ペーパーカンパニー（措法40の4②二イ）

　事務所等の実態がなく、かつ、本店等の所在地国又は地域において事業の管理・支配を自ら行っていない外国関係会社とされています。

　事務所等の実体がないとは、具体的には、その主たる事業を行なうに必要と認められる事務所、店舗、工場その他の固定施設を有していないということで、これらの固定施設の有無及び主たる事業を行なうに必要なものかどうかが要件とされ、その固定施設の所在国・地域がどこか、自ら所有しているか賃借しているかは要件とされていません。

　なお、税務当局の職員から疎明書類やその他の資料の提示又は提出を求められた場合に、当該書類等の提示等がないときには、当該外国関係会社は特定外国関係会社ではない要件に該当しないもの（ペーパーカンパニーである）と推定されることになります（措法40の4③）。

## 図表2-2-15 特定外国関係会社

**1 ペーパー・カンパニー**
次のいずれにも該当しない外国関係会社
(1) 実体基準
主たる事業を行うに必要と認められる事務所等の固定施設を有している外国関係会社（同様の状況にある外国関係会社を含む。(※)）
(2) 管理支配基準
その本店所在地国においてその事業の管理・支配等を自ら行っている外国関係会社（同様の状況にある外国関係会社を含む。(※)）

(※) 改正前の適用除外基準である事業基準、管理支配基準において措置されているロイズ市場で事業活動を行う保険会社を対象外とする特例に追加。

平成29年度改正においては、新たに一定の要件を満たす保険委託者等を上記特例の対象に追加。

(注) 税務当局が求めた場合に、上記(1)又は(2)に該当することを明らかにする書類等の提出がない場合には、上記(1)又は(2)に該当しないものと推定される。

**2 事実上のキャッシュ・ボックス**

総資産の額に対する一定の受動的所得(※)の割合が30％を超える外国関係会社
ただし、総資産の額に対する一定の資産の額の割合が50％を超えるものに限る。

(※) 一定の受動的所得の範囲

| | 受取配当等 | 受取利子等 | 有価証券貸付対価 | 有価証券譲渡損益 | デリバティブ取引損益 | 外国為替差損益 | その他の金融所得 | 固定資産貸付対価 | 無形資産等使用料 | 無形資産等譲渡損益 | 異常所得 |
|---|---|---|---|---|---|---|---|---|---|---|---|
| 事業会社 | ○ | ○ | ○ | ○ | ○ | ○ | ○ | ○ | ○ | ○ | × |
| 外国金融子会社等相当 | (異常資本に係る所得) | | | | | | | ○ | ○ | ○ | × |

▶ その事業年度（残余財産の確定の日を含む事業年度、前事業年度）終了の時における貸借対照表に計上されている総資産の額の帳簿価額による。

▶ その事業年度（残余財産の確定の日を含む事業年度、前事業年度）終了の時における貸借対照表に計上されている有価証券、貸付金、固定資産、無形資産等の帳簿価額による。

いずれか多い金額

(注) 各受動的所得の金額は、部分合算対象所得を計算するとした場合の部分合算対象所得。例えば、受取配当等については、持株割合25％以上の配当等を除外した金額。

**3 ブラック・リスト国所在外国関係会社**

情報交換に関する国際的な取組みへの協力が著しく不十分な国・地域(※)に本店等を有する外国関係会社

(※) 財務大臣による指定（告示）。

出典：財務省 平成29年度 税制改正の解説

② 事実上のキャッシュボックス（措法40の4②二ロ）

その総資産に比べて受動的所得の占める割合が一定以上の外国関係会社を事実上のキャッシュボックスといいます。

具体的には、その総資産に対する、部分合算課税の対象となる各種所得の金額の合計金額（異常所得の金額を除く）の割合が30％を超える外国関係会社とされています。ただし、総資産額に対する有価証券、貸付金、固定資産及び無形資産等の合計金額の割合が50％を超える外国関係会社に限られることになっています。

③ ブラックリスト国所在外国関係会社（措法40の4②二ハ）

租税に関する情報交換に関する国際的な取り組みへの協力が著しく不十分な国又は地域として財務大臣が指定する国又は地域に本店等を有する外国関係会社をいいます。

### （5）対象外国関係会社と経済活動基準の設定

外国関係会社が、会社全体として、能動的所得を得るために必要な経済活動の実体を備えているかを判定する基準として、いわゆる適用除外基準を見直し経済活動基準が設定されました。

経済活動基準は、改正前の適用除外基準と同じ4つの基準（①事業基準、②実体基準、③管理支配基準、④所在地国基準又は非関連者基準）とされ、外国関係会社がこれらの基準のうちいずれかを満たさない場合には、能動的所得を得る上での必要な経済活動の実体を備えていないと判断され、対象外国関係会社として、会社単位の租税負担割合が20％未満の場合には、会社単位の合算課税を受けることとなります（措法40の4②三）。

今回の改正において、本制度の適用を除外する適用除外基準から、会社単位の合算課税の対象とする外国関係会社を特定するための基準へと経済活動基準の位置付けが変更されたことを踏まえ、確定申告書への書面添付要件及び資料の保存要件は廃止されました。

## 図表 2-2-16　経済活動基準

① 事業基準 ⇒ 主たる事業が株式等の保有、工業所有権・著作権等の提供又は船舶・航空機の貸付けでないこと（注）
（注）被統括会社の株式保有等の統括事業を行う一定の統括会社（事業持株会社）は、事業基準を満たすこととされる。
【改正事項】一定の要件を満たす航空機の貸付けを主たる事業とする外国関係会社は事業基準を満たすこととする。

② 実体基準 ⇒ 本店所在地国に主たる事業に必要な事務所等を有すること（注）
（注）特定保険外国子会社等は、その特定保険協議者が実体基準を満たす場合には自らも実体基準を満たすこととされる。
【改正事項】上記の保険特例の範囲を拡大

③ 管理支配基準 ⇒ 本店所在地国において事業の管理、支配及び運営を自ら行っていること（注）
（注）特定保険外国子会社等は、その特定保険協議者が管理支配基準を満たす場合には自らも管理支配基準を満たすこととされる。
【改正事項】上記の保険特例の範囲を拡大

④a 非関連者基準 ⇒ 主として関連者（50％超出資会社等）以外の者と取引を行っていること（注）
※主たる事業が卸売業、銀行業、信託業、金融商品取引業、保険業、水運業又は航空運送業である場合に適用
（注）物流統括会社が被統括会社と行う取引、特定保険協議者が特定保険外国子会社等と行う取引は、非関連者取引とされる。
【改正事項】航空機の貸付けについては、非関連者基準を適用する。
一定の要件を満たす保険受託者が、一定の要件を満たす保険委託者との間で行う取引を非関連者取引とする。
第三者介在取引に関する規定を整備

④b 所在地国基準 ⇒ 主として本店所在地国で主たる事業を行っていること
※非関連者基準が適用される業種以外に適用
【改正事項】製造業に係る所在地国基準の適用方法を整備

出典：財務省　平成29年度 税制改正の解説

ただし、これらの要件に代えて、税務当局の当該職員が期間を定めて、要件に該当することを明らかにする書類等の提示又は提出を求めた場合に、その書類等の提示又は提出がないときは、その外国関係会社は経済活動基準の要件に該当しないものと推定されることになります（措法40の4④）。

## （6）適用対象金額

　適用対象金額は、特定外国関係会社又は対象外国関係会社の各事業年度の決算に基づく所得金額につき、本邦法令基準又は現地法令基準によって計算した金額に、繰越欠損金額及び納付法人税額に関する調整を加えた金額とされており、基本的な計算の仕組みは改正前の適用対象金額の計算と同様とされています。

　今回の改正では、適用対象金額に算入しない受取配当に関し、化石燃料の採取を行う一定の外国法人から受ける配当等について、持ち株割合要件を緩和する措置が講じられています。

## （7）合算課税の適用免除

　対象外国関係会社については、企業の事務負担軽減の観点から、改正前の制度との継続性を踏まえ、租税負担割合が20％以上の場合における適用対象金額について、合算課税の適用を免除されることになります（措法40の4⑤二）。

　特定外国関係会社については、より租税回避リスクが高いことから、我が国法人税の実効税率等を参考にして、租税負担割合が30％以上の場合における適用対象金額について、合算課税の適用を除外することとされています（措法40の4⑤一）。

　また、租税負担割合の計算は改正前の計算方法が維持されていますが、今回の見直しを機に、既に廃止されている間接税額控除に関する取扱いが廃止されています。

## （8）部分適用対象金額に係る合算課税

　今回の改正は、改正前の資産性所得について、受動的所得として部分合算課税の対象となる所得の範囲及び計算方法等の見直しが行われました。

　特定所得の金額は、収益の金額又は対価の額等の合計額から、当該収益等を得るために直接要した費用の合計額等を控除した残額として算出するなど、受動的資産の種類に応じて区分された特定所得ごとに、法令に従って計算することになります（措法40の4⑥一～十一）。

　なお、外国関係会社の事業の性質上重要で欠くことができない業務から生じた一定の所得等については、特定所得の範囲から除外されます。

　部分適用対象金額は、非損益通算グループ所得の金額（6項第1号から第3号まで、第8号、第9号及び第11号に掲げる金額の合計額）と損益通算グループ所得の金額（6項第4号から第7号まで及び第10号に掲げる金額）の合計額（零を下回る場合は、零）を基礎として全7年内事業年度に生じた部分適用対象損失額の合計額を控除した残額、との合計額とされています（措法40の4⑦）。

　なお、部分対象外国関係会社等につき、①各事業年度の租税負担割合が20％以上の場合、②各事業年度の部分適用対象金額等が2,000万円以下又は③各事業年度の決算に基づく所得金額のうちに占める割合が5％以下の場合は、当該部分適用対象金額等については、部分合算課税の適用が免除されます（措法40の4⑩）。

　部分合算課税の対象となる改正後の受動的所得の範囲と改正前の資産性所得の範囲を比較すると**図表2-2-17**の通りです。

## 図表 2-2-17　部分合算課税の対象となる所得の範囲の比較

| 【改正前】（旧措法66の6④等） | 【改正後】（新措法66の6⑥等） |
|---|---|
| 持株割合10％未満の株式等に係る剰余金の配当等㈠　※ | 剰余金の配当等㈠　◎<br>（持株割合25％以上（注）の株式等に係る配当等を除く。）<br>（注）　一定の資源投資法人から受ける配当等にあっては、10％以上 |
| 債券の利子㈡　※ | 受取利子等㈡　◎<br>（業務の通常の過程で生ずる預貯金利子、一定の貸金業者が行う金銭の貸付けに係る利子、一定の割賦販売等に係る利子、一定のグループファイナンスに係る利子を除く。） |
| 債券の償還差益㈢　※ | |
| 持株割合10％未満の株式等の譲渡益㈣　※ | 有価証券の譲渡損益㈣　◎<br>（持株割合25％以上の株式等に係る譲渡損益を除く。） |
| 債券の譲渡益㈤　※ | |
| － | 有価証券の貸付けの対価㈢　◎ |
| － | デリバティブ取引に係る損益㈤　◎<br>（ヘッジ取引として行った一定のデリバティブ取引、一定の商品先物取引業者等が行う商品先物取引、先物外国為替契約等に相当する契約に基づくデリバティブ取引、一定の金利スワップ等に係る損益を除く。） |
| － | 外国為替差損益㈥<br>（事業（外国為替差損益を得ることを目的とする投機的取引を行う事業を除く。）に係る業務の通常の過程で生ずる損益を除く。） |
| － | その他の金融所得㈦　◎<br>（ヘッジ取引として行った一定の取引に係る損益を除く。） |
| 特許権等の使用料㈥<br>（自己開発等一定のものに係る使用料を除く。） | 無形資産等の使用料㈨<br>（自己開発等一定のものに係る使用料を除く。）<br>（注）　無形資産等の範囲は、改正前の事業基準における無形資産等の範囲と同様。 |
| － | 無形資産等の譲渡損益㈩<br>（自己開発等一定のものに係る損益を除く。）<br>（注）　同上 |
| 船舶・航空機の貸付けの対価㈦ | 固定資産の貸付けの対価㈧<br>（本店所在地国で使用に供される等の固定資産の貸付けによる対価、一定の要件を満たす事業者が行う貸付けによる対価を除く。） |
| － | 異常所得（十一）<br>（注）　資産、人件費、減価償却費の裏付けの無い所得 |
| 上記※の所得については、事業（株式保有業等の特定事業を除く。）の性質上重要で欠くことのできない業務から生じたものは合算対象から除外。 | 上記◎の所得については、一定の要件を満たす金融機関は、合算対象から除外。ただし、異常な水準の資本に係る所得は合算対象。 |

出典：財務省　平成29年度　税制改正の解説

図表 2-2-18 部分合算課税における部分課税対象金額の計算

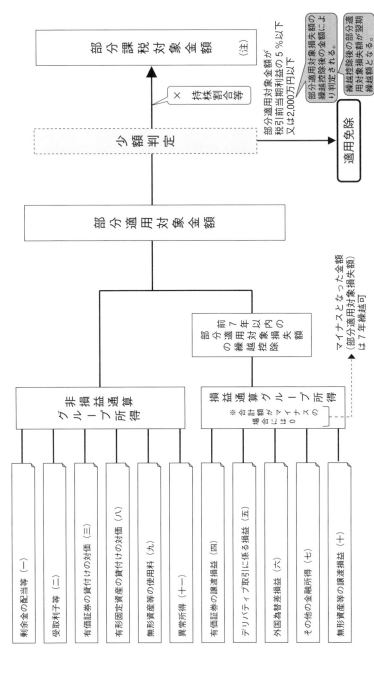

出典：財務省 平成29年度 税制改正の解説

(注) 部分課税対象金額が課税対象金額（全体合算）に相当する金額を超える場合であっても、その相当する金額が部分合算課税の上限とはならない。

## （9）部分課税対象金額

　部分課税対象金額は、部分適用対象金額（外国金融子会社を除く）のうち居住者が直接及び間接に保有する部分対象外国関係会社の株式等の数又は金額につき請求権の内容を勘案した数又は金額並びに実質支配関係の状況を勘案して計算した金額となります（措法40の4⑥）。

　改正前は、部分課税対象金額がその事業年度の課税対象金額を超える場合には、会社単位の合算課税金額を上限とすることとされていましたが、所得種類別アプローチに基づく部分合算課税制度として整備されたため、会社単位の合算課税額を上限とする措置は廃止されました。

## （10）居住者に係る課税対象金額

　課税対象金額は、雑所得に係る所得の金額の計算上、調整後の適用対象金額を雑所得に係る収入金額とみなして、雑所得の総収入金額に算入し、外国関係会社の株式等の取得に要した負債利子の額及び外国関係会社から受ける配当等に係る外国所得税を必要経費として控除します。

　ただし、実質支配関係により合算課税する場合には、持株割合に応じて合算されるわけではありませんので、外国関係会社の株式等の取得に要した負債利子は全額必要経費にはなりません。

図表2-2-19 居住者に係る外国関係会社単位の合算課税における課税対象金額の計算（イメージ）

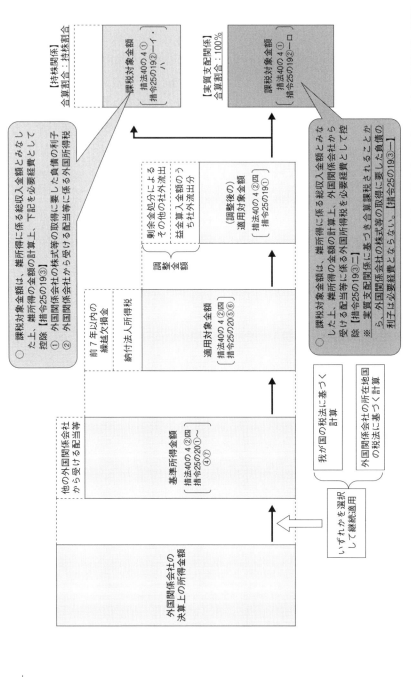

出典：財務省 平成29年度 税制改正の解説

146 | 第2章 国外財産を動かす際の基礎知識

## 2 コーポレート・インバージョン対策合算課税(個人株主を中心に)

### 1 制度の概要(平成29年度税制改正前)

　会社法の改正により、クロスボーダーで行われる組織再編成が可能となり、日本の親会社とタックスヘイブンにある子会社の親子関係を容易に逆転(コーポレート・インバージョン)させることができるようになりました。その結果、親会社であった内国法人に適用していたタックスヘイブン対策税制を、タックスヘイブンの子会社を親会社に組織再編成することにより回避することが可能となり、軽課税国の親会社に利益を留保するという租税回避行為が行われることが懸念されていました。

　そこで、こうした組織再編成を利用して親子関係を逆転し租税回避を行うことを防止するためにコーポレート・インバージョン対策税制が設けられました。タックスヘイブンにある特定外国法人(親会社)の留保利益を特殊関係株主等(内国法人又は居住者)の益金の額又は雑所得の総収入金額として合算課税するという制度で、基本的な制度の枠組みはタックスヘイブン対策税制と同様になっています。

　改正前は、居住者に係る外国関係法人のうち、本店等の所在する国又は地域における所得に対して課される税負担が著しく低いものとして政令で定めた租税負担割合未満の特定外国法人について、各事業年度において適用対象金額を有する場合には、その適用対象金額のうち特殊関係株主等である居住者の株式等に対応する保有割合に相当する金額を、当該居住者における雑所得に係る収入額とみなして、雑所得の金額の計算上、総収入金額に算入することとされています(措法40の7①)。

図表 2-2-20 コーポレート・インバージョン対策税制の概要図

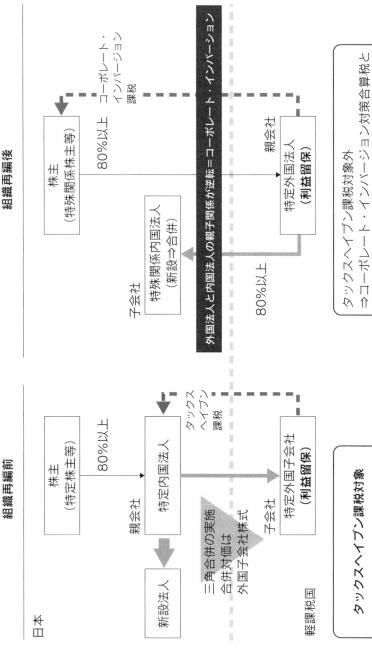

〈用語の説明〉
① 特殊関係株主等
　特定株主等に該当する者並びにこれらの者と特殊の関係のある個人及び法人（特定株主等の親族、特定株主等が発行済株式等の50％超の株式等を保有している法人等）
② 特定株主等
　特定関係が生ずることとなる直前における特定内国法人のすべての株主等
③ 特定内国法人
　特定関係が生ずることとなる直前に5人以下の株主グループ（株主の5人以下及びこれらと特殊の関係のある個人及び法人）によって発行済株式等の総数又は総額の80％以上を保有される内国法人
④ 特定関係
　特殊関係株主等の特殊関係内国法人に係る間接保有株式等保有割合が80％以上である関係

## （1）外国法人の範囲

合算課税の対象となる外国法人は、外国関係法人のうち特定外国法人に該当するものです。外国関係法人及び特定外国法人とは、それぞれ次のとおりとなります。

### ●外国関係法人

特殊関係株主等と特殊関係内国法人との間に特定関係がある場合に、特殊関係株主等と特殊関係内国法人の間に介在する外国法人及びこれらの外国法人によって発行済株式等の50％超を直接又は間接に保有される外国法人を言います（措法40の7①、措令25の25⑤）。

### ●特定外国法人

特定外国法人とは、外国関係法人のうち、軽課税国に所在する法人です。すなわち法人の所得に対して課される税が存在しない又は法人税の負担割合

が20％未満である国又は地域に所在する外国関係法人を言います（措法40の7①、措令25の25⑦）。

なお、租税負担割合の計算方法は、タックスヘイブン対策税制における租税負担割合の計算の取扱いに準じて行います。

（2）納税義務者

コーポレート・インバージョン対策合算税制の納税義務者は、特殊関係株主等である居住者です（措法40の7①）。

（3）課税対象金額の計算

コーポレート・インバージョン対策合算税制によって居住者が合算課税を受けることになった場合、タックスヘイブン対策税制の計算方法に準じた方法により計算し、課税対象金額から必要経費を控除した金額は、特定外国法人の事業年度終了日の翌日から2か月を経過する日を含む居住者の属する年分において、雑所得の総収入金額に算入して合算されます（措法40の7①、措令25の26〜27）。

（4）タックスヘイブン対策税制との関係

外国法人の株主等である居住者について、本税制とタックスヘイブン対策税制双方の適用要件に該当する場合には、タックスヘイブン対策税制が優先して適用されます（措法40の7⑨）。

## 2 平成29年度税制改正について

コーポレート・インバージョン対策税制については、タックスヘイブン対策税制と同様の改正が行われましたが、このコーポレート・インバージョン対策税制が、株式等の保有関係を通じて一定の形となった場合に、租税回避リスクが高いとして合算課税する制度であることを踏まえて、外国関係法人の範囲や合算割合の計算において実質支配基準は導入されないなど、いくつ

かの点でタックスヘイブン対策税制とは異なっています。

なお、平成29年度税制改正は、外国関係法人の平成30年4月1日以後に開始する事業年度に係る適用対象金額等について適用し、特定外国法人の同日前に開始した事業年度に係る適用対象金額等については従前どおりとされています。

## 4 移転価格課税の基本

### 1 移転価格税制の概要

移転価格税制は、内国法人等が海外の子会社等との間で資産の販売、資産の購入、役務の提供その他の取引を行った場合、取引した価格が独立企業間価格（Arm's Length Price）と比較して低い、又は高い結果、日本に本来発生すべき所得が国外に移転している場合に、その取引を独立企業間価格で行われたものとみなして課税する制度です（措法66の4①）。

#### 1 適用される法人等

移転価格税制の対象となる法人は、①普通法人、②協同組合等、③公益法人等、④人格のない社団等、⑤国内に恒久的施設を有する外国法人、⑥⑤以外の外国法人（一定の国内源泉所得のみ）が対象となります。

法人格を有しない組合や、国内に恒久的施設を有しない外国法人等は、本税制の適用はありません。

また、個人については、本税制の対象とされていませんが、法人間取引に個人（非関連者）を介在させ、本税制の適用を回避するような場合には、法人と当該非関連者との取引は、法人の国外関連取引とみなして、本税制が適用されることになります（措法66の4⑤）。

## 2 国外関連者

国外関連者は、外国法人で法人との間に次の関係を有するものを言います。

● 親子関係にあるもの（措令39の12①一）

　発行済株式総数又は出資金額の50％以上を直接又は間接に保有する関係をいい、直接の場合は親子関係、間接の場合は親子関係を除く孫・曽孫等の関係になります。

● 兄弟関係にあるもの（措令39の12①二）
● 実質的支配関係にあるもの（措令39の12①三）

　①役員の派遣、②取引の依存状況、③資金の貸付け、④その他これに類する事実（「特定事実」）が存在することにより、一方の法人が他方の法人の事業の方針の全部又は一部につき実質的に決定できる関係を言います。

## 3 国外関連取引

内国法人が国外関連者である外国法人との間で行った、資産の販売、資産の購入、役務の提供その他の取引をいいます（措法66の4①）。

一般的には、棚卸商品の輸出取引、輸入取引、人的サービスの提供取引、無形資産の使用許諾取引等をいいます。

## 4 適用対象取引

国外関連取引のうち、内国法人が国外関連者から支払いを受ける対価の額が独立企業間価格に満たない取引、又は法人が支払う対価の額が独立企業間価格を超える取引に適用されます（措法66の4①）。

逆に、内国法人が国外関連者から支払いを受ける対価の額が独立企業間価格を超える取引、又は内国法人が支払う対価の額が独立企業間価格に満たない取引については、本税制の適用はなく、独立企業間価格との差額を所得金額から減算することはできません。

## 5 本支店間取引

外国法人本店と日本支店との取引など企業内の内部取引については、法人間の取引ではないことから移転価格税制の対象ではありませんでしたが、法人の内部取引についてもいわゆる独立企業原則を取り入れ、平成26年度税制改正により、外国法人については平成28年4月1日から、非居住個人事業者は平成29年1月1日から、移転価格税制の対象となり、独立企業原則に基づいて当事者が果たす機能その他の事情を勘案した「機能的分離企業アプローチ」により移転価格を算定することになりました（措法66の4の3①、措法40の3の3）。

## 2 独立企業間価格

独立企業間価格（Arm's length price）とは、一般的には、国外関連者との取引を、その取引と同様の状況の下で非関連者と行ったとした場合に付されたであろう取引価格（対価の額）とされています。

日本の移転価格税制では、独立企業間価格の算定方法として、取引を「棚卸資産の販売又は購入取引」と「それ以外の取引」の2つに分け、いずれの取引に該当するかに応じ、法令等により定められた方法のうち、国外関連取引の内容及び国外関連取引の当事者の果たす機能その他の事情を勘案して、国外関連取引が独立の事業者間で通常の取引の条件に従って行われるとした場合に、国外関連取引につき支払われるべき対価の額を算定するための最も適切な方法により算定した金額をいうと定められています（措法66の4②）。

### 1 棚卸資産の販売又は購入

（1）基本三法

① 独立価格比準法（CUP法）

国外関連取引に係る棚卸資産と同種の棚卸資産について特殊の関係にない売り手と買い手が、当該国外関連取引と取引段階、取引数量その他

の条件が同様の状況の下で売買した場合のその取引の対価の額をもって独立企業間価格とする方法を言います（措法66の4②一イ）。

② 再販売価格基準法（RP法）

国外関連取引に係る棚卸資産の買い手（輸入取引における日本法人、輸出取引における国外関連者）が、その棚卸資産を特殊関係にない者に対して販売した価格（再販売価格）から通常の利潤の額を控除した金額をもって独立企業間価格とする方法を言います（措法66の4②一ロ）。

③ 原価基準法（CP法）

国外関連取引に係る棚卸資産の売り手（輸出取引における日本法人、輸入取引における国外関連者）が、その棚卸資産の購入、製造等による取得の原価の額に通常の利潤の額を加算した金額をもって独立企業間価格とする方法を言います（措法66の4②一ハ）。

（2）その他の方法

④ 基本三法に準ずる方法（独立価格比準法に準ずる方法等）

この方法は、上記基本三法の方法を採用できない場合に、これらの方法の考え方に準拠した合理的な方法により算定する方法です（措法66の4②一ニ）。

⑤ その他政令で定める方法

●比較利益分割法（CPSM）

比較対象取引に係る所得の配分に関する割合に応じて法人及び国外関連者に帰属するものとして計算する方法（措令39の12⑧一イ）

●寄与度利益分割法（PS法）

当該国外関連取引に係る棚卸資産の法人及び国外関連者による販売等に係る所得の発生に寄与した程度を推測するに足りるこれらの者が支出した費用の額、使用した固定資産の価額その他これらの者に係る要因に応じてこれらの者に帰属するものとして計算する方法（措令39の12⑧一ロ）

● 残余利益分割法（RPSM）

　　基本的利益及び残余利益等の金額につき、法人及び国外関連者ごとに算出した金額を各々合計した金額がこれらの者に帰属するものとして計算する方法（措令39の12⑧一ハ）

● 取引単位営業利益法（TNMM）
【棚卸資産の購入の場合】

　　国外関連取引に係る棚卸資産の買い手が非関連者に対して棚卸資産を販売した対価の額（再販売価格）から、再販売価格に比較対象取引の売上高営業利益率を乗じて計算した金額に販売費及び一般管理費の額を加算した金額を控除した金額をもって独立企業間価格とする方法（措令39の12⑧二）

【棚卸資産の販売の場合】

　　国外関連取引に係る棚卸資産の売り手の購入、製造その他の行為による取得原価の額に比較対象取引の総原価営業利益率を乗じて計算した金額及び当該国外関連取引に係る棚卸資産の販売のために要した費用及び一般管理費の額の合計額を加算した金額をもって独立企業間価格とする方法（措令39の12⑧三）

【利益水準指標としてベリー比を使用する場合】

　　平成25年度税制改正により、取引単位営業利益法の利益水準指標としてベリー比（売上総利益／営業費用）を用いて算出した金額をもって独立企業間価格とする方法も認められています（措令39の12⑧四、五）。

● これらの方法に準ずる方法（措令39の12⑧六）

## 2 棚卸資産の販売又は購入以外の取引

棚卸資産の売買取引以外の取引は、①有形資産の貸借取引、②金銭の貸借取引(債務保証取引を含む)、③役務提供取引、④無形資産の使用許諾取引等の取引をいい、移転価格算定方法は以下のとおりです(措法66の4②二)。

(1) 基本三法と同等の方法
- 独立価格比準法(CUP法)と同等の方法
- 再販売価格基準法(RP法)と同等の方法
- 原価基準法(CP法)と同等の方法

(2) 基本三法に準ずる方法と同等の方法

(3) 政令で定める方法と同等の方法
- 比較利益分割法(CPSM)と同等の方法
- 寄与度利益分割法(PS法)と同等の方法
- 残余利益分割法(RPSM)と同等の方法
- 取引単位営業利益法(TNMM)と同等の方法
- その他準ずる方法と同等の方法

## 3 ベストメソッドルール

独立企業間価格算定方法の適用順位は、従来は、まず基本三法から優先適用されていましたが、平成23年度税制改正により、平成23年10月1日以後に開始する事業年度分から、「最適方法のルール」(ベストメソッドルール)に変更されています。最適方法の選定は、国外関連取引の内容及び国外関連取引の当事者の果たす機能その他の事情を勘案して、最も適切な方法により行うこととされています(措法66の4②)。

## 3 主な移転価格算定方法の取引例

### 1 独立価格比準法（CUP法）を用いる場合

独立企業間価格の算定に当たり独立価格比準法が最も適切な方法と認められる事例です。国外関連取引である製品Aを販売する取引と製品Bを販売する取引については、比較可能性が十分にあると認められることから、第三者であるT社への製品Bの販売価格が独立企業間価格となります。

なお、製品Bは製品Aと型番は異なりますが、性状、構造・機能等の面で同様の製品です。

図表2-2-21　独立価格比準法（CUP法）

[取引関係図]

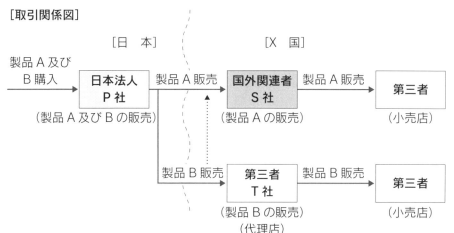

出典：国税庁「移転価格税制の適用に当たっての参考事例集」事例1　1頁

## 2 再販売価格基準法（RP法）を用いる場合

　独立企業間価格の算定に当たり再販売価格基準法（RP法）が最も適切な方法と認められる事例です。日本法人S社が国外関連者P社から製品Aを輸入する取引とT社が第三者から製品Bを輸入する取引については、比較可能性が十分にあると認められることから、製品Bを輸入する取引を比較対象取引としてS社を検証対象の当事者とする再販売価格基準法により独立企業間価格を算定することになります。

**図表 2-2-22　再販売価格基準法（RP法）**

[取引関係図]

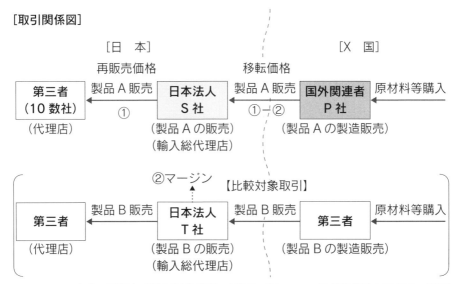

出典：国税庁「移転価格税制の適用に当たっての参考事例集」事例2　15頁

## 3 原価基準法（CP法）を用いる場合

　独立企業間価格の算定に当たり原価基準法（CP法）が最も適切な方法と認められる事例です。日本法人P社が国外関連者S社に製品Aを輸出する取引と第三者であるT社へ製品Bを輸出する取引については、比較可能性が十分であると認められることから、製品Bを輸出する取引を比較対象取引としてP社を検証対象の当事者とする原価基準法により独立企業間価格を算定することになります。

**図表 2-2-23　原価基準法（CP法）**

［取引関係図］

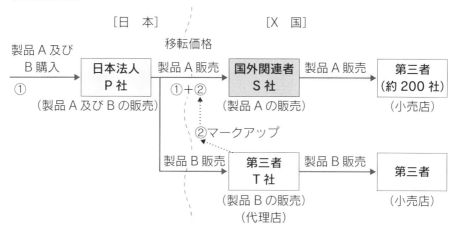

出典：国税庁「移転価格税制の適用に当たっての参考事例集」事例3　17頁

## 4 寄与度利益分割法（PS法）を用いる場合

　独立企業間価格の算定に当たり寄与度利益分割法が最も適切な方法と認められる事例です。国外関連取引である金融商品のグローバルトレーディングでは、A社のマーケティング機能、XA社のトレーディング機能、YA社のブッキング機能がそれぞれに果たされた結果、高い利益を獲得しているビジネスです。高度に統合されたビジネスであることから個別の機能を評価することはできず、重要な機能を果たしている人件費等の費用の額を分割要因とする寄与度利益分割法により独立企業間価格を算定することになります。

**図表2-2-24　寄与度利益分割法（PS法）**

［取引関係図］

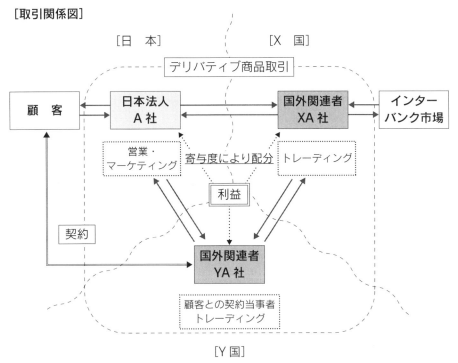

出典：国税庁「移転価格税制の適用に当たっての参考事例集」事例7　36頁

## 5 残余利益分割法(RPSM)を用いる場合

　独立企業間価格の算定に当たり残余利益分割法(RPSM)が最も適切な方法と認められる事例です。国外関連取引においてP社の研究開発活動及びS社の広告宣伝、販売促進活動により形成された無形資産が、超過利益の源泉となっており、独自の価値ある寄与が認められることから、残余利益分割法により独立企業間価格を算定することになります。

**図表2-2-25　無形資産の価値に応じて残余利益を分割**

[取引関係図]

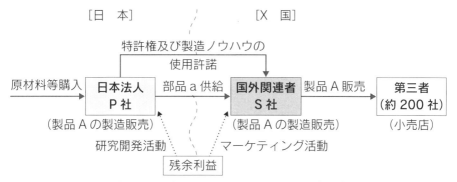

出典：国税庁「移転価格税制の適用に当たっての参考事例集」事例8　43頁

## 6 取引単位営業利益比較法（売上高営業利益率を利益指標とする場合）

独立企業間価格の算定に当たり取引単位営業利益比較法（TNMM）が最も適切な方法と認められる事例です。日本法人P社は研究開発活動によって生み出された独自の技術を有し、比較対象取引の候補を見出すことができません。一方、国外関連者S社は独自の広告宣伝、販売促進活動は行っておらず、公開情報から外部比較対象取引を見出すことができます。以上の検討結果から、S社を検証対象の当事者として売上高営業利益率を利益指標とする取引単位営業利益比較法により独立企業間価格を算定することが妥当と認められます。

**図表 2-2-26　取引単位営業利益比較法（TNMM）**

［取引関係図］

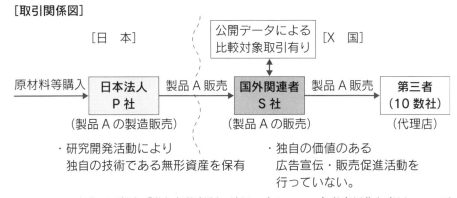

出典：国税庁「移転価格税制の適用に当たっての参考事例集」事例6　28頁

## 4 タックスヘイブン対策税制と移転価格税制

### 1 多国籍金融機関のタックスプランニング

　ところで、タックスヘイブンに設立した外国子会社が特定外国子会社に該当すると、留保所得について、タックスヘイブン対策税制が適用され合算課税される課税リスクが生じますので、**第1章**の取引図（12～13頁）で示したように、タックスプランニングを行っている国際金融グループでは、タックスヘイブンの子会社との資本関係を切断するために、ノミニーやトラスト等を利用することにより、形式上は資本関係のない第三者との取引にするケースを検討します。更にデリバティブ等の金融取引ツールを使って税率の低い国で実際に事業を行っている関連金融法人（タックスヘイブン税制の網に掛からない法人）に利益を移し替えていきます。このような手法により全世界の実効税率を極端に引き下げることが可能となっています。

　この国際金融グループは低い実効税率であったことから、米国の証券アナリストから移転価格上の課税リスクがあることを指摘されていました。

### 2 多国籍事業法人（国内メーカー）のタックスプランニング

　日本のメーカーの多くは、ご承知の通り、生産拠点を海外の人件費や生産コストが安い国に移しています。また、発展途上の各国は外国資本誘致のために税金を優遇する地域や制度を設けていますので、そのような特別地域へ進出し、税制上の優遇措置を受けています。

　このような地域は、法人税の優遇措置を設けて無税あるいは軽減税率を適用しますので、現行のタックスヘイブン対策税制ではトリガー税率に抵触することになりますが、実際に生産拠点として事業を行なっていますので、合算課税の適用除外法人となり、タックスヘイブン対策税制は適用されませんでした。

　しかし、単に受託生産を行った利益だけでは実効税率を引き下げる効果は限定的ですから、タックスプランニングを行っている大規模多国籍企業で

は、移転価格を使って日本の親会社に帰属させるべき利益を、様々な方法により生産拠点である国外関連者に移し替えていきます。連結ベースのグループ全体の企業利益は多額に計上されていても、日本の親会社は赤字であるというケースが増えてきています。その結果、連結ベースの実効税率は日本の標準税率よりもかなり低くなっている企業も増加しています。

　移転価格で争っている事案の多くは、このようなケースで、国外関連取引の相手国はタックスヘイブン国や税の優遇措置を行っている国・地域が多くの割合を占めています。もちろんタックスヘイブン国なので、相互協議による解決ができないので、争訟となるのですが、その背景は専門家により検討を重ねた結果実行している取引であることから、課税を行った国税当局とその更正処分の違法性を争うことになります。

　このように移転価格とタックスヘイブン対策税制は、タックスプランニングをする上では密接に関連していますので、両方の制度をよく理解しておく必要があります。

　次の**図表 2-2-27** で紹介する例は、日本法人が行っているタックスプランニングです。

　日本法人の研究開発部門が従来から行っていたＩＴソフトウェアの研究開発を、海外子会社から受託した業務として行うことに契約形態を変更することにより、委託事業から開発したソフトウェア等の無形資産の所有権を委託者である海外子会社に帰属させ、将来、無形資産から生まれてくる多額の超過利益を海外子会社に帰属させる仕組みを、予め作っておく取引です。

### 3 富裕層個人のタックスプランニング

　移転価格課税の対象は法人間取引であり、特別な場合を除いて、個人は対象となりません。一方、タックスヘイブン対策税制では、すでに記載しましたように、雑所得として課税対象になるので注意する必要があります。

　タックスヘイブンに非公開会社を設立し、実態を備えて、適用除外法人と

## 図表 2-2-27　事業法人のタックススキーム/業務委託契約による無形資産の移転

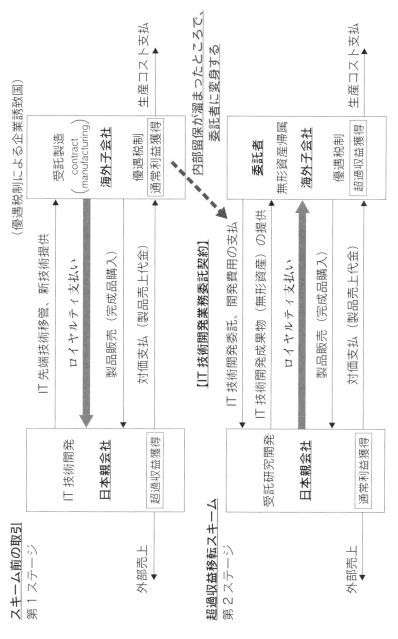

※日本親会社が行ったIT技術開発の成果（無形資産）である超過収益が製造子会社に移転するスキーム（ロイヤルティの方向が反対になる）。

第2節　各税制の基本解説　165

してタックスヘイブン課税を回避させ、利益をタックスヘイブン側に移転させていた場合には、個人は移転価格課税の対象になりませんが、タックスヘイブン対策税制の適用除外基準が認められなかった場合には、移転させた利益を含め、個人に雑所得として合算課税されることになります。

## 5　租税回避スキーム

### 1　租税回避スキームがもたらした社会

　多国籍企業が、グローバル化した世界経済の中で、グローバル企業としての生き残りをかけた競争を勝ち抜いていくために、コストである税金の実効税率を下げ、その資金を再投資に向けることは、合理的な経営戦略となっています。それを実現するために、タックスヘイブン国における様々なツールが用意され、またそれらをサービスとして提供する金融機関やオフショア・サービス会社あるいは専門家事務所等がシステム化されるなど、大きな暗黙のビジネスとなっています。

　国内にとどまるドメスチックな企業が所得を隠ぺいする行為は脱税となりますが、オバマ米大統領が指摘したように、それと同じ結果をもたらす行為が「まさに、合法として行われること自体が問題」であることが明らかになってきています。

　パナマ文書が暴露した最大の現代社会の問題は、政治指導者や経済人たちが、不正撲滅や税の不正競争を糾弾する裏で、自らは伝統的な課税ルールのなかで合法化された仕組みを巧みに利用して、密かに蓄財し租税回避を行っている格差増殖社会になっていることと言えます。

　おそらく歴史を振り返ってみれば、昔から為政者と庶民の関係はこのような形で構築されている世界なのかもしれませんが、今問題なのは、本質的な仕組みの問題点を隠して、税の不公正な負担による貧富の格差の拡大を許し、社会の富のほとんどを享受している一部の富裕層は税金天国を享受し、

そのつけを庶民が重税を払い疲弊していくことであり、そのような社会が限界に近づいてきているということです。

## 2 行き過ぎた租税回避スキーム

### 1 マクドナルド事例（ルクセンブルクの税優遇）

　欧州委員会は、多国籍企業による「課税逃れ」への取り締まりを強化しており、米マクドナルドに対し、ルクセンブルクが提供した税の優遇措置がEU法に違反していた疑いがあるとして、正式な調査に入ったと2015年12月に公表しました。

　欧州委員会によると、ルクセンブルク税務当局は2009年以降、マクドナルドが欧州やロシアのフランチャイズチェーン（FC）から得たロイヤルティについて、欧州拠点を置くルクセンブルクと米国の双方で課税逃れを容認する税優遇策を提供しており、一部の企業だけ支援して公正な競争を妨げる違法な「国家補助」を提供していた疑いがあると見ています。

　マクドナルドは欧州で2013年に約2億5,000万ユーロ（約330億円）の利益を上げていましたが、ルクセンブルクへの納税はゼロだったといわれています。課税逃れには二重課税を防ぐために米国とルクセンブルクが結んだ租税協定が使われたと見られ、ルクセンブルクは、米国で課税されていないことを知りながら、自国での課税を免除する措置を認めたと言われています。EUで競争政策を担当するベステアー欧州委員は「協定の目的は二重課税の回避であって、二重に非課税にすることを正当化するためではない」と批判しています。

　なお、マクドナルドによるスキーム図は下記のとおりです。欧州各国のマクドナルドのショップやレストランで得た利益を、ロイヤルティ（フランチャイズ料）としてルクセンブルクに設立した欧州本社が吸い上げ、一部をスイス支店経由で米国のマクドナルド本社に移転させます。ルクセンブルクの欧州本社は、ルクセンブルク当局とタックス・ルーリングを交わして税金

をゼロとし、税率の低いスイスで一部を納税し、アメリカにおいても税金を納税しない仕組みを作っているといわれています。詳細については、欧州委員会が調査中のため詳しい内容は公表されていませんが、税率の高いフランスなどの欧州各国や米国では納税せず、利益の一部をスイスで納税しているだけとなっているのが実態であるようです。

● タックス・ルーリング

　一般的には、税務当局と協議の上、特定の取引について税務上の取扱いを確認する制度です。タックス・ルーリングを結ぶことにより、税務上の取扱いが事前に確定できることから、タックスプランニングを行う多国籍企業にとって魅力的な制度となっています。近年は、企業を誘致する目的で税金を無税にしたり、軽減するタックス・ルーリングが結ばれるようになり問題視されています。企業誘致することにより、法人が現地で活動することになり、多数の現地雇用や活動費用が落ちるようになること、本社機能や地域統括機能による各種会議、業界の人の動き、資金の動きが活発になり、情報の集中・集積が図れるなど税以外のメリットを多数享受できるようになります。

● APA（移転価格事前確認制度）

　移転価格について、国税当局と事前に確認する制度で、多国籍企業にとって事前に移転価格を確定できることから、重要なタックスプランニングのツールとして利用されています。通常は二国間とAPAを締結（バイラテラル）して移転価格課税リスクを回避しますが、場合によっては課税される恐れの大きい国とのみAPAを締結（ユニラテラル）して課税リスクの軽減を図る場合もあります。

**図表 2-2-28　McDonald 欧州取引図**

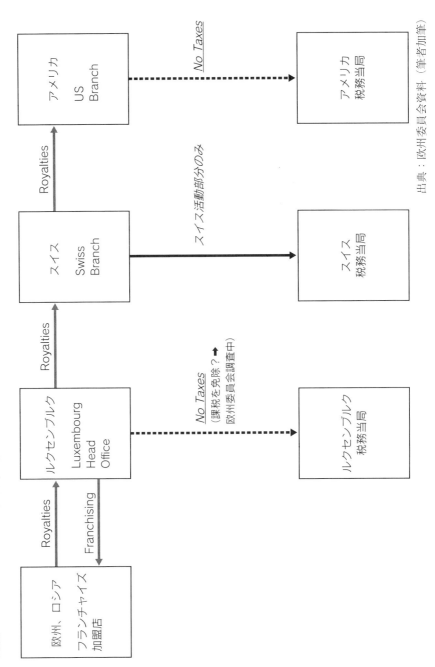

出典：欧州委員会資料（筆者加筆）

第2節　各税制の基本解説　169

## 2 非課税利子スキーム（ルクセンブルクの金利導管取引）

　ルクセンブルクは、従来から、金融取引においては、銀行守秘義務条項があり情報交換による資料提出は困難であったことから、エクイティ（株式）、デリバティブ取引等の国際金融取引のブッキング拠点として使われてきました。最近は、日本においても導管投資を行う第三国として最も使用されている国の一つであることから注目されていますが、OECDを中心に欧州各国もルクセンブルクの税の優遇制度に注目しています。

　特に、アーニングストリッピング（過大利子支払いによる低税率国への利益移転）の一つにタックスヘイブンを使った貸付金利子により利益を回収（又は移転）させるスキームがあります。資本金をなるべく小さくして、タックスヘイブンで資金調達し、事業へ貸付金の形で資金を提供し、事業の利益を利子で回収するというものです。

　ルクセンブルクは利子収入に対して非課税の制度をとっていますので、利子の利率を大きくすることにより、利子を支払う側の利益を大きく減算させ、ルクセンブルクで受け取った利子は非課税になるという租税回避スキームに使われ、多くの著名な多国籍企業が利用していたと名前があがっています。

### 図表 2-2-29　利子導管ストラクチャー

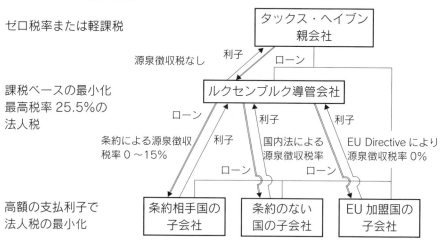

出典：本庄資「オフショア事業・投資拠点とオフショア・タックス・ヘイブンとの間に介在する「導管国（a conduit country）」をめぐる国際課税」（税大ジャーナル第17号）

### 3 タックスプランニングの義務的開示制度

　BEPSプロジェクトでは、タックスプランニングの義務的開示制度（行動12）について、企業活動の透明性向上の観点からプロモーター及び利用者が租税回避スキームを税務当局に報告する制度を勧告し、米国、英国、カナダ等が義務的開示制度を導入しています。

　日本においても、OECDの勧告内容を踏まえ義務的開示制度の導入に向けた検討を行っているところです。義務的開示制度の導入に当たっては、事前照会制度や自発的情報開示制度等の情報開示制度及び一般的租税回避否認規定との関係性について精査することが必要であり、「BEPSプロジェクト」の最終報告書、諸外国の制度や運用実態及び租税法律主義に基づくわが国の税法体系との整合性を踏まえた上での制度導入の可否の検討が必要であるとされています（平成29年度税制大綱補論）。

**図表2-2-30　義務的開示制度の一例**

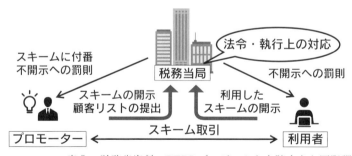

出典：財務省資料　BEPSプロジェクトを踏まえた国際課税の課題

図表2-2-31　各国の義務的開示制度の比較

| | アメリカ | イギリス | カナダ |
|---|---|---|---|
| 開示対象税目 | 所得税（個人、法人）、遺産・相続税、その他の連邦税 | 所得税、法人税、譲渡収益税、土地印紙税、相続税等 | 所得税（個人、法人） |
| 開示義務者 | プロモーター及び納税者<br>※一定以上の収入を得るプロモーターに限る | プロモーター又は納税者<br>※プロモーターが国外にいる等の場合に、納税者に開示義務が課される | プロモーター及び納税者 |
| 開示対象取決め | 以下の基準のいずれかに該当する取決め<br>・税務当局が指定した取決め<br>・守秘義務を伴う取決め<br>・契約上の保護を伴う取決め<br>・損失を生み出す取決め<br>・税務当局が関心を有する取決め | 以下の3つの一般基準又は4つの特別基準に該当する取決め<br>○一般基準<br>・守秘義務を伴う取決め<br>・成功報酬を伴う取決め<br>・標準化された取決め<br>○特別基準<br>・損失を生み出す取決め<br>・リースに関連する取決め<br>・給与所得に関する取決め<br>・居住用不動産税に関する取決め | 以下の3つの基準のうち、2つ以上に該当する租税回避を伴う取決め<br>・成功報酬を伴う取決め<br>・守秘義務を伴う取決め<br>・契約上の保護を伴う取決め<br>※租税回避取決めとは、税務上の利益を生ずる取決めであり、税務上の利益以外に合理的な組成理由のない取決めをいう |
| 開示手続 | ・プロモーターは、開示義務者になった暦年四半期末の翌月末までに税務当局にプロモーター登録書を提出する<br>・プロモーターは、税務当局が付番する9桁の取決めの番号を納税者に通知する<br>・納税者は、番号を税務申告書に利用した取決めの取決めの番号と共に記載する<br>・プロモーターは、顧客リストを作成し、税務当局から要請があった日から20営業日以内に提出する | ・プロモーターは、取決めが納税者に利用可能となった日から5日以内に、税務当局に開示する<br>・プロモーターは、税務当局が納税者に付番する9桁の取決めの番号を納税者に通知する<br>・プロモーターは、四半期に一度、取決めを利用した納税者リストを税務当局に開示する<br>・納税者は、利用した取決めの番号を開示する | ・開示対象取決めが利用可能となった日の翌年6月末までに税務当局に開示する<br>※開示義務者が2人以上いる場合、1人が完全かつ正確に開示を行った場合、他の者は開示義務を免れる<br>※取決めの番号は付番されない |
| 罰則 | ・不開示は、取決めの効力に影響しない<br>・不開示に対し、各種の罰金あり | ・不開示は、取決めの効力に影響しない<br>・不開示に対し、各種の罰金あり | ・不開示の間、取決めの効力は否認<br>・不開示に対し、各種の罰金／更正期間延長あり |

出典：財務省資料

# 第3章

# 国外財産の動かし方と課税関係

## 第1節 はじめに

　第1章に示すように、国際的な租税回避行為に対して、国民の関心が大きく高まっています。

　国税庁は、平成28年10月25日付「国際戦略トータルプラン」を公表し、国際課税の取組みの現状と今後の課税行政の方向を明示しました。

　この「国際戦略トータルプラン」のなかで、富裕層に対する適正な課税の実施の可否によって、納税者の税に対する公平感に大きな影響を及ぼすことになりかねないとして、国税庁は、富裕層への取組みを重点課題として掲げ、積極的に資料情報の収集、調査等の実施を行った結果、平成27年度において、516億円に上る富裕層の申告漏れ所得金額を把握し、国内取引を含む168億円が海外投資などを行っている富裕層に係る調査で把握されたと報告しております。

　そして、今後も富裕層について、国外送金等調書をはじめ情報を収集するとともに、課税上の問題が認められる場合には積極的に調査を実施する計画を示しており、平成30年9月から、諸外国の金融機関等に保有されている日本居住者の金融口座情報が提供されることとなり、国税庁は、海外にある金融資産の把握に活用するとしています。

　さらに、国税庁の平成27年度相続税調査の報告書では、平成27年度の相続税調査で把握した申告漏れ国外財産は、172件と平成24年から増加しています[7]。申告漏れ財産は、現金・預貯金等（65件）、有価証券（33件）、不動産（32件）、その他の資産（42件）となっており、一番多い申告漏れ財産は、現金・預貯金等であると報告しております。

**図表 3-1-1　海外資産関連事案に係る地域別非違件数の推移**

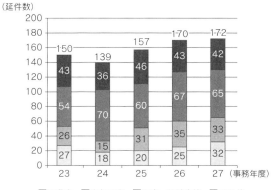

出典：国税庁「平成 27 事務年度における相続税の調査の状況について」

　申告漏れ相続財産の金額として、現金・預貯金等（1,036 億円）が最も多く、続いて、土地（410 億円）、有価証券（364 億円）となっております。

　海外資産関連事案の相続税調査は、平成 27 年度には 859 件行われ、117 件に申告漏れ等があり、申告漏れ財産価格は 47 億円でした。

---

[7] 平成 27 年度の相続税調査は、平成 25 年に発生した相続を中心に、国税局及び税務署で収集した資料情報等から申告額が過少であると想定されるものや、申告義務があるにもかかわらず無申告と想定されるものなどに対して実施された。
　実地調査の件数は 11,935 件であり、このうち申告漏れ等の件数は 9,761 件で、調査件数に対して申告漏れ等の件数の割合は 81.8％であった。
　申告漏れ課税価格は 3,004 億円。加算税を含む追徴税額は 583 億円であった。

**図表 3-1-2　海外資産関連事案に係る非違件数及び課税価格の推移**

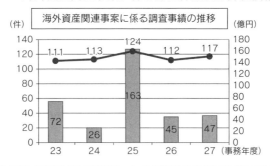

出典：国税庁「平成27事務年度における相続税の調査の状況について」

　海外資産関連事案の相続税調査とは、相続又は遺贈により取得した財産のうちに海外資産が存するもの、相続人、受遺者又は被相続人が日本国外に居住する者であるもの、海外資産等に関する資料情報があるもの、外資系金融機関との取引のあるもの等のいずれかに該当する調査をいいます。

　資産運用の国際化に対応し、相続税調査の実施に際して、租税条約等に基づく情報交換制度を効果的に活用するなどして、海外資産等の資料情報や相続人・被相続人の居住形態等から海外資産の相続が想定される事案（**第4章 失敗事例紹介**を参照ください）など、海外資産関連の調査を積極的に実施する方向です。

　このような課税行政の下で、富裕層を含め納税者は、日本での適正な申告を行うことを前提として、国外財産と国外投資の税務マネジメントを今後どのようにすればよいのでしょうか。

　まずは、課税環境の変化とその特徴を見てみましょう。

　第一に、富裕層に対する課税強化への傾向であり、特に所得税及び相続税の課税強化の改正が行われてきました。

　日本の所得税は、超過累進税率を採用しています。平成11年から18年までは、最高税率は37％（所得金額1,800万円超）、平成19年から25年までは40％（所得金額1,800万円超）、平成27年度以後は最高税率は45％（所

得金額4,000万円超）と、富裕層に対する課税強化の改正が続いております。

相続税を有する国の国際比較からみても、日本の相続税は負担率が高くなっています。平成27年より税率区分は8段階になり、最高税率55％（以前の最高税率は50％）の適用や基礎控除額を下げること等、相続税の負担が強化されました（平成25年度改正）。

**図表 3-1-3 主要国の相続税の負担率 （2016年1月現在）**
配偶者が遺産の半分、子が残りの遺産を均等に取得した場合の比較

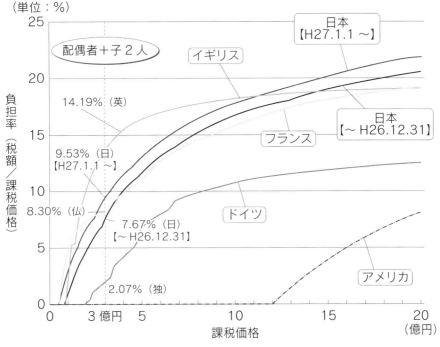

出典：財務省ホームページ

第二に、長期デフレ下にある日本の景気回復、雇用増の政策にそって、日本企業の国内投資や外資企業の誘致等を促進するために、法人税の税率を下げる政策的傾向があります。OECD先進国、とりわけ英国、ドイツは法人税の表面税率を下げており、英国は、法人税の税率は2016年の20％から

2017年4月以降に19％、2020年までに18％に下げる予定です。ドイツは2008年以降法人税（連邦税）の表面税率は15％（連帯付加税、営業税を含めた実効税率：29.83％（2011年））です。

日本でも平成25年の法人実効税率（法人税・地方法人関連税）は37％であったのが、徐々に改正され、平成28年度は29.97％と30％を切るところまで下がりました。

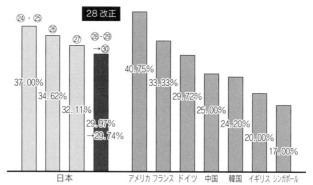

図表3-1-4　法人税の実効税率の国際比較　（2016年4月現在）

法人所得に対する税率（国税・地方税）。地方税は、日本は標準税率、アメリカはカリフォルニア州、ドイツは全国平均、韓国はソウル市。なお、法人所得に対する税負担の一部が損金算入される場合は、その調整後の税率を表示。

出典：財務省ホームページ

つまり、所得税及び相続税の課税強化の政策は、世界各国間での外資誘致競争を背景とする法人税制の緩和政策とセットとなっており、この傾向はしばらく続くことが想定されます。また、パナマ文書事件以後、一部行き過ぎた租税回避行為を各国政府間で協調して是正する動きとして、今後具体的な税制改正が各国においてなされてゆくでしょう。

したがって、これら課税環境の変化に対して海外投資について、所得税、相続税（贈与税）と法人税を比較考慮することが必要となります。

日本に居住する個人が財産を所有する形態に着目すると、①個人が財産を

直接所有する形態と、②個人が財産を法人に所有させて、株式として財産を間接的に所有する形態の2つの形態があります。

　②の個人が法人を設立して株式として財産を間接的に所有する形態は、伝統的な国際投資の方法としてこれまでも行われてきています。そして、株式保有の間接的形態は、海外法人の設立及び維持管理のコストがかかります。

　しかしながら、個人に対する課税強化が今後続く環境下において、国際投資の基本に一度立ち返って、国外財産の投資管理方法における両者の所有形態の課税関係の違いを再度確認しておく意義はあるのではないでしょうか。

　つまり、この2つの所有形態に対する、主な国税（法人税、所得税、相続税、贈与税）の課税関係を概観して認識しておくことは、今後の法人税の軽減と富裕層個人への所得税、相続税等の課税強化という課税環境に対応する税務マネジメントに資することでしょう。

　特に富裕層の場合、海外投資について、個人で投資する場合と法人による投資をする場合で、課税関係にどのような違いがあるのかの基本的なポイントをおさえておくことは重要です。

　本章では、投資運用管理の段階、売却段階、相続対策を見据えた贈与の段階の各段階で、個人での場合と法人（非公開会社）での場合とでどのような課税関係が生じるのかについて、両者を比較しながら、国外における金融資産投資、不動産投資、事業投資ごとの基本的な課税関係を説明します。

　さらに、次世代への事業承継について、AI（人工知能）、Fin Tech（AIを使った新たな金融サービス）、ロボット産業、宇宙産業等、国際的な人的ネットワークを駆使する21世紀型ビジネス産業が開花しております。このため、日本国内でとどまる発想ではない、日本国外を視野に入れた事業承継の視点についても、最後に触れています。

## 第2節 概要説明（全体概念図）

　個人が直接、国外の銀行預金、債券、上場株式、不動産（土地、建物）、非上場株式（事業）を保有し、国外でこれら金融資産の運用や、不動産の賃貸、事業活動を行い、これら投資の出口選択として、資産の譲渡や贈与、または次世代へ相続させるという投資サイクルがあります。

　この投資サイクルについて、資産管理会社や事業再編での受皿会社を日本国内に設立し、国内の資産管理会社等を利用して国外財産を間接的に保有する投資形態があります。また、資産管理会社等を国外に設立し、国外財産を間接的に保有する形態もあり、さらに、発展させた形態として、国外の資産管理会社や事業持株会社等を統括会社として、ハブ機能をもたせて更に各国に設立した孫会社に国外財産を所有させる形態も考えられます。

　以上、資産管理会社の投資形態別に取引として表したものが、**図表3-2-1　全体投資概念図（グローバル投資ＭＡＰ全体図）**です。

　**第3章**では、個人が国外財産を保有・運用・譲渡・贈与を行う場合につき、個人で国外財産投資を行った場合と非公開株式会社を利用して同様のことを行った場合の直接投資と法人を利用した間接投資の両投資形態について、我が国の租税法に基づく課税関係を以下の順序で概略解説を行います。

　　第3節　日本に居住する個人オーナーが個人で直接、国外財産を投資した
　　　　　場合の投資サイクル（運用、売却、贈与等）の各段階での課税関
　　　　　係。
　　第4節　日本国内に資産管理のための非公開株式会社（内国法人）を設立

し、この内国法人を利用した投資サイクルの各段階での課税関係。ただし、本書では、法人税法２条で定める「投資法人」及び「特定目的会社」は取り扱いません。

第５節　国外に非公開会社（外国法人）を設立し、この外国法人を利用した投資サイクルの各段階での課税関係。

第６節　日本国内の非公開会社の外国子会社を設立し、その外国子会社を利用した投資サイクルの各段階での課税関係。

第７節　非公開会社を利用した事業・無形資産の国外移転（海外事業展開）。

第８節　国外に居住する子、孫などの次世代の後継者に対する非公開株式を利用した事業承継。

なお、全体投資概念図は、個人オーナーが日本に居住したまま国外財産に投資、保有・運用、売却（譲渡）、贈与等を行った場合の、日本及び投資の流れを図式化したものです。出国税導入前に国外移住した場合は対象としていません。

また、国外財産を動かす主体として使用する事業体としては、信託、財団、社団等様々な形態が可能ですが、本書は、設立が容易で一般的に使用されている（非公開）株式会社を用いた方法のみを解説しています。

パナマ文書事件以後、OECD 加盟国を中心に課税強化の動きがある一方で、依然として国家間での外資誘致のための税率の引き下げ競争も続いています。さらに、毎年の税制改正もからむため、投資を実行する前に、他の事業体を使うことの可否や、実際の投資スキームの詳細に基づく海外投資先国等の課税関係について、日本及び現地国の専門家に必ず判例を含む法務関係及び最新の税務上の課税関係を確認され、慎重に事前の検討を行うことが望まれます。

**図表 3-2-1　全体投資概念図（グローバル投資ＭＡＰ全体図）**

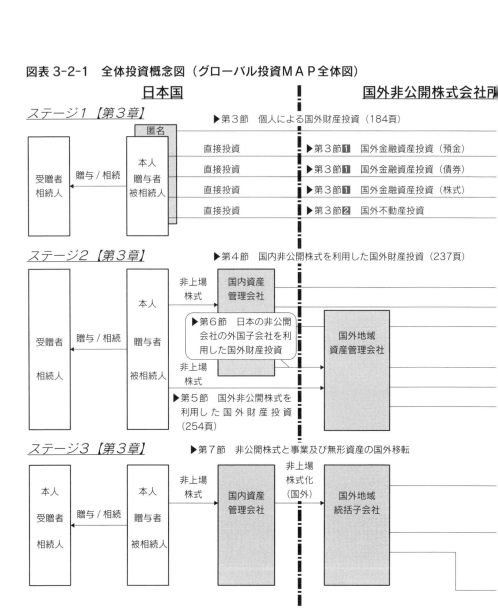

182　第3章　国外財産の動かし方と課税関係

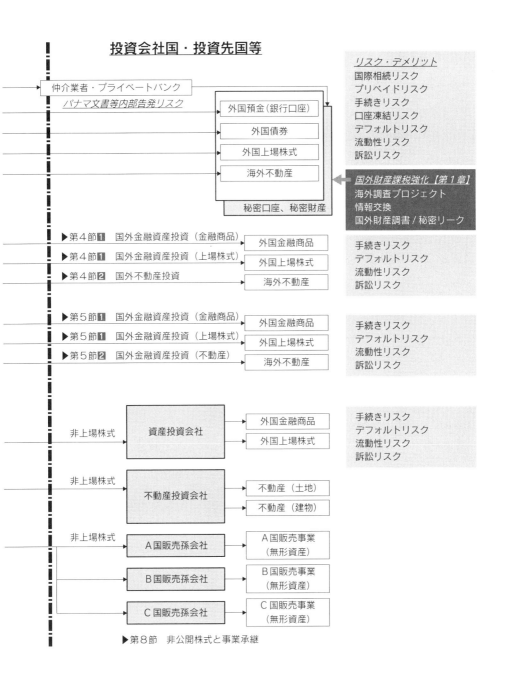

# 第3節 個人による国外財産（金融資産・不動産）投資と課税

## 1 国外金融資産 —スイスプライベートバンクを利用した金融資産投資

図表3-3-1 個人国外金融資産投資

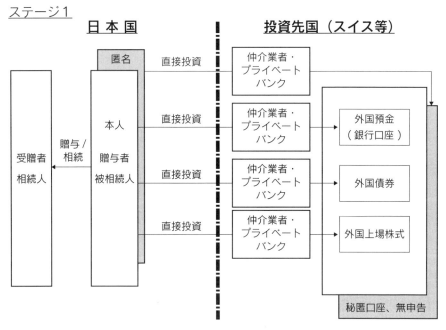

　個人富裕層は、これまで、国内における預金、国債、株式を中心とする国内金融資産投資を行ってきています。

　しかしながら、①定期預金や国債の長引く低金利、②政府の大幅な財政赤

字による国債のデフォルト・リスクの懸念、③少子高齢化社会による日本経済の回復が期待できないことへの懸念、④地震等の災害リスクの顕在化等の理由により、国内財産を国外に分散投資する傾向が顕著になっています。

　国際金融投資の世界では、元々、様々なリスクが多数存在することから、それらを回避するために、国際分散投資という考え方が発展してきました。数千万から数億円等の多額でまとまった金融資産は、リーマンショックに見られた信用リスクや市場リスク等の投資環境に関するリスクが顕在化したときに、投資元本自体が棄損し、減少するリスクがあります。これら投資リスクを回避し、リスクを分散させるために、財産を分けてリスクの異なる国や異なるリスクをもつ資産に投資する国際分散投資が行われています。

　通常、国際分散投資では、投資地域として、米国、ヨーロッパ、アジアに大別して分散投資し、通貨は米ドル、ユーロ、ポンド等の他の通貨に分散します。投資対象も預金、国債、債券などの保守的な運用対象から、上場株式、REIT（不動産投資信託）、ヘッジファンドまで多様な金融資産に分散投資し、顧客のニーズや投資目的に合わせたテーラーメイドのポートフォリオを作って資産保全と効率的な運用を図っていきます。

　そこで、ここでは、富裕層個人が一定の金融資産を保有している場合に、国内金融資産だけに投資するのではなく、国外分散投資を行うために、国内の保有資産を国外に移動させた場合の国外財産の動かし方とその課税関係を見ていきます。

　個人投資家が、金融資産を海外で保有し運用する場合に、個人の単独名義で直接、海外の金融機関に口座を設けて、海外の金融商品を購入したり売却したりすることは様々な困難を伴うことがあります。

　そこで、従来から富裕層個人が広く使っている方法である、プライベートバンクに「投資一任勘定口座」を開設して、プライベートバンカーに運用を任せる投資方法があります。

　日本の居住者（国内に「住所」を有し、又は、現在まで引き続き１年以上「居所」を有する個人）は、原則として、日本国内はもちろん国外において

稼得した所得も課税対象とされます。

　従って、日本の居住者である富裕層個人がスイスのプライベートバンクを利用して、資金を運用、譲渡等した収益（所得）は、基本として日本において課税関係が生じます。

　本節では、以下、この金融資産の運用、譲渡、贈与、相続について、日本の課税関係を中心に説明します。

## 1　国外金融資産投資（保有）の課税関係

### 1　日本での課税関係

　スイス・プライベートバンクの投資一任勘定口座に預け入れられた投資資金は、プライベートバンクの運用担当者により、投資方針に従って、一般的には預金、債券、投資信託、上場株式等に投資されます。投資する金融商品によっては、リスクを分散する目的で、スイスのプライベートバンクの投資一任勘定口座から更にスイス国外のマーケットにグローバル投資されていくことになります。ここではスイスに国外金融資産があるとして、各種の金融商品について、その運用収益としての利子、社債利息、償還差益、配当等について、日本における課税関係を見ていきます。

　スイスのプライベートバンクで資産を運用するメリットは、日本で資産を運用した場合と比較して高い運用利回りを得られることです。しかし、プライベートバンクの真の目的は、「資産を安全に次の世代に継承すること」であると言われており、戦乱の地であったヨーロッパにおいて長年顧客である富裕層の資産を守り続けてきたノウハウこそプライベートバンクの強みの源といわれています。

### （1）外貨定期預金等

　投資一任勘定口座の中で、銀行預金口座は、日本からの投資資金の受入れ、各種の金融商品の購入や売却資金の出し入れ、運用収益の受け入れや、

費用の払い出しのために使用されるとともに、余剰となった資金は、為替リスクを最小限にするため、保守的に定期預金等として運用されます。

海外に銀行預金口座を開設するメリットは、①国外財産を動かすためのハブとなる銀行口座が必要であること、②換算差損益等の為替リスクを最小限にすること、③定期預金等での高利子収益の獲得です。

したがって、一般的には投資したい国外財産と同じ通貨の預金口座を開設することになります。あるいは、③の高利子収益の獲得を目的とするときは、オーストラリアドル、ニュージーランドドル等への定期預金を設定することも行われる場合があります。

外貨預金を保有した場合には、その運用益としての利子収益と為替差損益が発生します。一般的に、その税務上の取扱いは、①日本の国内に所在する金融機関の支店（外資系金融機関を含む）で預金口座を開設して、利子の支払いを受けた場合と、②海外に所在する金融機関の本支店で直接銀行口座を開設した場合で、日本での課税方式が変わります。

スイスのプライベートバンクに直接銀行口座を開設することは、②の海外の金融機関の本支店で直接銀行口座を開設した場合に該当します。

## (1-1) 海外の金融機関の本支店と直接取引した場合（平成28年1月1日以降（金融所得課税の一体化後））

### 【外貨定期預金利息】

スイスのプライベートバンクの本店の投資一任勘定口座を直接開設し、米ドル、スイスフラン、オーストラリアドル等の外貨定期預金として運用した場合、外貨で発生する定期預金の利息は、日本で、利子所得として確定申告することになります。他の給与所得、事業所得、不動産所得等がある場合には、総合所得として合算され、累進税率が適用され、所得税及び復興税を確定申告し納付します。

【為替差損益】

　外貨定期預金を中途解約や満期となったときに、投資一任勘定口座の基準通貨としている通貨が例えば米ドルだとした場合に、米ドル以外の外国通貨建で表示された元金を米ドルに変更して入金した場合には為替差損益が発生します。為替差益は、日本で雑所得として申告します。他の給与所得、事業所得、不動産所得等と合算し、所得税及び復興税を確定申告し納付します。

　また、為替差損が生じた場合には、他の雑所得とは相殺はできませんし、他の給与所得、事業所得、不動産所得等とも相殺することはできません。

【二重課税の調整】

　スイスのプライベートバンクの本店の投資一任勘定口座で開設した外貨預金は、信託を利用してスイス以外の国で運用されていたとしてもいずれにしても国外財産になるから、その運用益である利子については、各国の税制に従って源泉徴収されている場合があります。

　日本で外貨定期預金等の利子所得の確定申告をする場合は、そのまま総合所得の利子所得として確定申告すると、源泉徴収された税額があるときは、二重課税となるため、一定の要件により外国税額控除で調整することになります。

(1-2) 日本国内の金融機関の本支店を通じて取引した場合（平成28年1月1日以降（金融所得課税の一体化後））

【外貨定期預金利息】

　外貨預金の受取利息に対して20.315％の源泉徴収（所得税及び復興特別税が15.315％、住民税が5％）が差し引かれて入金され、確定申告は不要であります（源泉分離課税）。

【為替差損益】

　外貨預金の利息として入金された外貨表示金額を円貨に換算したときに、

円貨ベースで計算した預金利息の金額との差額は、本来は為替差損益ですが、利子収入の中に含めて計算するので為替差損益は認識しません。

ただし、外貨預金が満期あるいは解約になったときに、外国通貨建で入金された元利金を円貨へ変更して入金した場合には、為替差損益を認識します。為替差損益は国外金融機関の口座を通じて受け取った場合と同様に、雑所得として確定申告し、為替差損が生じた場合には、他の雑所得と相殺することができますが、その他の所得と相殺することはできません。

### （2）外国債券

国外においては様々な形態の債券がありますが、利付公社債又は割引公社債（特定公社債又は一般公社債）に投資する場合が多いことから、外国債券に投資する場合の課税関係について、利付公社債と割引公社債を例に、期中において債券利息の支払いを受けた場合と償還を迎えた時の償還差益の課税関係を示します。

### （2-1）債券利息にかかる課税関係

国外において発行された公社債（「外貨建公社債等」）を保有した場合には、その運用益として債券利息収益と為替差損益が発生しますが、一般的に、その税務上の取扱いは、外貨預金の場合と同様に、①日本の国内に所在する金融機関の支店（外資系金融機関を含む）で預金口座を開設して、利子の支払いを受けた場合と、②海外に所在する金融機関の本支店で直接銀行口座を開設した場合で、日本での課税方式が変わります。

スイスのプライベートバンクに直接銀行口座を開設している場合には、②の海外の金融機関の本支店で直接銀行口座を開設した場合に該当します。

### （2-1-1）海外の金融機関の本支店と直接取引した場合（平成28年1月1日以降（金融所得課税の一体化後））

ここでは、日本の居住者である個人を前提にしているので、日本の税制上

は「居住無制限納税義務者」に該当し、課税対象とされている利子等に、外国や外国の地方公共団体又は外国法人が発行する債券の利子等も含まれることになります。

### 【外国公社債の利子等】

スイスのプライベートバンクの本店の投資一任勘定口座を直接設定し、米ドル、ユーロ、その他の第三国通貨等の外貨建公社債等に投資して運用した場合、外貨で発生する公社債利息については、特定公社債等に該当する場合と一般公社債に該当する場合とで取扱いが以下の通りとなります。

外貨建公社債等のうち特定公社債等とは、外国金融市場において売買されている公社債等が該当します（措法3①一、措法3の3①）。

外貨建公社債等のうち一般公社債とは、外貨建公社債等のうち特定公社債等以外のものとされています（措法3の3①）。

### 【特定公社債等に該当する場合】

外貨で入金した利息金額を円貨に換算（TTB）した利子所得の金額を、20.315％（所得税及び復興特別税が15.315％、住民税が5％）申告分離課税を適用して確定申告することになります。その際に、既に外国において徴収された外国税額がある場合には、外国税額控除を受けることができます。また、一定の上場株式等の譲渡損失と損益通算することができます。ただし、一般株式等の譲渡損失との損益通算はできません。

### 【一般公社債等に該当する場合】

総合課税が適用され、利子所得として他の総合所得と合算して確定申告することになります。外国税額控除を受けることはできますが、一般株式等の譲渡損益とは損益通算することはできません。

## 【為替差損益】

　外貨建公社債を中途解約したときに、例えば米ドル以外の外貨建（ユーロ）で表示された元利金を、投資一任勘定口座の基準通貨としている、米ドルに変換して入金した場合には為替差損益が発生します。為替差益は、日本で雑所得として、他の給与所得、事業所得、不動産所得等と合算して確定申告し、累進税率を適用して所得税及び復興税、住民税の税額を計算して納付することになります。

　また、為替差損が生じた場合には、他の雑所得とは相殺することができますが、給与所得、事業所得、不動産所得等と相殺することはできないので、その場合の損失は切り捨てられることになります。

## 【二重課税の調整】

　スイスのプライベートバンク本店の投資一任勘定口座を通じて投資された外貨建利付公社債は、スイス以外の国に設定された信託等を通じて再投資されたものかもしれませんが、いずれにしても日本から見た場合は国外財産になります。また、その運用益である債券利息については、各国の税制に従って源泉徴収される場合があります。

　日本で外貨建利付公社債等の利子所得の確定申告をする場合は、そのまま確定申告すると、国外で源泉徴収された税額が二重課税となるため、一定の要件を満たす場合には外国税額控除を受けることができます。

## (2-1-2) 日本国内の金融機関の支店を通じて取引をした場合（平成28年1月1日以降（金融所得課税の一体化後））

## 【外国公社債の利子等】

　外貨建公社債の利子等につき、日本国内の金融機関の支店を通じて取引をした場合、外貨で発生する公社債利息については、特定公社債等に該当する場合と一般公社債に該当する場合とで取扱いが以下の通り変わります。

外貨建公社債等のうち特定公社債等とは、外国金融市場において売買されている公社債等が該当します（措法3①一、措法3の3①）。

　外貨建公社債等のうち一般公社債とは、外貨建公社債等のうち特定公社債等以外のものとされています（措法3の3①）。

## 【特定公社債等に該当する場合】

　特定公社債等に該当する外国公社債の利子等については、その支払いの際に20.315％（所得税及び復興特別税が15.315％、住民税が5％）の源泉徴収が行われますが、①源泉徴収だけで課税関係が終了する申告不要制度を利用するか、②申告分離課税（20.315％）の対象として確定申告するかを選択することができます。申告分離課税を選択した場合、外国税額控除の適用ができます。また、一定の上場株式等の譲渡損失と損益通算することができます。ただし、一般株式等の譲渡損失との損益通算はできません。

## 【一般公社債等に該当する場合】

　一般公社債等に該当する外国公社債の利子等については、20.315％（所得税及び復興特別税15.315％、住民税が5％）の源泉分離課税の対象となります（措法8の4①、3の3①）。

　外国税額控除を受けることはできますが、一般株式等の譲渡損益とは損益通算することはできません。

　なお、特定の同族株主等が支払いを受ける利子（同族会社の私募債の利子等）は、総合課税の対象となるので留意してください。

**図表 3-3-2　日本国内の金融機関を通じて取引した場合の利子所得の課税関係**

| | 利子所得 | 所得税 | 住民税 |
|---|---|---|---|
| 特定の公社債等の利子等 | ・特定公社債の利子<br>・公募公社債投資信託及び公募公社債等運用投資信託の収益の分配 | 申告分離課税　（20％）<br>（15％の所得税の源泉徴収）（5％の地方税の特別徴収）<br><br>又は申告不要の選択 | |
| 一般の公社債等の利子等 | ・預貯金の利子<br>・特定公社債以外の公社債の利子（注）<br>・合同運用信託及び私募公社債投資信託の収益の分配等 | 源泉分離課税　（20％）<br>（15％の所得税の源泉徴収）（5％の地方税の特別徴収） | |

(注1)　同族会社が発行した社債の利子でその同族会社の役員等が支払いを受けるものは、総合課税の対象となる。
(注2)　この他、平成25年1月から平成49年（2037年）12月までの時限措置として、基準所得税額に対して2.1％の復興特別所得税が課される。

出典：財務省ホームページ（筆者加筆）

### (2-2) 外国割引公社債の償還差益

外国の割引公社債の償還を受けた場合には、預金利子、社債利息の場合と同様に、①海外に所在する金融機関の本支店で直接取引した場合と、②日本国内の金融機関を通して取引した場合で、日本での課税方式が異なります。

### (2-2-1) 海外の金融機関の本支店と直接取引した場合の償還金に係る償還差益（平成28年1月1日以降（金融所得課税の一体化後））

利付公社債利息と同様に、償還金に係る償還差益についても、特定公社債等に該当する場合と一般公社債に該当する場合とで取扱いが以下の通りとなります。（措法41の12の2、措法37の10①③七、37の11③、41の12⑦三）。

【特定公社債等に該当する場合】

特定公社債等に該当する外国公社債の償還差益については、特定公社債等

の譲渡所得として20.315％（所得税及び復興特別税15.315％、住民税が5％）の申告分離課税の対象となります。

外国で徴収された税額があれば、外国税額控除を受けることができます。

一定の上場株式等の譲渡損失と損益通算することができますが、一般株式等の譲渡損失との損益通算はできません。

### 【一般公社債等に該当する場合】

一般公社債等に該当する外国公社債の償還差益については、一般公社債等の譲渡所得として20.315％（所得税及び復興特別税15.315％、住民税が5％）の申告分離課税の対象となります。外国で徴収された税額があれば、外国税額控除を受けることができます。

外国税額控除を受けることはできますが、一般株式等の譲渡損益とは損益通算することはできません。

ただし、一般株式等に該当するものに係る償還金でその償還金の交付をした法人が同族会社であり、その特定株主等が交付を受ける償還金については、総合課税の対象となります（措法37の10③七）。

### 【為替差損益】

外貨建ての外国公社債が償還あるいは解約になったときに、外国通貨建てで入金された償還金を円貨へ変更した場合には、為替差損益を認識します。

為替差損益は総合課税の雑所得として確定申告し、為替差損が生じた場合には、他の雑所得と相殺することができますが、その他の所得と相殺することはできません。

### 【二重課税の調整】

外国において既に徴収されている税額がある場合には、外国税額控除を適用することができます。

## (2-2-2) 日本国内の金融機関の本支店を通じて取引をした場合の償還金に係る償還差益（平成28年1月1日以降（金融所得課税の一体化後））

### 【償還金に係る償還差益】

　日本国内の金融機関を通じて支払われる外国公社債等の償還差益については、その償還時に20.315％の源泉徴収（所得税及び復興特別税が15.315％、住民税が5％）が行われますが、①特定公社債に該当するものは上場株式等の譲渡所得とみなして、②一般公社債等に該当するものは一般株式等の譲渡所得とみなして、原則として償還金に係る償還差益について20.315％の申告分離課税の対象として確定申告することになります（措法41の12の2、措法37の10①③七、37の11③、41の12⑦三）。

　特定公社債等に該当する場合には、申告分離課税により確定申告する際、国外で既に徴収された税額がある場合には外国税額控除の適用ができます。

　また、一定の上場株式等の譲渡損失と損益通算することができます。ただし、一般株式等の譲渡損失との損益通算はできません。

　ただし、一般株式等に該当するものにかかわる償還金でその償還金の交付をした法人が同族会社であり、その特定株主等が交付を受ける償還金については、総合課税の対象となります（措法37の10③七）。

### 【為替差損益】

　外貨建ての外国公社債が償還あるいは解約になったときに、外国通貨建てで入金された償還金を円貨へ変更した場合には、為替差損益を認識します。

　為替差損益は国外金融機関の口座を通じて受け取った場合と同様に、雑所得として確定申告し、為替差損が生じた場合には、他の雑所得と相殺することができますが、その他の所得と相殺することはできません。

### 【二重課税の調整】

　外国において既に徴収されている税額がある場合には、外国税額控除を適

用することができます。

## （3）外国株式の配当

### (3-1) 外国上場株式への投資

　スイスのプライベートバンクの投資一任勘定口座を通じて国外株式に投資する場合は、プライベートバンク顧客の資産を守ることを最も大切に考えているので、顧客資産の保全と成長を目指した投資戦略が策定され、一般的にはヨーロッパ、米国、アジアの各株式市場の上場株式に国際分散投資し、リスクに強いポートフォリオを構築することがあります。上場株式への投資は国債等の債券投資に比べればリスクは大きいですが、リターンも比較的大きくなるので、全体の投資金額に占める割合は大きくなります。

　例えば、スイスのプライベートバンクの投資一任勘定口座に外国上場会社から配当金が入金される場合、配当金を分配せず再投資し複利で資産を増やしていく方法が多く行われています。この場合、日本国内ではなく国外で投資とリターンがすべて行われているため、日本からは運用実態がわからないこともあり、個人富裕層はこれまでこのような国外投資所得を申告してこなかったかと思われます。しかし、今後は、国外財産調書の提出や各国の情報交換による情報収集等により、調査により把握され追徴課税され、更に、罰則規定も強化されてくるため、国外株式に関する申告や資料提出をもれなく行う必要があります。

### (3-2) 外国上場株式の配当

　外国預金、外国債券の場合と同様に、国外の上場株式についても、①国内の証券会社を通じて支払いを受ける場合と、②海外の外国証券会社等を通じて支払いを受ける場合では、日本における課税方法が異なります。

## (3-2-1) スイスのプライベートバンク本店と直接取引した場合（平成28年1月1日以降（金融所得課税の一体化後））

　本書では、日本の居住者である個人富裕層を前提にしているので、日本では「居住無制限納税義務者」に該当することになり、スイスで支払いを受ける外国法人等からの配当金等も日本での課税対象となります。

● スイスの口座で受け取った外国上場株式等の配当金等

　スイスのプライベートバンク本店の投資一任勘定口座を直接受け取った外国株式等の配当金等は、配当所得として「総合課税」あるいは「申告分離課税」を選択することができます。申告不要を選択することはできませんので、必ず確定申告することが必要となります。

　「申告分離課税」では、申告分離課税の選択の適用を受ける旨を記載した確定申告書を提出することにより、20.315％（所得税及び復興特別税15.315％、住民税5％）の税率で所得税が課税されます（所法22、措法8の2、措法8の4）。

　また、一定の上場株式等の譲渡損失と損益通算ができます。

　ただし、確定申告の際、外国上場株式等の配当は、配当控除の適用はできません（所法92①、措法8の4、措法9）。国外で既に徴収された外国所得税があるときは、外国税額控除の適用ができます（所法95）。

【為替差損益】

　外国株式の配当金については、上場株式の所在地国の通貨で支払われるため邦貨換算を行う必要があります。この場合の換算レートは対顧客直物電信買相場（TTB）により換算することになります。

　また、為替差損が生じた場合には、他の雑所得とは相殺することができますが、給与所得、事業所得、不動産所得等と相殺することはできないので、その場合は切り捨てられることになります。

【二重課税の調整】

　スイスのプライベートバンク本店の投資一任勘定口座を通じて投資された外国上場株式は、国際分散投資の運用方針に基づいて、スイス以外の国に設定された信託等を通じて、グローバルに再投資されたものかもしれませんが、いずれにしても日本から見た場合は国外財産になります。また、その運用益である配当金については、各国の税制に従って源泉徴収されている可能性があります。

　日本で外国株式の配当所得の確定申告をする場合は、たとえスイスの口座や「信託」のあるスイスやリヒテンシュタインで源泉徴収されていないとしても、再投資先の国において源泉徴収された税額がある場合があります。各国で徴収された所得税額については、二重課税となる場合がありますから、居住国である日本で外国税額控除を受けられる可能性があるので、実際に確定申告する際には専門家の方とよくご相談される必要があります。

## (3-2-2) 日本国内の金融機関を通じて取引をした場合（平成28年1月1日以降（金融所得課税の一体化後））

【外国上場株式の配当等】

　日本の居住者が日本国内の証券会社等を通じて外国上場株式の配当を受け取る場合については、外国上場会社が所在する国において源泉徴収された後に、日本で国外での源泉徴収後の金額に対し、通常の源泉徴収税率20.315％（所得税15.315％、住民税5％）で源泉徴収されます。

　外国株式が上場株式等に該当する配当の課税方法は、①申告不要制度、②申告分離課税、③総合課税の方法から有利な方法を選択することができます（所法22、89、措法8の2、8の4、8の5）。申告不要制度を選択した場合、配当についての外国税額控除は受けられません。

　外国上場株式（一定の外貨建等証券投資信託を除く）の配当については、配当控除の適用はありません。国外において配当について既に徴収された税

額がある場合には外国税額控除の適用があります（所法92、措法8の4、8の5、9、所法95）。

　国外上場株式等について、申告分離課税を選択した配当所得は、一定の外国及び日本国内の上場株式等に係る譲渡損失の金額との通算ができます（措法37の11、37の12の2）。

**図表 3-3-3　日本国内の金融機関を通じて取引した場合の配当所得の課税関係**

| 区　分 | | | 概　　要 |
|---|---|---|---|
| 公募株式投資信託の収益の分配等 | | | ・総合課税（配当控除）（所5～45％、住10％）<br>　（20％（所15％、住5％）の源泉徴収）<br>・申告分離課税（20％（所15％、住5％））<br>　（20％（所15％、住5％）の源泉徴収）<br>のどちらかを選択<br>（申告不要とすることも可） |
| 剰余金の配当、利益の配当、剰余金の分配等 | 上場株式等の配当（大口以外）等（注1） | | |
| | 上記以外 | | 総合課税（配当控除）（所5～45％、住10％）<br>　（20％（所20％）の源泉徴収） |
| | | 1回の支払配当の金額が、<br>10万円×配当計算期間/12<br>以下のもの | 確定申告不要<br>（20％（所20％）の源泉徴収） |

（注1）「上場株式等の配当（大口以外）」とは、その株式等の保有割合が発行済株式又は出資の総数又は総額の3％未満である者が支払を受ける配当をいう。
（注2）　この他、平成25年1月から平成49年（2037年）12月までの時限措置として、基準所得税額に対して2.1％の復興特別所得税が課される。

出典：財務省ホームページ

**【邦貨換算】**

　外国上場株式の配当金については、国外で源泉徴収後外貨で支払われるため円貨に換算をする必要があります。この場合の換算は、「対顧客直物電信買相場」（TTB）により円換算を行います。

## (3-3) 非上場外国株式の配当

### (3-3-1) スイスのプライベートバンク本店と直接取引した場合（平成28年1月1日以降（金融所得課税の一体化後））

**【外国非上場株式等の配当金】**

　スイスのプライベートバンクの投資一任勘定口座に入金された非上場株式の配当金は、日本における通常の源泉徴収が行われないことから、配当所得として総合課税により確定申告することになります（所法22）。外国法人からの配当については、配当控除を受けることはできませんが、外国で源泉徴収された税額は外国税額控除の適用を受けられます（所法92、所法95）。外国配当は租税条約による限度税率が決められています（巻末資料参照）。

　なお、非上場株式配当は、一般株式等の譲渡損益とは損益通算ができません（措法37の10）。

### (3-3-2) 日本国内の金融機関を通じて取引をした場合（平成28年1月1日以降（金融所得課税の一体化後））

**【外国非上場株式等の配当金】**

　支払われる配当金について20.42％（所得税20.42％、住民税無税）の源泉徴収がされて、総合課税の配当所得として確定申告することになります（所法22、89、措法9の2）。

　また、少額配当（年間10万円程度）については申告不要となります（措法8の5）。

　外国株式のため配当控除は受けられませんが、国外において源泉徴収された税額がある場合には外国税額控除の適用対象となります（所法95）。

## 2 相手国での課税関係

金融資産投資に係る相手国での課税関係は、投資先国の国内税法に基づきます。米国、英国、ドイツ、フランスについては、利子課税の概要（**図表3-3-4**）、配当課税の概要（**図表3-3-5**）を参照ください。

ここでは、スイスにおける金融資産投資に関する課税関係を例として以下に示します。

富裕層個人がスイスのプライベートバンクの投資一任勘定口座に預けた投資資金は、投資戦略に基づいて様々な金融資産として保有されています。

例えば、守秘性のダブルチェックをかけるために投資資金はタックスヘイブンに設立した信託財産として信託され、更にそこからグローバルに国際分散投資される場合があります。

富裕層がスイスの投資一任勘定口座において認識されている金融資産は、スイスの国内法（連邦、州（カントン））ごとの取り決めに係わらず、日本・スイス間の租税条約の規定が優先適用されます。

スイスの税制では、源泉所得税は、連邦税として、スイス法人の株式等の配当金、スイスで発行された債券及び類似の債券の利子所得、スイスの投資ポートフォリオ（証券投資信託等）の収益分配金、スイスの銀行預金の受取利子等が課税対象となります。

国内法における税率については、35％の源泉税が課されます。配当金に課されるのはみなし配当、債券、及び債券型貸付金の支払利子などです。個人又は法人が支払うロイヤルティは独立企業間価格であれば源泉税の対象外とされます。

**図表 3-3-4 主要国の利子課税の概要**
(2016年1月現在)

| | 日本 | アメリカ | イギリス | ドイツ | フランス |
|---|---|---|---|---|---|
| 課税方式 | 源泉分離課税<sup>(注1)</sup> 20%<br>（所得税：15%<br>＋<br>地方税：5%） | 総合課税<br>10～39.6%<br>＋<br>州・地方政府税<sup>(注2)</sup><br>ニューヨーク市の場合<br>州税：4.00～8.82%<br>市税：2.55～3.40%<br>税額の14%の付加税 | 段階的課税（分離課税）<br>4段階 0、20、40、<br>45%<sup>(注3)</sup> | 申告不要（分離課税）<br>※総合課税も選択可<sup>(注4)</sup><br>26.375%<br>（所得税：25%<br>＋<br>連帯付加税：<br>税額の5.5%） | 総合課税<sup>(注5)</sup><br>15.5～60.5%<br>（所得税：0～45%<br>＋<br>社会保障関連諸税：<br>15.5%） |

(注1) 特定公社債等の利子等については、20%（所得税15%、住民税5%）の税率による申告分離課税の対象となる。源泉徴収されるものについては、申告不要を選択できる。ただし、同族会社が発行した社債でその同族会社の役員等が支払いを受けるものは総合課税の対象となる。また、別途、復興特別所得税が課される。

(注2) 州・地方政府税については、税率は各々異なる。

(注3) 給与所得等、利子所得、配当所得の順に所得を積み上げて、利子所得のうち、5,000ポンド（94万円）以下のブラケットに対応する部分には0%、5,000ポンド超31,785ポンド（594万円）以下のブラケットに対応する部分には20%、31,785ポンド超150,000ポンド（2,805万円）以下のブラケットに対応する部分には40%、150,000ポンド超のブラケットに対応する部分には45%の税率が適用される。

(注4) 資本所得と他の所得を合算したときに適用される税率が25%以下となる場合には、申告により総合課税の適用が可能。ただし、申告を行った結果、総合課税を選択したほうが納税者にとって却って不利になる場合には、税務当局において申告はされなかったものとして取り扱われ、26.375%の源泉徴収税のみが課税される。

(注5) 2013年分所得から、利子、配当、譲渡益について分離課税との選択制が廃止され、2013年分所得から累進税率が一律適用されることとなった。

出典：財務省ホームページ（筆者加筆）

## 図表 3-3-5　主要国の配当課税の概要

(2016年1月現在)

| | 日本(注1) | アメリカ(注2) | イギリス | ドイツ | フランス |
|---|---|---|---|---|---|
| 課税方式 | 申告分離と総合課税との選択(申告分離 20%)(所得税15% +個人住民税5%)又は(総合課税)10〜55%(注)源泉徴収(20%(所得税15%+個人住民税5%))のみで申告不要とすることも選択可能。 | 段階的課税(分離課税)(連邦税)3段階 0、15、20%(注3) + 総合課税(州・地方政府税)(注3) ニューヨーク市の場合 州税：4.00〜8.82% 市税：2.55%〜3.40% + 税額の14%の付加税 | 段階的課税(分離課税)3段階 10、32.5、37.5%(注4) | 申告不要(分離課税)26.375% ※総合課税も選択可(注6) 所得税：25% + 連帯付加税：税額の5.5% | 総合課税15.5〜60.5%(注7) 所得税：0〜45% + 社会保障関連諸税：15.5% |
| 法人税との調整 | 配当所得税額控除方式(総合課税選択の場合) | 調整措置なし | 部分的インピュテーション方式(注6) | 調整措置なし | 配当所得一部控除方式(受取配当の60%を株主の課税所得に算入) |

(注1) 日本は、上場株式等の配当(大口株主が支払を受けるもの以外)についてのものである。また、別途、復興特別所得税が課される。
(注2) アメリカは、適格配当(配当落ち日の前後60日間に121日を超えて保有する株式について、内国法人又は適格外国法人から受領した配当)についてのものである。
(注3) 給与所得等、配当所得及び長期キャピタル・ゲインの順に所得を積み上げて、配当所得及び長期キャピタル・ゲインのうち、37,650ドル(463万円)以下のブラケットに対応する部分には0%、37,650ドル超のブラケットに対応する部分には15%、415,050ドル(5,105万円)超のブラケットに対応する部分には20%の税率が適用される(単身者の場合)。なお、州・地方政府税については、税率等は各々異なる。
(注4) 給与所得、利子所得、配当所得の順に所得を積み上げて、配当所得のうち、31,785ポンド(594万円)以下のブラケットに対応する部分には10%、150,000ポンド以下(2,805万円)に対応する部分には32.5%、150,000ポンド超に対応する部分には37.5%の税率が適用される。
(注5) イギリスの部分的インピュテーション方式は、受取配当にその1/9を加えた額を課税所得に算入し、算出税額から受取配当額の1/9を控除する。なお、2016年4月より、5,000ポンド以下の所得に適用される税率が0%、部分的インピュテーション方式による配当税額控除制度は廃止され、算出税額から受取配当額による配当控除の適用が可能。ただし、申告により総合課税となる場合には、申告を行った結果、総合課税を選択した方が納税者にとって不利になる場合には、税務当局においては申告されなかったものとして取り扱われ、26.375%の源泉徴収税のみが課税される。
(注6) 2013年予算法において、利子、配当、譲渡益について分離課税との選択制が廃止され、2013年分所得から原則一律適用されることとなった。

出典：財務省ホームページ(筆者加筆)

第3節　個人による国外財産(金融資産・不動産)投資と課税

なお、日本スイス間租税条約による税率は以下のとおりです。

　預金利子　　税率10％の源泉徴収
　債券利子　　税率10％の源泉徴収
　配当　　　　ポートフォリオ投資家への配当には税率15％の源泉徴収
　　　　　　　会社の所有者への配当には10％（一般）、5％（親子間要件は持株比率10％以上50％未満）、0％（持株比率50％以上）の軽減税率が適用

---

**参考：信託設定国における課税関係**

（1）リヒテンシュタイン公国
　外国企業のペーパーカンパニーが集中しており、これらの法人からの税収により、一般的な直接税、所得税、相続税、贈与税は課されません。
　銀行守秘義務は維持していますが、日本国政府との間で租税情報交換協定「租税に関する情報の交換のための日本国政府とリヒテンシュタイン公国政府との間の協定」があります。

（2）BVI（英領ヴァージン諸島）
　ほとんど課税がなく、若干の所得税（実質実効税率ゼロ）のほか、譲渡所得税、売上税、付加価値税、相続税、贈与税も課税されません。租税情報交換協定が署名されました。

---

## 2 個人が保有する国外金融資産の譲渡

富裕層個人がスイスのプライベートバンクの投資一任勘定口座で保有している金融資産を譲渡したときの課税関係は、以下の通りです。

## 1 日本での課税関係

　日本居住者である富裕層個人は無制限納税義務者となるので、日本では全世界課税方式を採用しているため国外上場株式などの金融資産を譲渡した場合の所得についても、日本の所得税が課税されます（所法7）。

**図表3-3-6　株式等譲渡益課税の概要**

| | 概　　　　要 |
|---|---|
| 上場株式等<br>・上場株式<br>・ETF<br>・公募投資信託<br>・特定公社債<br>　　　　　等 | 申告分離課税<br>上場株式等の譲渡益×20％（所15％、住5％）<br><br>※　源泉徴収口座における確定申告不要の特例<br>　源泉徴収口座（源泉徴収を選択した特定口座）を通じて行われる上場株式等の譲渡による所得については、源泉徴収（20％：所得税15％、住民税5％）のみで課税関係を終了させることができる。<br><br>※　上場株式等に係る譲渡損失の損益通算、繰越控除<br>　上場株式等の譲渡損失の金額があるときは、その年の上場株式等の配当所得等の金額から控除可。<br>　上場株式等の譲渡損失の金額のうち、その年に控除しきれない金額については、翌年以後3年間にわたり、上場株式等に係る譲渡所得等の金額及び上場株式等の配当所得等の金額からの繰越控除可。 |
| 一般株式等<br>（上場株式等以外の株式等） | 申告分離課税<br>一般株式等の譲渡益×20％（所15％、住5％） |

（注）　平成25年1月から平成49年（2037年）12月までの時限措置として、別途、基準所得税額に対して2.1％の復興特別所得税が課される。

## (1) 外国株式の譲渡益
### (1-1) スイスのプライベートバンク本店で譲渡した場合

**【外国上場株式等】**

　外国法人の上場株式等を譲渡した場合、その譲渡益につき20.315％（所得税15.315％、住民税5％）の税率で課税される申告分離課税が適用されます。

　上場株式等に該当する投資信託等の一定の譲渡損失につき、他の上場株式等の譲渡益、利子及び配当間での損益通算及び譲渡損失の繰越控除が適用できます。一般株式等の譲渡損益とは、損益通算できません（措法37の10、11、12の2①、②四）。

**【外国非上場株式等】**

　外国法人の非上場株式等を譲渡した場合、その譲渡益につき20.315％（所得税15.315％、住民税5％）の税率で課税される申告分離課税が適用されます。

　非上場株式等の譲渡損失につき、上場株式の譲渡損益、利子及び配当間での損益通算及び譲渡損失の繰越控除が適用できません（措法37の10、12の2）。

### (1-2) 日本国内の証券会社を通じて譲渡した場合

　基本的には、日本国内の金融業者を通じて譲渡した場合には、国内株式を譲渡した場合と同じ扱いとされます。

**【外国上場株式等】**

　外国法人の上場株式等を譲渡した場合、その譲渡益につき20.315％（所得税15.315％、住民税5％）の税率で課税される申告分離課税が適用されます。

　上場株式等の譲渡損失につき、利子及び配当間での損益通算及び譲渡損失の繰越控除が適用できます。一般株式等の譲渡損益とは、損益通算できませ

ん（措法37の10、11、12の2）。

## 【外国非上場株式等】

外国法人の非上場株式等を譲渡した場合、その譲渡益につき20.315％（所得税15.315％、住民税5％）の税率で課税される申告分離課税が適用されます。

非上場株式等の譲渡損失につき、上場株式の譲渡損益、利子及び配当間での損益通算及び譲渡損失の繰越控除が適用できません（措法37の10）。

## （2）外国公社債等の譲渡

### （2-1）スイスのプライベートバンク本店で譲渡した場合

## 【外国特定公社債の譲渡益】

外国特定公社債の譲渡は上場株式等の譲渡所得として、その譲渡益につき20.315％（所得税15.315％、住民税5％）の税率による申告分離課税が適用されます。

上場株式等に該当する投資信託等の一定の譲渡損失につき、他の上場株式等の譲渡益、利子及び配当間での損益通算及び譲渡損失の繰越控除が適用できます。一般株式等の譲渡損益とは、損益通算できません（措法37の10、11、12の2①、②四）。

## 【外国一般公社債の譲渡益】

外国一般公社債の譲渡は一般株式等の譲渡所得として、その譲渡益につき20.315％（所得税15.315％、住民税5％）の税率で課税される申告分離課税が適用されます。

非上場株式等の譲渡損失につき、上場株式の譲渡損益、利子及び配当間での損益通算及び譲渡損失の繰越控除が適用できません（措法37の10）。

### (2-2) 日本国内の証券会社を通じて譲渡した場合

基本的には、国内債券を譲渡した場合と同じ扱いとされます。

#### 【外国特定公社債等の譲渡】

外国特定公社債の譲渡は上場株式等の譲渡所得として、その譲渡益につき20.315％（所得税15.315％、住民税5％）の税率で課税される申告分離課税が適用されます。

上場株式等の譲渡損失につき、利子及び配当間での損益通算及び譲渡損失の繰越控除が適用できます。一般株式等の譲渡損益とは、損益通算できません（措法37の10、11、12の2）。

#### 【外国一般公社債等の譲渡】

外国一般公社債の譲渡は一般株式等の譲渡所得として、その譲渡益につき20.315％（所得税15.315％、住民税5％）の税率で課税される申告分離課税が適用されます。

非上場株式等の譲渡損失につき、上場株式の譲渡損益、利子及び配当間での損益通算及び譲渡損失の繰越控除が適用できません（措法37の10）。

## 2 金融資産の譲渡―相手国での課税関係

金融資産投資に係る相手国での課税関係は、投資先国の国内税法に基づくことになります。

相手先現地国では、居住者に対しては原則課税されますが、非居住者（日本居住の投資家は現地では非居住者に該当）に対して、金融資産の譲渡所得は居住地国課税（日本で課税）となるため、ほとんどの国で金融資産の譲渡所得は非課税とされています。特に、スイスのプライベートバンクを通じて行った金融資産の譲渡については、原則的には、スイス、リヒテンシュタイン、タックスヘイブン等の投資国においても非課税とされます。

## 図表3-3-7 主要国の国内法における株式譲渡益課税の概要

(2016年1月現在)

| | 日本 | アメリカ | イギリス | ドイツ | フランス |
|---|---|---|---|---|---|
| 課税方式 | 申告分離課税 20%<br>（所得税：15% ＋ 個人住民税：5%）<br>※特定口座において源泉徴収を行う場合は申告不要。20%（所得税15%＋個人住民税5%）<br>※別途、復興特別税が課される。 | 段階的課税（分離課税）（連邦税）<br>3段階 0、15、20%<sup>(注1)</sup><br>＋<br>総合課税（州・地方政府税）<br>ニューヨーク市の場合<br>州税：4.00〜8.82%<br>市税：2.55%〜3.40%<br>＋<br>税額の14%の付加税<sup>(注1)</sup><br>※12ヶ月以下保有の場合、10〜39.6%＋州・地方政府税 | 段階的課税（分離課税）<br>2段階 18、28%<sup>(注2)</sup> | 申告不要（分離課税）<br>26.375%<br>※総合課税も選択可<sup>(注3)</sup><br>（所得税：25%<br>＋<br>連帯付加税：<br>税額の5.5%） | 総合課税<br>15.5〜60.5%<br>（所得税：0〜45%<sup>(注5)</sup><br>＋<br>社会保障関連諸税：15.5%）<br>※保有期間に応じた控除の適用後、他の所得と合算 |
| 非課税限度等 | ― | ― | 土地等の譲渡益と合わせて年間11,100ポンド（208万円）が非課税 | 貯蓄者概算控除<sup>(注4)</sup> | ― |

出典：財務省ホームページ：平成28年（2016年）1月中適用）。なお、端数は四捨五入（筆者追加）

(注1) 給与所得等、配当所得及び長期キャピタル・ゲインの順に所得を積み上げで、配当所得及び長期キャピタル・ゲインのうち、37,650ドル（463万円）以下のブラケットに対応する部分には0%、37,650ドル超のブラケットに対応する部分には15%、415,050ドル（5,105万円）超のブラケットに対応する部分には20%の税率が適用される（単身者の場合）。なお、州、地方政府税については、税率等は各々異なる。

(注2) 給与所得等、利子所得、配当所得、キャピタル・ゲインの順に所得を積み上げで、31,785ポンド以下の部分には18%、31,785ポンド（594万円）超のブラケットに対応する部分には28%の税率が適用される。
なお、一定の起業家に対しては、譲渡益の生涯累計額が1,000万ポンド（19億円）に達するまで、10%の軽減税率の適用が可能。

(注3) 資本所得と他の所得を合算したときに得られる税率が25％以下となる場合には、申告により総合課税を選択することができる。税務当局において資本所得は申告されなかったものとして取り扱われ、26.375%の源泉徴収税のみが課税される。

(注4) 当該控除の適用により、利子・配当を含む資本所得については、合計801ユーロ（11万円）に達するまでは課税されない。

(注5) 2013年予算法において、利子、配当、譲渡益について分離課税との選択制が廃止され、2013年の所得から累進税率が一律適用されることとなった。

(備考) 邦貨換算レートは18%、1ドル＝123円、1ポンド＝187円、1ユーロ＝132円（基準外国為替相場及び裁定外国為替相場：平成28年（2016年）1月中適用）。なお、端数は四捨五入している。

第3節　個人による国外財産（金融資産・不動産）投資と課税

### 3 租税条約での調整の検討

相手国等で源泉徴収や所得税を課税されている場合には、原則的には居住地国である日本において外国税額控除を受けることができます。なお、上記の通り多くの国において譲渡所得は非課税とされております。

## 3 個人が保有する国外金融資産の贈与

### 1 日本での課税関係

居住者である富裕層個人が保有する財産は、国外財産であろうと全世界課税となるため、日本で相続税が課されます。そこで、相続税対策や事業承継等のために、事前に相続人に対し資産を移したいということになりますが、スイスのプライベートバンクの口座にある金融資産を居住者である相続人に贈与した場合、日本で贈与税が課税されます。

贈与により取得した国外金融資産に株式等がある場合には、贈与者がその株式等の取得に要した金額（取得費）、及び所有していた期間（取得時期）のいずれも受贈者に引き継がれることになります（所法60①一）。

したがって、受贈者が日本の居住者に該当する場合に、贈与により取得した株式等を受贈者が更に贈与する場合には、この取得費と取得時期をもとに譲渡所得を計算することになります。

### 2 財産所在地国での課税関係

国外金融資産を含む国外財産に対する所在地国の贈与税の課税について、日本では贈与税は国税ですが、国税としてでなく、州税などの地方税や、所得税等により譲渡課税として課税する場合があります。

例えば、スイスは、州（カントン）に課税権があり、シュヴィーツ州を除く、各州に贈与税の制度を有しており、各州ごとに税率が異なります。スイス居住者はこの贈与税が課税されます。なお、スイス非居住者はスイス所在不動産のみに課税されるため、非居住者間の金融資産の贈与には課税されま

図表 3-3-8　国外財産に係る贈与税の納税義務の範囲（平成 29 年度改正後）

【改正後】

| 被相続人贈与者 \ 相続人受贈者 | 国内に住所あり | | 国内に住所なし | | |
|---|---|---|---|---|---|
| | | 短期滞在の外国人（※1） | 日本国籍あり | | 日本国籍なし |
| | | | 10年以内に住所あり | 10年以内に住所なし | |
| 国内に住所あり | | 国内・国外財産ともに課税 | | | |
| 　短期滞在の外国人（※1） | | | | | |
| 国内に住所なし　10年以内に住所あり | | | | | |
| 　短期滞在の外国人（※2） | | | | 国内財産のみに課税 | |
| 　10年以内に住所なし | | | | | |

※1　出入国管理及び難民認定法別表第1の在留資格の者で、過去15年以内において国内に住所を有していた期間の合計が10年以下の者
※2　日本国籍のない者で、過去15年以内において国内に住所を有していた期間の合計が10年以下の者
（注1）　平成29年4月1日以後の相続又は贈与について適用します。
（注2）　図中■部分は国内・国外財産ともに課税。□部分は国内財産のみに課税。租税回避を抑制するため、相続人等又は被相続人等が10年以内に国内に住所を有する日本人の場合は、国内及び国外双方の財産を課税対象とします。

せん。

　各国の贈与税については、①贈与税のある国（米国、タイ、フィリピン、台湾）、②贈与税の制度がない国（香港、シンガポール、マレーシア等）、③贈与を譲渡税として課税する国（カナダ、オーストラリア等）や、親族以外の受贈者への贈与について、贈与税以外で受贈益で課税する国（インド等）や受贈者が親族である場合と親族以外である場合で税率が異なる国（フランス、ドイツ）等があるため、贈与を検討する場合には、所在地国の専門家に事前に確認する必要があります。

**図表 3-3-9　各国の贈与税制度（2016 年 7 月 1 日時点）**

| | | |
|---|---|---|
| 欧州 | 英国 | 贈与税あり（最高税率：40%） |
| | フランス | 贈与税あり（最高税率：親族 45%、親族以外 60%） |
| | ドイツ | 贈与税あり（最高税率：30%、兄弟姉妹 43%、第三者 50%） |
| | オランダ | 贈与税あり（最高税率：40%） |
| | スイス | 贈与税あり（州ごとに異なる税率：配偶者・子 0%～3.5%、他 0%～50%：非居住者はスイス不動産のみに課税） |
| | ノルウェー | 贈与税なし |
| | スウェーデン | 贈与税なし |
| | イタリア | 贈与税あり（最高税率：8%、配偶者・直系尊属・直系卑属以外は 4%～6%） |
| | ロシア | 贈与税なし（親族以外への贈与：所得税 13%、15%、30%、35%） |
| | オーストリア | 贈与税なし（2008 年 8 月 1 日より廃止） |
| | モナコ | 贈与税あり（最高税率：16%） |
| 北米 | 米国 | 贈与税あり（最高税率：40%） |
| | カナダ | 贈与税なし（所得税での譲渡益課税あり） |
| | メキシコ | 贈与税なし（配偶者・直系尊属・直系卑属以外は所得税の対象） |
| オセアニア | オーストラリア | 贈与税なし（所得税での譲渡益課税あり） |
| | ニュージーランド | 贈与税なし |
| アジア | 中国 | 贈与税なし |
| | 韓国 | 贈与税あり（最高税率：50%） |
| | 香港 | 贈与税なし |
| | 台湾 | 贈与税あり（一律：10%） |
| | シンガポール | 贈与税なし |
| | マレーシア | 贈与税なし |
| | タイ | 贈与税あり（5%、親族免除） |
| | インドネシア | 贈与税なし |
| | フィリピン | 贈与税あり（税率：30%、親族に対して超過累進税額課税） |
| | ベトナム | 贈与税なし（家族以外の 1,000 万ドン超の贈与は、所得税 10%で課税） |
| | カンボジア | 贈与税なし |
| | ミャンマー | 贈与税なし |
| | インド | 贈与税なし（別途一定の受贈益課税あり） |

## 4 個人が保有する金融資産の相続

### 1 日本での課税関係
(1) 納税義務者

　富裕層個人は、日本の居住者で無制限納税義務者に該当するので、国内財産、国外財産に係わらず全世界の財産に課税されることになります。また、富裕層個人のスイスのプライベートバンクの口座に預けている国外金融資産については、①金融機関に対する預金等、②社債もしくは株式等、③集団投資信託等、④外国国債又は外国地方債の区分により、それぞれの金融資産の個別銘柄ごとに判定基準に従ってその所在地を判定することになります（**第2章図表2-2-3**参照）。国外財産及び国内財産に判定されたとしても、居住無制限納税義務者については、いずれにせよ全世界財産が日本の相続税の対象となります。

(2) 国外財産の評価方法

　国外にある財産についても、原則は、国内にある財産と同様に日本の財産評価基本通達に従って評価します。ただし、財産が国内にないため財産評価通達の定めによって評価できない財産については、売買実例価額、精通者意見価格を基に評価を行うことになります（財基通5-2）。

　富裕層個人がスイスのプライベートバンクの口座で投資している金融資産は、資産保全を最優先するため、基本的には上場株式や債券に投資するので、国内の金融資産の評価と同様に評価した価額をもって相続財産の評価額となります。

【上場株式】

　海外の証券取引所に上場されている株式については、国内における上場株式と同様に市場における時価が明確であり、財産評価基本通達に従って評価します。

### 図表 3-3-10　国外財産に係る相続税の納税義務者の範囲（平成 29 年度改正後）

【改正後】

| 被相続人 贈与者 \ 相続人 受贈者 | | 国内に住所あり | | 国内に住所なし | | 国内に住所なし |
|---|---|---|---|---|---|---|
| | | | | 日本国籍あり | | 日本国籍なし |
| | | | 短期滞在の外国人（※1） | 10年以内に住所あり | 10年以内に住所なし | |
| 国内に住所あり | | 国内・国外財産ともに課税 | | | | |
| | 短期滞在の外国人（※1） | | | | | 国内財産のみに課税 |
| 国内に住所なし | 10年以内に住所あり | | | | | |
| | 短期滞在の外国人（※2） | | | | 国内財産のみに課税 | |
| | 10年以内に住所なし | | | | | |

※1　出入国管理及び難民認定法別表第1の在留資格の者で、過去15年以内において国内に住所を有していた期間の合計が10年以下の者
※2　日本国籍のない者で、過去15年以内において国内に住所を有していた期間の合計が10年以下の者
（注1）　平成29年4月1日以後の相続又は贈与について適用します。
（注2）　図中■部分は国内・国外財産ともに課税。□部分は国内財産のみに課税。租税回避を抑制するため、相続人等又は被相続人等が10年以内に国内に住所を有する日本人の場合は、国内及び国外双方の財産を課税対象とします。

　課税時期における海外の証券取引所の最終価格を、その課税時期の属する月以前3か月の最終価格の月平均額のうち最も低い価額と比較して、その低い方の価額によって評価を行います（財基通169）。

### 【非上場株式】

　取引相場のない外国法人の株式は、原則として財産評価基本通達に定められている純資産価額方式に準じて評価を行います。
　内国法人の株式を純資産価額方式によって評価する場合、評価差額（各資産の相続税評価額の合計額から負債を控除した純資産額）に対する法人税に

相当する金額として評価差額の37％を控除することができますが、外国法人の株式を評価する場合にはこの控除割合をそのまま適用することはできません。

外国法人の株式評価においては、外国法人を清算する際に適用される外国の法人税、地方税等に相当する税の税率の合計に相当する割合を算出して評価差額に乗じて当該控除額を計算することが実務上考えられます。

また、取引相場のない外国法人の株式の評価については、「類似業種比準価額方式」に準じて評価することは原則としてできません。類似業種株価等の基準となる標本会社が、日本の金融商品取引所に上場している内国法人を対象としているため、外国法人とは一般的に類似性を有していないとみられるからです。

さらに、少数株主（同族株主以外の株主）の場合は、配当還元率を現地国の実情に即して計算した「配当還元価額方式」による評価も適用可能と考えられます。

### 2 相手国での課税関係

富裕層個人が投資資金を預けているスイスにおいては連邦レベルでの相続税はありませんが、州（カントン）レベルで相続税制があり、その内容は各州が独自で規定しています。スイス居住者はこの相続税が課税されます。なお、スイス非居住者はスイス所在不動産のみに課税されるため、非居住者間の金融資産の相続には課税されません。

一般的には、財産の取得者が配偶者及び直系卑属の場合は免税もしくは非常に低い税率の対象になります。それ以外の者には、10％～40％程度の相続税等が課税されます。

**図表 3-3-11　各国の相続税制度の有無（2016 年 7 月 1 日時点）**

| | | |
|---|---|---|
| 欧州 | 英国 | 相続税あり（最高税率：40％） |
| | フランス | 相続税あり（最高税率：親族 45％、親族以外 60％） |
| | ドイツ | 相続税あり（最高税率：30％、兄弟姉妹 43％、第三者 50％） |
| | オランダ | 相続税あり（最高税率：40％） |
| | スイス | 相続税あり（州ごとに異なる税率：配偶者・子 0％～3.5％、他 0％～50％：非居住者はスイス所在不動産のみに課税） |
| | ノルウェー | 相続税なし |
| | スウェーデン | 相続税なし |
| | イタリア | 相続税あり（最高税率：8％、配偶者・直系尊属・直系卑属以外は 4％～6％） |
| | ロシア | 相続税なし |
| | オーストリア | 相続税なし（2008 年 8 月 1 日より廃止） |
| | モナコ | 相続税あり（最高税率：16％） |
| 北米 | 米国 | 相続税あり（最高税率：40％） |
| | カナダ | 相続税なし |
| | メキシコ | 相続税なし（配偶者・直系尊属・直系卑属以外は所得税の対象） |
| オセアニア | オーストラリア | 相続税なし |
| | ニュージーランド | 相続税なし |
| アジア | 中国 | 相続税なし |
| | 韓国 | 相続税あり（最高税率：50％） |
| | 香港 | 相続税なし |
| | 台湾 | 相続税あり（一律：10％） |
| | シンガポール | 相続税なし |
| | マレーシア | 相続税なし |
| | タイ | 相続税あり（税率：10％、親族は 5％） |
| | インドネシア | 相続税なし |
| | フィリピン | 相続税あり（最高税率：20％） |
| | ベトナム | 相続税なし（家族以外の 1,000 万ドン超の相続は、所得税 10％で課税） |
| | カンボジア | 相続税なし |
| | ミャンマー | 相続税なし |
| | インド | 相続税なし（2015 年 4 月 1 日　富裕税廃止） |

● コラム●

## 「信託」の歴史的経緯と「パナマ文書」以後の課税環境の変化

　顧客の資産を安全に承継するための仕組みとして、欧米では「信託」が用いられています。

　信託は、ヨーロッパの資産家が資産継承の際に古くから活用してきた仕組みです。その起源は、13世紀の英国において、農民たちが自分たちの農地や財産を悪徳領主から守る目的で、キリスト教会に寄進したことによると言われます。農民が教会を信用して自らの財産を託して、財産を保全したことから、このような制度が活用されてきました。

　信託は、①財産を差し出す「委託者」、②財産を所有し管理する「受託者」、③財産から得られる収益を受け取る「受益者」、の3者から構成され、設定されます。委託者が所有していた財産の所有権は、信託の設定により受託者に帰属することになり、この段階で財産は委託者のものではなくなります。信託財産が生み出す運用益に対しても、委託者ではなく受益者に帰属するものとして取り扱われます。

　また、財産の名義も信託名義になることから、もともと財産を所有していた委託者の名前は出てこず、匿名性を確保できるというメリットがあります。しかし、一方で、このような匿名性は「パナマ文書」の暴露による、各国税務当局の情報交換と連携調査の強化により、間違いなく今後失われていく方向にあることに留意する必要があります。

　それでは、スイスのプライベートバンクが顧客の投資一任勘定口座のなかで、投資資金をこのような「信託」に信託して「信託」を使って運用した場合には、元々、高い投資収益を得るために資金を投資した委託者には課税されないのでしょうか。

　現地における「信託」と日本における信託制度では制度設計に相違があるため、単純には比較できませんが、日本の場合には、委託者が受益者になって信託財産の運用収益を享受するように設定されている場合には、委託者は受益者として運用収益に対して課税されます。

　しかし、実際にスイスのプライベートバンクが行っている投資一任勘定口

座での信託の利用は、このように単純ではありません。そもそもスイス国内では信託の設定や、私益財団の設立は認められていないため、スイスの隣の小国であるリヒテンシュタインや旧英領諸島のタックスヘイブンを使って信託を設立するからです。信託した場合には、投資資金はスイスに留保されているわけではなく、実際は、リヒテンシュタインや英国のロンドン（シティ）で運用されます。このようにスイスの投資一任勘定で口座を開設し、リヒテンシュタインなどのタックスヘイブンで信託を設定し、ロンドンで運用するというストラクチャーを組成することにより、最終的に運用している資金は誰の資金かが不透明になることから、「真実の所有者」を特定することがとても困難になります。

リヒテンシュタインでは、①委託者はプライベートバンク、②受託者は信託銀行、③受益者は不明又は不在となり、信託された資金は課税されることはなく、差し押さえや資産凍結も不可能になってしまいます。

また、スイスには銀行法47条があり、顧客に関する情報を漏らした場合には厳しい罰則があること、リヒテンシュタインも同様に守秘義務規定があることから、この2国間の堅牢な守秘性は長い間守り続けられ、富裕層の絶大な信頼を得て、不透明な資金が大量に流れ込んでいました。

しかし、このようなスイスとリヒテンシュタインとの関係は、リヒテンシュタイン事件やUBS事件により、顧客に関する守秘情報が暴露され、多くの富裕層が租税回避に使用していた実態の一部が公にさらされることになりました。UBS事件での米国当局の執拗な要請により、ついに秘密保持により顧客の信用を獲得してきたスイス当局がおれ、UBSは租税回避に係る多数の顧客情報を米国当局に提出せざるを得なくなり、各国当局に対しても顧客情報の提供を許諾しました。

さらに、衝撃的な「パナマ文書」による暴露により、オフショア金融機関、タックスヘイブン国、弁護士事務所などの専門家により作られた巨大なシステムによって、多国籍企業や富裕層の租税回避が正当化され、関係者の暗黙の秘密保護により守られてきたメカニズムと実態が明らかにされたことにより、「真実の所有者」（ベネフィシャルオーナー、BO）を隠ぺいする不明朗な取引に関する情報開示の要求は、さらに加速されることになりました。

さて、このようなメカニズムで運用されている、スイス、リヒテンシュタインのクロスボーダーの「信託」が委託者は所有権を受託者に付与しているから課税されないという信託理論により、また、両国の銀行秘密保護によって「真実の所有者」（ベネフィシャルオーナー、BO）は明らかにされないという理由により、居住国（日本）からの課税を受けないで済むであろうかという問題が焦点となります。

　恐らくスイス等のプライベートバンクに資金を投資した多くの富裕層は、スイス等の顧客情報の秘密厳守を信頼して、または、信託理論を拠り所として、日本において所得税、相続税の申告をしてこなかったと推測されます。また、同様の理由により、国外財産調書の提出も行ってこなかったと推測されます（失敗事例4参照）。

　国外信託に関する日本の税制による規定が明確になっていないため、日本において国外信託に対する課税はできないという主張もありますが、結果的に貧富の格差を拡大させる不公平な取引に対する世論の反発により、国際税務に関する従来の基本的な考え方の見直しが迫られている現状では、すべての情報が開示、内部告発された場合には課税されるリスクは大きいと言えます。

## 2　国外不動産—米国不動産投資

　海外投資家からみて、日本での不動産投資の評価として、「不動産市場の規模」「不動産投資関連制度の安定性」「不動産市場の流動性」において、日本の不動産評価が比較的高くなっています。一方で、「不動産市場の成長性」「不動産市場における平均的な利回り」は、重要度が高いにもかかわらず評価は低いという見方があります[8]。

---

[8] 「海外投資家アンケート調査」平成26年8月・国土交通省。

## 図表3-3-12　投資ＭＡＰ　ステージ１　個人の国外不動産投資

ステージ１

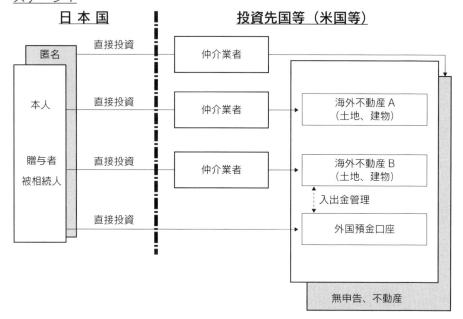

　特に海外不動産投資家から総合的に評価の高い米国、そして利回りや成長性が比較的高い香港、シンガポール、ミャンマーなど新興国等のアジア諸国向けの国外不動産などが、国外不動産投資の対象となっています。

　日本の首都直下型地震などの自然災害リスクや国外不動産投資の平均利回り・安定性等の魅力を考慮して、国外不動産を財産として持つことは、資産分散投資の選択肢であることから、今後も富裕層からの国外不動産投資は増えてくるでしょう。

## 図表 3-3-13　不動産投資地域の選択に際して重視する項目と日本の不動産評価の比較

▷ 日本に対する評価が高かったのは、DI の高い順に「不動産市場の規模（68.8）」、「不動産市場の流動性（64.4）」であった。

▷ 次いで、「信頼できるパートナーの存在（59.8）」、「不動産資産関連制度の安全性（58.0）」の順となっている。これらの項目までが DI が 50 を超えている項目である。

▷ 一方で、DI が低かった項目は、「不動産投資関連情報の入手容易性（透明性）（0.0）」、「税優遇等の不動産投資におけるインセンティブの充実度（2.3）」であった＊。

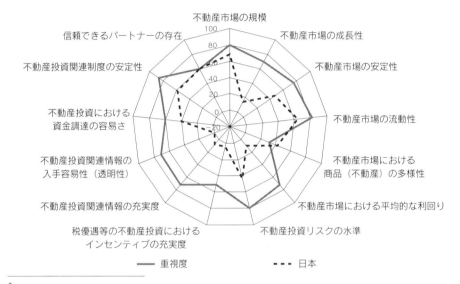

\*
・「不動産投資関連情報の入手容易性（透明性）（0.0）」については、日本は英語圏と比較すると、言語の違いから実案件に関して英語での情報ルートが少ないことも背景として考えられる。
・この点については、平成22年11月16日に開催された、第5回不動産投資市場戦略会議において同様の指摘がなされている。（「第5回不動産投資市場戦略会議・議事概要＜各委員及びヒアリング関係者のご意見＞」http://www.mlit.go.jp/common/000129763.pdf）
「日本の不動産投資市場は、情報がないということではないが、一部の国内主要プレイヤー以外の新規参入プレイヤーにとっては、情報アクセスについて、言語も含め、高いハードルがあるのではないか。海外からの新規参入組は比較的小規模なスタッフでスタートすることが多く、それらの新規参入組にとって厳しいマーケット構造になっており、参入しても結局成果が上がらず、数年間の短期で撤退する場合が多い。小規模であっても、新規参入してきた資金が長期に定着するためには、こうした環境を改善することが必要。」等
・不動産価格指数（住宅、商業用不動産）の公表は英語でも行われ、また、JLL による調査によれば、不動産透明度は中高レベルとなっているが、海外投資家からの評価はそれ以降大きな変化は見られていない。（参考：不動産価格指数 http://tochi.mlit.go.jp/kakaku/shisuu）

出典：国土交通省ホームページ平成28年度海外投資家アンケート調査

## 図表 3-3-14　不動産投資地域の選択に際して重視する項目と北米地域に対する評価比較

▷ 北米については、「税優遇等の不動産投資におけるインセンティブの充実度（18.3）」以外は DI が全て 50 を超えている。
▷ 北米に対する評価が高かったのは、DI の高い順に、「不動産投資関連情報の充実度（83.9）」、「不動産市場の流動性（82.8）」であった。
▷ 次いで、DI 79.7 の「不動産市場の規模」「不動産市場における商品（不動産）の多様性」「不動産投資関連情報の入手容易性（透明性）」「不動産投資関連制度の安定性」が並んでいる。
▷ 日本と比較すると、北米の評価は全ての項目において上回っている。
▷ 日本において評価の低かった、「税優遇等の不動産投資におけるインセンティブの充実度」については、北米でも DI が 18.3 で最下位であるが、「不動産投資関連情報の入手容易性（透明性）」については 79.7 となっている。

出典：国土交通省ホームページ平成 28 年度海外投資家アンケート調査

## 図表 3-3-15　不動産投資地域の選択に際して重視する項目と日本を除くアジアに対する評価比較

▷ 日本を除くアジアに対する評価が高かったのは、DI の高い順に、「不動産市場の成長性（86.1）」、「不動産市場の規模（54.2）」であった。
▷ 次いで、「不動産市場における平均的な利回り（41.7）」、「不動産投資における資金調達の容易さ（37.5）」となっている。
▷ 1 位の成長性と 2 位の市場規模との差は 31.9 ポイントあり、日本を除くアジアの評価は未だ圧倒的に成長性であることがわかる。
▷ 評価の低い項目は、「不動産投資関連情報の入手容易性（透明性）（マイナス1.4）」、「不動産投資関連情報の充実度（4.3）」となっている。
▷ 日本との比較では、日本が優っている項目が多い。
▷ 日本の評価が下回っている項目は、「不動産市場の成長性（DI 差 70.9）」、「不動産市場における平均的な利回り（同 32.8 ポイント）」、「税優遇等の不動産投資におけるインセンティブの充実度（同 16.8 ポイント）」となっている。

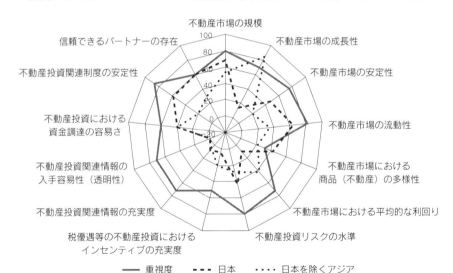

出典：国土交通省ホームページ平成 28 年度海外投資家アンケート調査

## 1 個人の国外不動産保有（貸付）の課税関係

　日本の居住者である富裕層個人が米国での賃貸建物及びその付属する土地（国外不動産）を購入し、賃貸運用し、売却・贈与を行うという前提で、日本の課税関係と米国での課税関係を中心に、概略説明します。

　不動産所得の定義は以下となります。

　不動産所得とは、①土地や建物などの不動産の貸付け、②地上権など不動産の上に存する権利の設定及び貸付け、③船舶や航空機の貸付けによる所得をいいます（所法26）[9]。船舶や高級車、航空機の動産への投資については、ここでは触れません。

　また、不動産投資であっても、不動産を主な運用対象とする投資法人あるいは投資信託（一般的な総称である不動産投資信託：REIT）からの利益分配は配当所得として、所得税法及び租税条約上は取り扱っています（所法24、日米租税条約第10条4）。

　この不動産投資信託については、金融商品として取り扱われるため、国外金融資産（第3節 1 ）の課税関係を参照ください。

### 1 日本での課税関係

　日本の居住者である個人（非永住者以外）が、国外不動産を所有して、その不動産を賃貸して賃料収入がある場合には、国内・国外を問わず、すべて

---

[9] 船舶や航空機の貸付けからの所得について、日本の所得税法では、船舶や航空機の貸付けによる所得は不動産所得として取り扱っている。しかしながら、租税条約では、船舶や航空機の貸付けによる所得を不動産所得から除外している場合がある。日米租税条約及び日本・シンガポール租税協定では、船舶及び航空機の貸付けは、不動産所得とはみなさない。例えば、日米租税条約では、航空機（裸用機）等のリース料については、事業所得（第7条）として取り扱われる場合、又は、国際運輸に運用することによる所得（第8条）が適用となる場合があることから、契約書をもとに慎重に検討することが望まれる。

の所得が日本で課税されるため、その国外不動産からの賃貸収入は、所得税法上の不動産所得として日本で確定申告し、納付することになります。

不動産所得を計算する上で、不動産について国外での経費（保険料、固定資産税、減価償却費、管理費など）を国外不動産賃料から控除した金額を不動産所得として申告することになります。特に減価償却の計算では、外国の法令に基づく償却方法、耐用年数等ではなく、日本の所得税法の規定に基づく償却方法になります（所法7、26、120）。

## 2 相手国での課税関係

日本の居住者である個人が不動産所在地国で不動産収入がある場合には、賃料につき、不動産所在地国でも不動産所得として課税することができます。

例えば、日本在住の個人が米国で不動産投資をして、賃料収入がある場合、不動産物件の所有者の国籍に係わらず、米国連邦所得税と不動産所在地の州税が課税されます。

米国連邦所得税では、課税方式に①源泉徴収課税方式を行うか、②確定申告方式を行うかを選択できます。

①源泉徴収課税方式の場合、日本の不動産所有者に対する賃料の30％を源泉徴収されて連邦政府に納税されます。一方、②確定申告方式を選択する場合は、年間の家賃収入から、固定資産税や支払利子をはじめ、修理費、管理費、維持費、改修費、保険料、仲介手数料、減価償却費といった経費を控除して純利益（不動産賃貸所得）を申告し、通常の連邦税率（10～35％）で連邦税を納付します。減価償却費等の経費控除後に欠損となれば、損失分は後の不動産所得との損益の通算や最終的な不動産売却益（譲渡益）と相殺できます。

## 3 租税条約での課税関係と日本での二重課税の調整

不動産所得につき、個人の居住地国（日本）で課税され、さらに不動産所

在地国である米国でも不動産所得に課税することができる（日米租税条約第6条）ため、日本と不動産所在地国の双方で賃料に関する不動産所得に二重課税が生じます。このため、居住地国である日本で、確定申告により外国税額控除を選択し、外国で課税された所得税相当の税金（米国であれば連邦税及び州税等の税金）について控除限度額を上限に外国税額控除等による二重課税の調整を行うことができます。控除限度額を超える外国税額がある場合には3年間繰越すことができます（所法95）。

### 4 国外財産調書への記載（5,000万円超の場合）

日本の居住者である個人（非永住者以外）が、その年の12月31日における国外不動産を含め国外財産の価額の合計額が5,000万円超の場合は、国外財産調書をその年の翌年3月15日までに提出しなければなりません。

## 2 個人が保有する国外不動産の譲渡

### 1 日本での課税関係

日本の居住者である個人（非永住者以外）は、国内外の所得（全世界所得）について日本で課税がされるため、国外不動産を売却したことによる譲渡益について、国内にある不動産を売却した場合と同様に、日本で課税されます。

国外土地、建物の譲渡所得の計算は、国内不動産と同様に、土地の所有期間に応じて、事業所得や給与所得などの他の所得の金額とは区別し、長期譲渡と短期譲渡の税率により、計算します。

土地の場合：
土地の譲渡所得（土地の譲渡価額－土地の取得費－譲渡費用）×　税率

建物の場合：
建物の譲渡所得（建物の譲渡価額－建物の取得費－譲渡費用）× 税率

・建物の取得費＝取得費－減価償却費（取得から譲渡時までの償却費）
・税率……所有期間に応じて、以下の税率となります。
　①長期所有の譲渡（譲渡した年の1月1日現在の所有期間が5年超の土地）
　　…20.315％（国税15.315％、地方税5％）
　②短期所有の譲渡（譲渡した年の1月1日現在の所有期間が5年未満の土地）
　　…39.63％（国税30.63％、地方税9％）

　買換え特例、特別控除等の特例は国内不動産に適用されるものであり、国外不動産については適用できません。
　外貨換算を行う場合、外国通貨で行われた不動産の譲渡所得の金額及び不動産を取得した際の取得価額の金額は、原則として、その取引日における対顧客直物電信売相場（TTS）と対顧客直物電信買相場（TTB）の仲値（TTM）によることとされています。
　ただし、不動産を売却して外国通貨を直ちに本邦通貨とした場合には対顧客直物電信買相場（TTB）で、本邦通貨を外国通貨として直ちに海外不動産を取得した場合には対顧客直物電信売相場（TTS）で譲渡所得を計算することができます。
　譲渡とは、有償無償を問わず、不動産を含む所有資産を移転させる一切の行為をいうので、通常の売買のほか、交換、競売、公売、代物弁済、財産分与、収用、法人に対する現物出資なども含まれます。
　法人への贈与や個人への一定の相続等で、次の場合には、資産の譲渡があったものとして課税されます。

　法人に対して資産を贈与した場合や限定承認による相続などがあった場合で、次のイ又はロのような事由により資産の移転があった場合には、時価

（通常売買される価額をいう）で資産の譲渡があったものとして、譲渡課税されます（所法59）。

　　イ　法人に対する贈与や遺贈、時価の2分の1未満の価額による譲渡
　　ロ　限定承認の相続や限定承認の包括遺贈（個人に対するものに限る）

## 2 相手国での課税関係

不動産所在地国でも、不動産の売却益については課税されます。

例えば、米国では非居住者には、米国不動産の譲渡対価（売値）に対して15％の源泉税が課されます。この税金は買い手の支払い対価から源泉徴収されます（FIRPTA[10]）。

この売却について米国で確定申告を行うと、FIRPTAでの15％源泉税よりも確定申告での税金が低くなることから、一定の金額の税金還付が可能となります。

## 3 租税条約での調整の検討

外国で課税された所得税相当額は、日本に居住する個人は、外国税額控除を適用して日本と所在地国で二重に課税された税金を控除することができます。

納税者が海外駐在しているなど日本で非居住者の場合で、米国不動産を売却したときは米国のみで不動産の売却課税が行われ、日本では売却益に課税されません。

---

[10] The Foreign Investment in Real Property Tax Act の略。「外国からの不動産投資税法」である。外国人、外国法人の米国不動産投資が増加したことに対する米国国内法である（1980年成立）。外国人及び外国法人が米国不動産を売却する際に不動産の買い手に対して取引価格に対して15％（2016年3月時点）の源泉徴収を義務付けている。ただし、例外規定が設けられている。

## 3 個人が保有する国外不動産の贈与

### 1 日本での課税関係

　日本に居住している個人（財産保有者）が国外不動産を贈与した場合、受贈者（財産取得者）の居住地及び国籍に関係なく、国外財産のすべてが課税対象となることから、贈与により取得した国外（米国）の不動産について、受贈者（財産取得者）において日本の贈与税が課税されます（相法1の4、2の2）。

　財産の取得時点とは、書面による贈与の場合は、契約効力の発生した時であり、書面によらない（口頭）贈与の場合は、贈与履行の時となります（相基通1の4共-8）。

　贈与税の税額は、原則、暦年で申告納付します。これは、その年に贈与により取得した財産の価額の合計額を贈与税の課税価格としているため、国外不動産の贈与税評価額を課税価格として、年間基礎控除（110万円）を控除した金額に対して贈与税の税率（10％～55％）を乗じた金額を暦年の贈与税額として翌年2月1日から3月15日までに申告納付するものです。相続開始前3年以内の暦年贈与をした国外不動産については、相続時に相続財産に加算して相続税の計算をして、納付した贈与税は精算されます（相法19①）。

　特例としての相続時精算課税は、国外財産に適用が可能です。既に、この特例を選択している相続人等は、上述した暦年課税の申告納付が適用できなくなるため、国外不動産の贈与についても、相続時精算課税により、贈与税を計算することになります（相法21の9、21の15）。ただし、住宅取得等資金贈与の特例は国外不動産には適用できません（措法70の2①）。

　この相続税精算課税を選択している場合は、贈与財産額を贈与者の相続開始まで累積して、累積2,500万円までは非課税となり、2,500万円を超えた額に一律20％の税率で贈与税を計算することになります。相続時にはこの相続税精算課税適用の国外不動産については、相続税の計算に再度含めて相続税を計算し、納付済み贈与税を精算することになります（相法21の9、

10、12、13、15)。

【国外不動産の贈与税の評価額】
　国外不動産の贈与税の評価額は、贈与による取得の時の価額（時価）となります（相法22）。また、国外不動産には財産評価基本通達による路線価は適用できません。財産評価基本通達5－2は、基本通達に準ずる評価方法として、現地での売買実例価額、精通者意見価格などを参酌して評価するとしていることから、実務的には、公正な第三者による鑑定評価意見書等による公正市場価格とされる金額を評価額として用いることになります。

## 2 相手国での課税関係

　相手先国の贈与税の制度の有無によります。
　国外不動産所在地国の贈与税の制度がない国（香港、シンガポール等）では不動産の贈与は贈与税が課税されませんが、贈与を譲渡税として課税する国（カナダ、オーストラリア、タイ等）や、受贈者が親族と親族以外で税率が異なる国（フランス、ドイツ）、州ごとに税率が異なるスイス等があるため、贈与を検討する場合には、所在地国の専門家に事前に確認する必要があります。
　贈与税の制度がある米国では、非居住者が米国に所在する不動産を贈与した場合は、米国で贈与者に対して贈与税が課税されます。

●コラム●

### 米国の贈与税・遺産税

　連邦贈与税（Federal Gift Tax）と連邦遺産税（Federal Estate Tax）は、納税義務者は個人だけであり、財産の移転に対して課せられる税金です。これらの税制は「統一移転税（Unified Transfer Tax）」として、一体化されています。所得税（Income Tax）とは区別されます。

　連邦贈与税は、贈与者が納税義務者となり、生存中に行った財産の贈与（移転）に対して課せられる税金です。

　連邦贈与税は、米国非居住者による株式、債券、著作権等の無形資産は、非課税としています。

　連邦遺産税は、死亡時における財産の贈与（移転）に対して課せられる税金です。日本のように相続人が相続手続きを主導するのではなく、遺産財団（遺言で指名される相続執行人や裁判所が任命する遺産管財人）を通じて相続財産及び債務を確定し、相続税を計算することになります。この一連の手続きは、遺言の場合のプロベイト制度に関連しています。

**図表3-3-16　米国連邦贈与税と連邦遺産税**

| 税　制 | 納税義務者 | 課税対象 | 評価時期 |
| --- | --- | --- | --- |
| 連邦贈与税<br>（Federal Gift Tax） | 贈与者 | 贈与資産の時価<br>（fair market value：<br>公正市場価値） | 贈与日 |
| 連邦遺産税<br>（Federal Estate Tax） | 被相続人<br>（故人） | 相続財産の時価<br>（fair market value：<br>公正市場価値） | 死亡日あるいは代替評価日 |

　連邦贈与税は、暦年で基礎控除1万4,000米国ドルを超える場合には、贈与日の翌年4月15日までに申告を行います。

　贈与財産を贈与時の適正時価で評価します。条件付き贈与契約や撤回可能な贈与契約は、贈与が成立していないものとして、贈与税の対象にはなりま

せん。

　各種控除があり、特に受贈者のために教育機関や医療機関に直接支払った教育費及び医療費を控除でき（非課税）、配偶者への贈与も全額控除（非課税）、慈善団体への贈与も控除できます。このため、当該贈与額については、申告が必要となります。

　連邦贈与税は、贈与税の計算は累積的に行うため、その年に行った贈与の課税金額に贈与年以前に行った過去の贈与の課税金額を合計して、移転税の税額を算出し、過去の贈与税の納税額を差し引いた金額がその年の贈与税の納付すべき税額となります。

**図表 3-3-17　米国贈与税の計算方法**

| 1 | 当期の贈与額（不動産を贈与した日の適正時価） |
|---|---|
| 2 | 控除額（基礎控除（1万4,000米国ドル：2017年）、その他[11]） |
| 3 | 当期課税贈与額　（1 − 2） |
| 4 | 過年度の課税贈与額 |
| 5 | 課税贈与額の合計　（3 ＋ 4） |
| 6 | 統一移転税率（18％〜40％：2017年） |
| 7 | 課税贈与額に対する統一移転税（贈与税）（5 × 6） |
| 8 | 前年度までに支払った統一移転税（贈与税） |
| 9 | 統一移転税控除 |
| 10 | 当期に支払うべき贈与税額（7 − 8） |

---

[11] 各種控除があり、①配偶者との贈与分割（夫婦2人で受贈者1人当たり基礎控除×2人までの金額を控除）、②受贈者のための教育費及び医療費の金額の控除、③慈善団体（政治献金を除く）への贈与額の控除、④配偶者への贈与額の控除がある。

## 3 二重課税の調整—国外財産に対する贈与税額の控除（贈与税の外国税額控除）

　国外財産について、財産所在地の贈与税に相当する税が課された場合には、受贈者は、贈与税の計算上、国外財産の価額をもとに計算した贈与税額を控除することができます（相法21の8）。

　例えば、米国不動産を贈与した場合には、日本では受贈者に贈与税が課税されますが、米国では贈与者に課税されることになります。国外不動産について、財産所在地である米国の贈与税が課されたものとして、贈与税の在外財産に対する贈与税額の控除を行うことができます。

　一方、カナダやオーストラリアでは、贈与税はなく、みなし譲渡益課税という所得税法を根拠としたキャピタルゲイン課税が行われます。これらの課税は、個人が資産を時価で処分したものとみなす未実現利益の所得税課税であることから、贈与税に相当する税に該当するものとはいえず、結果として、日本での贈与税と所在地国での所得税の租税の二重負担が生じると考えられます。

## 4 国外不動産の贈与に対する出国税の適用の可否

　日本に住所を有する個人が、保有する国外不動産を国外に居住する者に贈与した場合には、国外不動産は有価証券等に該当しないため、出国税（贈与等により非居住者に資産が移転した場合の譲渡所得税の特例）の適用はありません（所法60の3）。

# 4 個人が保有する国外不動産の相続

## 1 日本での課税関係

　国外不動産の日本の相続税の納税義務者は、相続又は遺贈により財産を取得した者である相続人が納税義務を負います。

　相続等で取得した者の居住地や日本国籍の有無で「無制限納税義務者」

「制限納税義務者」に区分し、課税財産の範囲を定めています。

　日本に居住している被相続人が国外（米国）に不動産財産を所有して死亡した場合、日本の相続税は相続人の居住地及び国籍に関係なく相続した財産の国内及び国外を問わずすべての財産が原則として、課税対象となります。このため、国外不動産については、相続人に対して相続税が課税されます（相法1の3①、2①②）。

### 【国外不動産の相続税の評価額】

　国外不動産の相続税の評価額は、相続による取得の時の価額（時価）とします（相法22）。また、国外不動産には財産評価基本通達による路線価は適用できません。財産評価基本通達5－2は、基本通達に準ずる評価方法として、現地での売買実例価額、精通者意見価格などを参酌して評価するとしていることから、実務的には、公正な第三者による鑑定評価意見書等による公正市場価格とされる金額を評価額として用いることとなります。

### 【小規模宅地等の特例の適用】

　相続財産である宅地等が一定の要件を満たす「特定事業用宅地等」「貸付事業用宅地等」等に該当する場合、その宅地等の評価につき限度面積要件の範囲内で一定割合（50％等）が減額される小規模宅地等の特例規定は、対象となる宅地等につき、国内に所在することを要件としていないため、国外不動産に対しても適用の対象となります（措法69の4）。

## 2 相手国での課税関係

　相続税制度を有する国であるか否かを確認する必要があります。例えば、米国では遺産税が課税されます。遺産税の納税義務者は被相続人です。被相続人は米国の非居住者であるため、課税財産の範囲は米国所在の不動産が課税財産となり、この課税財産に対して遺産税が課税されます。

　このため、米国所在の当該不動産について日本の相続税と米国の遺産税が

二重に課税されることになります。

### 3 二重課税の調整—国外財産に対する相続税額の控除（外国税額控除）

国外財産について、財産所在地の相続税に相当する税が課された場合には、受贈者は、贈与税の計算上、国外財産の価額をもとに計算した相続税額を控除することができます（相法20の2、令5の4②）。

例えば、相続税制度がある米国不動産を相続した場合の米国遺産税について、米国不動産（国外財産）に対する相続税相当の税額控除を行うことができます。

### 4 租税条約での調整の検討

日本が締結する相続税及び贈与税についての租税条約は、米国との日米相続税条約だけです。

日本国籍を有し日本に居住する被相続人が死亡すると、その所有する米国所在の不動産が米国遺産税の課税財産となり、この課税財産に対して遺産税が被相続人に対して課税されます。この場合、納税義務者である日本国籍を有し日本に居住する被相続人は、米国の非居住者であるため、米国遺産税においての基礎控除は6万米ドル（2017年）となります。一方、米国市民又は米国居住者に対して認められる基礎控除は549万ドル（2017年）です。

日米相続税条約では、相続人が日本居住の無制限納税義務者である場合で、日本国籍かつ日本居住者である被相続人の米国不動産が米国内にあるときは、その米国遺産税の計算上、米国の居住者等にのみに認めている543万ドルの基礎控除を一定の比例配分（米国所在の財産の価額の全世界の財産の価額に対する割合で配分）した金額の控除を認めています（日米相続税条約第4条）。

また、日米間の二重課税を外国税額控除の方法により調整します。実際に適用される外国税額控除の金額は日本の相続税法上の外国税額控除の金額と日米相続税条約上の外国税額控除の金額のいずれか大きい金額とします（日

米相続税条約第5条)。

## 5 国外不動産の相続に対する出国税の適用の可否

日本に住所を有する個人が保有する国外不動産を国外に居住する者が相続又は遺贈により取得した場合でも、国外不動産は有価証券等に該当しないため、出国税(相続等により非居住者に資産が移転した場合の譲渡所得税の特例)の適用はありません(所法60の3)。

# 第4節 国内非公開株式を利用した国外財産（金融資産・不動産）投資と課税

## 1 国内非公開株式を利用した国外金融資産投資

図表 3-4-1　投資ＭＡＰ　ステージ２　個人オーナーが国内に非公開会社を設立し、国外金融資産を管理する方法

ステージ１

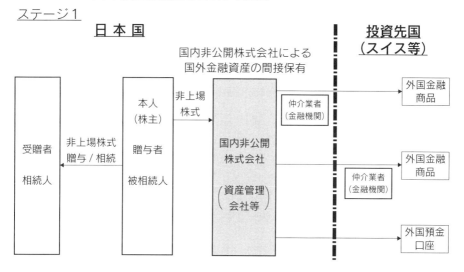

　国内非公開会社（株式）を利用した国外金融資産投資の主な特長は以下のとおりです。

　第一に、以下の点から個人の所得が大きい富裕層にとって資産運用からの所得に対する税コストを下げることができます。

①　法人の資産管理事業に関する役員報酬等の経費計上ができることで、

課税所得を下げることができます。
② 法人が行った金融資産投資における債券、株式等の譲渡損は、他の所得との損益通算が可能です。

　個人では、配当所得や譲渡所得は申告分離となり、他の所得との損益通算が制限されています。一方、法人の場合には、収益の源泉が利子、配当、不動産賃料、譲渡等であってもすべて収益は原則として益金として一本化されるため、金融資産以外の他の資産（例えば不動産等）で損失が出た場合には、金融資産収益との損益通算も容易です。

③ 個人所得税は超過累進税率ですが、法人税は一定税率（23.4％：平成28年4月以降開始事業年度、15％：資本金1億円以下の法人で年間所得800万円以下への税率）であるため、高額所得者にとっては、全体として、個人で申告する場合と比較して、納付税額が下がります。

　例えば、国内所得だけで個人の所得税の課税所得が1,800万円の富裕層がこれまで国外資産の申告を行っていない場合は、所得税の税率は、課税所得1,800万円から4,000万円までは40％、4,000万円超は45％（平成28年度）であるため、今後国内所得と合わせて、国外金融機関に預けた預金利子や日本の金融機関を通さずに国外金融機関のプライベートバンク等が投資一任勘定で行う債券の利子等の国外所得を申告する際には、所得税上、総合課税となるため、この国外所得に対して所得税だけで40％、又は45％、住民税を合わせると約50％、又は55％が課税されることになります[12]。

　ただし、国外金融機関と直接に行う金融資産投資で上場株式等に該当する場合の配当や譲渡益についても、申告分離課税（所得税及び復興特別税15.315％、住民税5％）が選択できるため、上場株式等による投資が中心となる場合には、個人で投資し保有する場合の方が課税上、有利

---

[12] 国外所得について無申告であった場合は、調査が入り修正申告となると更に加算税（10～20％）が課されることになる。

になる場合があります。
　このため、金融資産の運用目的、資金規模、分散投資のポートフォリオの組合せにより、法人による金融資産の投資スキームの取捨選択の判断については、専門家と慎重に検討する必要があります。

　第二に、国外資産を国内非公開会社が保有するため、個人は国外財産を直接保有しないで、内国法人の株式を保有します。そのため国外金融資産が内国法人の株式に換わることにより、国外財産が国内財産に転換されるため、罰則規定がある国外財産調書の記載及び提出が不要となります。

　第三に、法人を利用して以下の対策を行うことで、富裕層オーナーの財産にかかる相続税等をマネジメントすることができます。
① 法人の経費計上について、代表者や親族に対して役員報酬や退職金を支払うことで、富裕層オーナーの金融資産からの収益を、親族の個人給与とすることで、次世代への所得の分散、又は相続税の納税資金を確保することができます。
② 生命保険を法人で契約することで、法人の経費計上を行うとともに、富裕層オーナーの相続の際の納税資金を確保できます。
③ 遺産分割を、財産を保有する会社株式を用いることで、比較的簡便に行うことができます。

　第四に、財産の所有者が個人から法人へ変わることにより、国外財産の手続きが複雑で長期間かかる各国（米国、英国、オーストラリア、香港、シンガポール等）のプロベイト手続きを回避できます。
　米国で遺産税の納税義務が発生する場合には、外貨預金も被相続人の財産としてエステイト（財団）の中に入れられ、プロベイト等の手続きにより、債権債務の相殺、費用の支払い、遺産税等の納税が終わった残余財産の一部が、分配金として相続人に分配されます。通常、プロベイト手続きが終了す

るまでには3年から4年、長ければ10年もかかると言われています（**第2章参照**）。

## 1 国内非公開株式を利用した国外金融資産投資（保有）の課税関係

### 1 日本での課税関係

　国外金融資産を内国法人である非公開会社が取得し、保有した場合には、第3節で示した個人での課税関係とは異なり、財産とその果実である所得の帰属が個人から法人に変わるため、主に適用される税法も所得税法から法人に対して課税する法人税法になります。

　したがって、国外の金融資産から生じる利子、配当、譲渡等の収入は、個人が保有する場合の利子、配当、譲渡等の各種所得区分に応じた課税関係とは異なります。原則、金融資産からの収益は、法人税の所得の計算上、益金の額に算入され、事業関連費用や譲渡損失額を損金額として控除した残額を課税所得として、法人税率を乗じた法人税が課税されます（法法2三、法法22）。

### 【国内非公開会社設立の際の留意点】

　非公開会社設立は、金銭出資、現物出資の方法があり、手持ちの金融資産を元手に設立する場合は、金融資産を金銭化する際又は現物出資の際に金融資産の含み益がある場合には、出資する個人において譲渡課税がされます。

　現物出資は、所得税上、売買（新設会社に対する譲渡）として取り扱われるため、時価課税が適用されます。なお、現物出資をするには、原則、裁判所に検査役の選任を申し立てる必要があります。検査役（通常、弁護士等が選任される）は、出資財産の価額が適正か否かの調査を行います。

　ただし、「市場性のある有価証券」で定款に定めた価格がその相場を超えない場合に現物出資する場合、検査役の調査を必要としません。このため、既に有している「市場性のある有価証券」の現物出資による方法も検討すべきでしょう。

## 【特定同族会社の留保金課税】

　金融資産管理会社の留意点として、資本金が1億円を超えると、特定同族会社の留保金課税が適用されます。このため、金融資産管理会社の投資金額と個人で保有する金融資産との割合や事業オーナーからの借入金を使った負債・資本比率等について事前に専門家と相談することが必要です。

　同族会社で資本金が1億円超である会社は特定同族会社となり、特定同族会社で株主に留保された所得がある場合にその留保された所得を課税留保金額として、通常の法人税とは別に10％、15％、20％の税額がかかることになります（法法67）。

　資産管理会社等国内法人を設立する場合にグループ会社が一部株式を保有する場合、グループ内での資本関係によっても、特定同族会社に判定される場合があり事前の検討が必要です。

　例えば、個人が100％出資する法人が資本金1億円超である場合、その100％子会社が資本金1億円以下の資産管理会社であったとしても、親会社の資本金が1億円超であるため、その子会社（資産管理会社）を特定同族会社とみなして、留保金課税が適用されます。

## ２ 金融資産保有の相手国の課税関係

　金融資産投資に係る相手国での課税関係は、投資先国の国内税法に基づくため、ここでは、個人の場合と同様に、スイスにおける金融資産投資に関する課税関係を例として以下に示します。

　また、スイスでは、日本で設定された法人は、非居住者である外国法人と取り扱われます。外国法人のスイスでの金融資産投資に対する課税は、相手国（スイス）の国内源泉所得についてのみ課税されます。そして、スイスの国内法（連邦、州（カントン））ごとの課税の取扱いにかかわらず、日本・スイス間の租税条約の規定が優先適用されます。

　スイスの税制では、源泉所得税は、連邦税として、スイス法人の配当金の

グロス額、スイスで発行された債券及び類似の債券を源泉とする所得、スイスの投資ポートフォリオの収益分配金、スイスの銀行預金の受取利子等が課税対象となります。

日本スイス間租税条約による税率は以下のとおりです。
　預金利子　税率10％の源泉徴収
　債券利子　税率10％の源泉徴収
　配当　　　ポートフォリオ投資家への配当には税率15％の源泉徴収
　　　　　　会社の所有者への配当には10％（一般）、5％（親子間要件は持ち株比率10％以上50％未満）、0％（持株比率50％以上）の軽減税率が適用

### ③ 二重課税の調整

租税条約での規定や相手国の国内法の規定により、金融資産所在地国にて金融資産の利子、配当に対して源泉税が課された場合は、日本での法人税申告において、外国税額控除により二重課税の調整を行うことになります（法法69）。

## ② 国内非公開株式を利用した国外金融資産の譲渡

### ① 日本での課税関係

#### （1）国内非公開会社が行う国外金融資産の譲渡の課税関係

国外の金融資産から生じる譲渡の収入は、原則、金融資産からの収益については、法人税の所得の計算上、益金の額に計上し、取得費、譲渡関連費用は損金の額として計上し、益金の額から損金の額を控除した残額を課税所得とします。この課税所得に対して、法人税率を乗じて計算した法人税が課税されます。

譲渡損失となった場合は、他の所得と相殺することとなります。青色申告

法人には9年間の青色申告の繰越控除等が認められています。

## （2）金融資産を保有する国内非公開会社の株式を譲渡する場合の課税関係

　内国法人である非公開会社に国外金融資産を所有させて、その金融資産の一部又は全部の株式の持分を譲渡した場合、譲渡した個人において、一般株式等の譲渡所得として20.315％（所得税15.315％、住民税5％）の申告分離課税となります。

　特に、相続対策を前提とした、個人間でのこの内国法人の株式の譲渡価格は、相続税評価額によることになります。純資産価額評価方式の計算上、評価差額に対する法人税に相当する金額として評価差額の37％（平成28年4月期以降の法人）が適用できます。

## 2 金融資産所在地国での課税関係

### （1）国内非公開会社が行う国外金融資産の譲渡の課税関係

　金融資産所在地国での日本内国法人は、外国法人（非居住法人）と取り扱われることが多く、投資先国の内国税法により各々金融資産の譲渡の課税関係が規定されています。譲渡所得課税制度がない香港等もあります。日本と租税条約を締結している国とは、租税条約に基づき金融商品の課税関係が優先適用されます。巻末参考資料を参照ください。

### （2）金融資産を保有する国内非公開会社の株式を譲渡する場合の課税関係

　金融資産所在地国においてその金融資産を保有する日本内国法人は、外国法人と取り扱われることが多く、所在地国からみて非居住者である個人が保有するその外国法人（金融資産を保有する日本内国法人）の株式の譲渡所得については、その個人の居住地国（日本）で課税が行われる取扱いが租税条約では原則であるため、課税されません。

　租税条約での例外規定や相手国の国内法の規定により、金融資産所在地国にて譲渡所得に課税がされた場合は、日本での個人確定申告において、外国

税額控除での二重課税の調整を行うことになります。

## 3 国内非公開株式を利用した国外金融資産の贈与

### 1 日本での課税関係

国外金融資産を国内非公開会社の株式を贈与する方法で移転する場合の日本での課税関係は次の通りです。

受贈者が無制限納税義務者の場合は、受贈者に贈与税が課税されます（相法1の4①一、二）。

受贈者が制限納税義務者の場合は、贈与者に譲渡益課税（出国税）が課されます（納税猶予があります）（所法60の3）。加えて、受贈者に贈与税が課税されます（相法1の4①三）。

事業承継税制における非上場株式の贈与の納税猶予について、この国内非公開会社が資産保有型会社（不動産、株式、債券等の合計額が会社資産に占める割合が70％以上の会社）等に該当する場合は、この贈与税の納税猶予の適用はできません（措法70の7①、7の2②八）。

贈与税の計算上、贈与における株式の価格は、相続税評価額によることになります。

非公開会社の株式は市場価格がない取引相場のない株式に該当します。

株式の評価方法は、株主の判定、会社の規模によって、類似業種比準法、純資産価額方式か配当還元方式となります。

なお、国内非公開会社が、株式等保有特定会社（有する各資産の相続税評価額に占める株式及び出資等の相続税評価額の割合が50％以上である会社）に該当する場合は、株式の評価方法は類似業種比準法を使うことはできず、原則、純資産価額方式で、S1＋S2方式[13]を選択することも可能です（財基通189-3但書）。この純資産価額方式の計算上、評価差額に対する法人税に相当する金額として評価差額の37％（平成28年4月期以降の法人）が適用できます。

## 2 相手国での課税関係

国外金融資産を国内非公開会社の株式を贈与する方法で移転する場合、個々の金融資産の所有は国内非公開会社のままであるため、金融資産に対する贈与税には原則として影響しません。

## 4 国内非公開株式を利用した国外金融資産の相続

### 1 日本での課税関係

国外金融資産を保有する国内非公開会社の株式を相続等により取得する場合には、納税義務者である相続人等に対して、相続税が課税されます。

被相続人が国外金融資産を保有していた場合は、国外金融資産の相続となりますが、法人保有の場合には、国外金融資産を保有する国内非公開会社の株式の相続となるため、この株式を相続税評価額により評価して相続税を計算することになります。

株式を相続により取得した場合の評価は、株式の取得の時における時価で評価することを原則とします（相法22）。

実務的には、財産評価基本通達により、評価することになります。財産評価基本通達では、株式の評価は、その株式に市場価格があるかないかを基準として評価方法が定められています。株式を市場価格がある上場株式、気配相場等のある株式と市場価格がない取引相場のない株式に区分して評価します。

ここでいう金融資産である国外財産を保有する非公開会社の株式は、市場価格がない取引相場のない株式に該当します。

非公開会社は譲渡制限株式を発行し、第三者への株式移転防止規定を定め

---

[13] 株式等保有特定会社株式の価額＝S1＋S2とする評価方法。
　S1＝株式等保有特定会社が保有する株式以外の資産を、配当がなかったとした場合の会社の規模に応じた原則的評価方式により評価した価額
　S2＝同会社が保有する株式に係る部分を純資産価額方式で評価した価額

ている会社が多く、売買実例が少ないため市場価格を構成しにくい性格があります。このため、非公開会社の株式の評価は、財産評価基本通達に定める取引相場のない株式の評価方法によります。

　財産評価基本通達に定める取引相場のない株式の評価方法は、会社支配権の有無に基づき以下の表に定める方法によります。

**図表 3-4-2　同族株主がいる会社の株式評価方式**

| 区分 | 株主区分 | 株主の態様 | | | 評価方式 |
|---|---|---|---|---|---|
| 同族株主のいる会社 | 同族株主 | 取得後の議決権割合が5％以上の株主 | | | 原則的評価方式 |
| | | 取得後の議決権割合が5％未満の株主 | 中心的な同族株主がいない場合 | | |
| | | | 中心的な同族株主がいる場合 | 中心的な同族株主 | |
| | | | | 役員である又は役員となる株主 | |
| | | | | その他の株主 | 配当還元方式 |
| | 同族株主以外の株主 | | | | |

**図表 3-4-3　非公開株式の評価方法**

| 区分 | | | 評価方式 |
|---|---|---|---|
| 一般の評価会社の株式 | 原則的評価方式 | 大会社 | 類似業種比準方式（純資産価額方式も選択可） |
| | | 中会社 | 併用方式（類似業種比準方式の部分を純資産価額方式へ選択可） |
| | | 小会社 | 純資産価額方式（併用方式も選択可） |
| | 特例的評価方式（同族株主以外） | | 配当還元方式（例外・原則的評価方式） |
| 特定の評価会社の株式 | 原則的評価方式 | 比準要素数1（2要素0）の会社 | 純資産価額方式（純資産価額を重視した（0.75）併用方式も選択可） |
| | | 株式等保有特定会社 | 純資産価額方式（$S_1 + S_2$ 方式も選択可） |
| | | 土地保有特定会社 | 純資産価額方式 |
| | | 開業後3年未満の会社又は比準要素数0（3要素0）の会社 | 純資産価額方式 |
| | | 開業前又は休業中の会社 | 純資産価額方式 |
| | | 清算中の会社 | 清算分配見込額の複利現価による方式 |
| | 特例的評価方式（同族株主以外）ただし「開業前又は休業中の会社」及び「清算中の会社」は除く。 | | 配当還元方式（例外・原則的評価方式） |

個人オーナーが保有する非公開会社の株式の評価方式は、同族株主のいる会社に該当するため、原則的評価方式である類似業種比準価格と1株当たりの純資産価額方式（資産・負債を相続税評価額によって計算）の2つの方法となります。同族株主以外の株主が取得した株式は配当還元方式で評価します。

　なお、国内非公開会社が、株式保有特定会社（有する各資産の相続税評価額に占める株式及び出資の相続税評価額の割合が50％以上である会社）に該当する場合は、株式の評価方法は純資産価額方式（S1＋S2方式も選択可）か配当還元方式となります。この純資産価額方式の計算上、評価差額に対する法人税に相当する金額として評価差額の37％（平成28年4月期以降の法人）が適用できます。

### 2 相手国での課税関係

　国外金融資産を、国内非公開会社の株式を相続する方法により移転する場合、個々の金融資産の所有は国内非公開会社のままであるため、金融資産に対する相続税に対応する相手国での税には原則として影響しません。

　さらに、財産の所有者が個人ではなく法人であるため、プロベイトといった複雑で長期間かかる手続きを回避することができます。

## 2　国内非公開株式を利用した国外不動産投資

　国内非公開会社（株式）を利用した国外不動産投資の特長は次の通りです。

① 国内非公開株式を利用した国外不動産投資は、国外に所在する不動産を日本法人が保有することであるため、個人オーナーから見ると、不動産という国外財産が国内財産である株式に転換されることになります。このため、国外不動産について、国外財産調書での申告が不要となります。

② 譲渡、贈与等により不動産の所有権の移動が生じる場合には、不動産登記、不動産取得税等の関連費用がかかります。一方、不動産を保有する法

人の株式自体を譲渡等することで、法人とともに保有する不動産の移転を行う場合は、不動産取得税関連の相手国租税、不動産手数料等の関連費用がかからないため、移転コストを抑えることができます。

③ 財産の所有者が個人から法人へ変わることにより、国外財産の手続きが複雑で長期間かかる各国（米国、英国、オーストラリア、香港、シンガポール等）のプロベイト手続きを回避することができます。

デメリットとしては、個人で保有する国外不動産は出国税対象資産ではありませんが、個人の資産が国外不動産から国外不動産保有会社の株式に変わり、この株式を含め有価証券評価額が1億円以上になる場合で、この個人が国外移住をしたり、海外在住の相続人等にこの株式を贈与や相続をする際には、出国税等の譲渡課税の対象となります。

**図表3-4-4　投資MAP　ステージ2　個人オーナーが国内に非公開会社を設立し、国外不動産産を管理する方法**

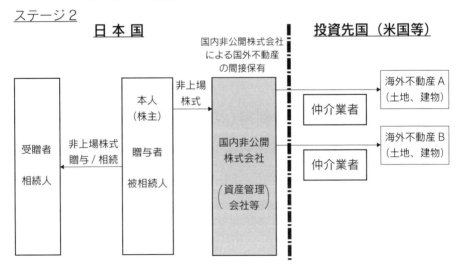

## 1 国内非公開株式を利用した国外不動産投資（保有）の課税関係

### 1 日本での課税関係

内国法人を通して国外の不動産投資を行った場合、その法人で、賃料収入が課税されます。減価償却費、管理費、支払利息、米国（外国）で課される固定資産税等の費用は損金算入できます。減価償却の計算方法・耐用年数は日本の法人税法で定める方法によります。

### 2 相手国での課税関係

例えば米国の不動産を購入し、賃貸した場合は、賃料等の不動産所得につき非居住法人（外国法人）として相手国である米国で課税されます。賃料につき30％の源泉税課税（グロス課税方式）か賃料から不動産経費を差し引いた所得か損失を確定申告（ネット課税方式）のいずれかを選択することができます[14]。

### 3 租税条約

租税条約の不動産所得条項では、一方の国の個人又は法人が相手国に不動産を保有し、その不動産賃料の不動産所得については、その相手国においても課税できる旨定めています。

日本法人が直接国外不動産に投資をする場合は、国内にPE（恒久的施設）を有しない企業つまり、相手国から見た場合「外国法人」が不動産投資事業を行っているとして、国内にPE（恒久的施設）を有しないため、相手国では課税できないと考えることもできます。

しかしながら、租税条約の不動産条項に基づき、外国法人の国外不動産投資は、相手国の不動産から生ずる所得（相手国の国内源泉所得）に該当するものとして、相手国は課税ができることに留意します。実際の納税方法につ

---

[14] 30％の源泉徴収は過大のため、非居住者として申告納税するケースが多い。

いては、相手国の国内法によることになります。

例えば、米国での不動産投資について、米国で源泉税課税（グロス課税方式）か確定申告（ネット課税方式）で納付した源泉地国での米国法人税について、居住地国である日本の法人税の申告で外国税額控除により二重課税の調整を行うことになります。

## 2 国内非公開株式を利用した国外不動産の譲渡

### 1 日本での課税関係

国外不動産を譲渡する方法として、①国外不動産を保有する法人がその国外不動産を譲渡する方法と②法人オーナーが法人株式を売却することで国外不動産を譲渡する方法があります。

#### （1） 法人が国外不動産を譲渡する場合

国内非公開会社が国外不動産を売却した場合は、譲渡益につき法人税及び法人住民税が課税されます。譲渡損については、損失として計上できます。他の所得があれば通算が可能です。

#### （2） 個人が法人株式を売却することによって国外不動産を譲渡する場合

国内非公開会社の株式を売却する方法により法人自体（実質的に法人が所有する国外不動産）を売却した場合、その株式の譲渡益につき、20.315％（所得税及び復興特別税15.315％、住民税5％）の税率で計算した所得税が株式を譲渡した個人に課税されます（措法37の10）。

なお、以下の2つの場合には、譲渡益につき39.63％（国税30.63％、地方税9％）の税率で計算した所得税が株式を譲渡した個人に課税されます（措法32②）。

①国内非公開会社が保有する土地等の所有期間が5年以下で、かつ、その会社の総資産の価値の7割超を土地の価値が占める場合の株式の一定の譲渡

②非公開会社の総資産の価値の7割超を土地の価値が占める場合に、その株式の所有期間が5年以下の株式の一定の譲渡

## 2 相手国での課税関係（米国の課税関係）

### （1） 法人が国外不動産を譲渡する場合

国内非公開会社が国外不動産を譲渡した場合は、米国の非居住法人として米国で不動産の譲渡対価（売値）に対して15％の源泉税が課されます。この税金は買い手の支払対価から源泉徴収されます（FIRPTA[15]）。

一般的にこの源泉税は多額となるため、日本親会社が米国で確定申告を行うことで譲渡益相当の連邦法人税、州税を申告するとともに、FIRPTAの源泉税の差額の還付を行うことになります。

### （2） 個人が法人株式を売却することによって国外不動産を譲渡する場合

非公開会社の株式を売却する方法により国外不動産を売却した場合、米国では米国内不動産の所有者はその非公開会社のままのため、日本の居住者である株主には不動産の譲渡所得課税は生じません。日本国内の非公開株式の売却については、所有者の所在地国である日本で課税されますが、米国では課税されません。

## 3 国内非公開株式を利用した国外不動産の贈与

## 1 日本での課税関係

国外不動産を国内非公開会社の株式を贈与する方法で移転する場合の日本での課税関係は次のとおりです。

受贈者が無制限納税義務者の場合は、受贈者に贈与税が課税されます（相法1の4①一、二）。受贈者が制限納税義務者の場合は、贈与者に譲渡益課

---

[15] 脚注10参照

税（出国税）が課税されます（所法60の3）。加えて、受贈者に贈与税が課税されます（相法1の4①三）。

事業承継税制における非上場株式の贈与の納税猶予について、この国内非公開会社が資産保有型会社（不動産、株式、債券等の合計額が会社資産に占める割合が70％以上の会社）等に該当する場合は、この贈与税の納税猶予の適用はできません（措法70の7①、7の2②八）。

### 2 相手国での課税関係

国外不動産を国内非公開会社の株式を贈与する方法で移転する場合の不動産所在地国での課税関係は、不動産の所有は国内非公開会社のままであるため、不動産に対する贈与税には原則として影響しません。

## 4 国外不動産を保有する国内非公開会社の株式の相続

### 1 日本での課税関係

国外不動産を保有する国内非公開会社の株式を相続した場合の日本での課税関係は国内株式を相続した場合とほぼ同じ課税関係になります。

国外不動産を保有する非公開会社の株式を国内株式として財産評価を行います。

同族株主の一般の評価会社に該当すれば、原則的評価方式となり、純資産価額及び類似業種比準評価方式の併用方式等を用いることになります。

また、同族株主の特定の評価会社として土地保有特定会社（有する各資産の相続税評価額に占める土地等（土地及び土地の上に存する権利）の相続税評価額の割合が90％以上（大会社の場合は70％）である会社）に該当すれば純資産価額方式又は配当還元方式を用いて株式を評価します。

内国法人が所有する国外不動産について、財産評価基本通達の路線価方式は国外の土地等には適用ができないため、土地・建物は、原則として公正市場価格が評価額となります。

実務的には所在地国の政府機関の直近の年度の固定資産税等の評価額又は実際の土地の取得価額、周辺売買事例をもとに修正した価格が考えられます。借地権、借家権については、所在地国の借地権や借家権に関する現地法令がある場合はその法令をもとに計算することも合理的な方法として考えられます。

## 2 相手国での課税関係

国外不動産を国内非公開会社の株式の相続により移転する場合、不動産の所有は国内非公開会社のままであるため、不動産に対する相続税に対応する相手国での税には原則として影響しません。

さらに、財産の所有者が個人ではなく法人であるため、プロベイトといった複雑で長期間かかる手続きを回避することができます。

> **参考：非公開株式を使った国外不動産のプロベイトの回避**
>
> 個人が国外不動産を保有したまま、相続をむかえると、プロベイト制度（遺言のある場合の制度：遺言執行状）や遺言管理状制度（遺言がない場合の同様の権利制度）のある国では、この制度が完了するまでは財産分与等を行うことができません。
>
> また、国外財産につき米国やオーストラリア等の国では州により手続きは異なり、加えて遺言の有無によっても手続きは異なることが多く、時間とコストもかかります。
>
> **図表3-4-5　プロベイト制度のある国**
>
> | プロベイト制度国 | 北米 | 欧州 | アジア他 |
> |---|---|---|---|
> | | 米国<br>カナダ | 英国 | 香港<br>シンガポール<br>マレーシア<br>オーストラリア<br>ニュージーランド |
>
> ただし、国外不動産が日本法人等により所有されている場合は、この制度の適用はありません。
>
> このため、プロベイト制度がある国所在の不動産や他の国外財産（国外預貯金などの金融資産等）を法人を使って取得、保有、移動を検討する意義があると言えます。

# 第5節 国外非公開株式を利用した国外財産(金融資産・不動産)投資と課税

## 1 国外非公開株式を利用した国外金融資産投資

非公開会社を国外に設立（外国法人の設立）して、国外金融資産投資（保有・譲渡・贈与・相続）を行う場合の課税関係を概観します（**図表 3-5-1** 参照）。

**図表 3-5-1　投資 MAP　ステージ2　個人オーナーが国外に非公開会社を設立し、国外金融資産を管理する方法**

ステージ2

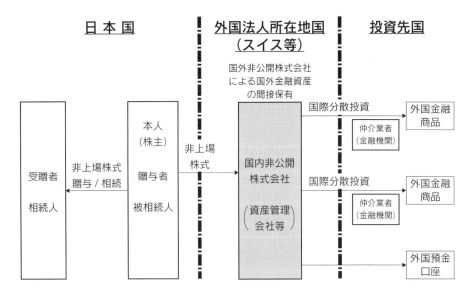

## 1 国外非公開株式を利用した国外金融資産投資（保有）の課税関係

### 1 日本での課税関係

　国外非公開株式（外国法人株式）を使った国外金融資産の課税関係は、個人での課税関係とは異なり、納税義務者は個人から国外に設立した外国法人に変わります。

　外国法人である非公開会社に国外金融資産を所有させて、その金融資産を運用（一部又は全部の譲渡を含む）した場合、外国法人については、日本での国内源泉所得のみ、日本で課税されるため、これら国外金融資産の運用・譲渡による所得が国外源泉所得のみであるときは、日本では課税関係が生じません（法法4③）。また、株主である日本の個人についても、この国外非公開会社が行う国外金融資産の譲渡による所得について課税関係は生じません。

　つまり、個人で国外金融資産を保有し、投資運用する場合、又は日本の内国法人が国外金融資産を保有し、投資運用する場合は、日本でも課税関係が生じます。これに対して、外国法人を設立して国外金融資産を保有し、投資運用する場合には、外国法人も個人も日本では課税されないことになります。

　ただし、金融資産投資を行う国外非公開会社が租税負担割合20％未満となる軽課税国に所在する場合、又は、ペーパーカンパニーやその会社の総資産に占める有価証券等の割合が50％超で、利子・配当等の受動的所得の割合が総所得の30％を超える事実上のキャッシュボックス等に該当し、租税負担割合が30％未満の場合は、これら利子・配当等の受動的所得は、タックスヘイブン税制の合算課税が適用され、日本に居住する個人株主において、雑所得として、総合課税により所得税の税率（最高45％）で課税されることになります（措法66の6　平成29年改正：平成30年4月1日以後に開始する外国法人の事業年度から適用）。

　この場合、外国法人所在国等で課税された外国税額がある場合には、個人株主の確定申告において外国税額控除の適用があります。

## 図表 3-5-2　タックスヘイブン税制（平成 29 年度税制改正）

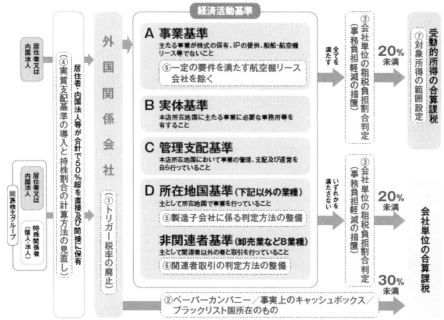

事実上のキャッシュボックス：総資産に比べ、いわゆる受動的所得の占める割合が高い事業体。具体的には、総資産の額に対する一定の受動的所得の金額の合計額の割合が 30％を超える外国関係会社（総資産の額に対する有価証券、貸付金、貸付けの用に供している固定資産及び無形資産等の合計額の割合が 50％を超える外国関係会社に限る）。

経済活動基準：外国関係会社が所得を得る実体を備えているか否かを確認するための 4 つの基準

出典：財務省資料

図表 3-5-3　主要国の法人税率

| | 法人税率 | 日系企業進出先（国・地域） | 特定外国子会社等の数 |
|---|---|---|---|
| 30%以上 | 40.75% | 米国 | 282社 |
| | 34.61% | インド | |
| | 30% | オーストラリア・フィリピン・メキシコ・ペルー | |
| 30%未満 | 29.65% | ドイツ | 3,906社 |
| | 25% | 中国・マレーシア・オランダ・パナマ | |
| | 24.2% | 韓国 | |
| | 22% | ベトナム・スウェーデン・スロバキア | |
| | 20% | タイ・英国・ロシア・トルコ | |
| 20%未満 | 19% | ポーランド・チェコ・ハンガリー | 4,604社 |
| | 17.92% | スイス | |
| | 17% | シンガポール・台湾・スロベニア | |
| | 16.5% | 香港 | |
| | 12.50% | アイルランド | |
| | 0% | ケイマン諸島・バミューダ・バーレーン | |

日本の実効税率（29.97%）

出典：財務省資料（筆者加筆）

## 2 外国法人所在地国での課税関係

　外国法人が行う金融資産の運用・譲渡から生じる所得について、外国法人の所在地国の法令に基づき課税関係が決まります。所在地国の利子、配当、株式譲渡についての課税関係の例示を**図表 3-5-4** に示しております。

　日本との租税条約締結国との間の利子・配当の源泉税の限度税率（巻末資料）を参照ください。

**図表 3-5-4　利子・配当・株式の譲渡の法人課税関係（2017 年 4 月）**

| 国 | 利子所得 | 配当所得 | 株式譲渡所得 | 法人税率 |
|---|---|---|---|---|
| 香　港 | 非課税[*1]（利子源泉税：0%） | 非課税 | 非課税 | 16.5% |
| シンガポール | 課税（国内運用利子及び国外運用で国内への送金分） | 非課税 | 課税（一定の株式譲渡につき非課税） | 17% |
| オランダ | 課税（利子源泉税：0%） | 課税（資本参加税制度の免税あり） | 課税（資本参加税制度の免税あり） | 25 %（一部20%） |
| スイス | 課税 | 課税（資本参加税制度の免税あり） | 課税（資本参加税制度の免税あり） | 連邦税8.5%（州税含む平均実効税率：17.85%） |
| 英　国 | 課税 | 課税（資本参加税制度の免税あり） | 課税（資本参加税制度の免税あり） | 19%（18%：2020 年～） |
| ルクセンブルク | 課税 | 課税（資本参加税制度の免税あり） | 課税（資本参加税制度の免税あり） | 19%（18%：2018 年～） |
| 米　国 | 課税 | 課税 | 課税 | 15%～39%[*2] |

\*1　法人からの一定の受取利子は課税あり
\*2　米トランプ政権が 2017 年 9 月 27 日に発表した税制改革案により現行連邦最高税率を下げる方向。

## 2　国外非公開株式を利用した国外金融資産の譲渡

### 1　日本での課税関係

**（1）国外非公開会社（外国法人）が行う国外金融資産の譲渡の課税関係**

　外国法人である非公開会社に国外金融資産を所有させて、その金融資産を譲渡した場合、外国法人は、国内源泉所得のみ日本で課税されるため、これら国外金融資産の譲渡による所得が国外源泉所得となり、日本では課税関係が生じません（法法4③）。また、株主である日本の個人についても、この国外金融資産の譲渡による所得について課税関係は生じません。

## (2) 株式を譲渡する方法で国外金融資産を移転した場合の課税関係

　国外金融資産を保有する外国法人の株式の一部又は全部を譲渡した場合の日本での課税関係は、非公開株式の譲渡と同様に、譲渡した個人において株式の譲渡益について、所得税が20.315％（所得税15.315％、地方税5％）で課税されます（措法37の10）。

　個人間でのこの外国法人の株式の譲渡価格は、相続税評価額によることになります。外国法人の株式評価において純資産価額方式で評価する場合は、外国法人を清算する際に適用される外国の法人税、地方税等に相当する税の税率の合計に相当する割合を算出して評価差額に乗じて当該控除額を計算することが実務上考えられます。

### 2 外国法人所在地国での課税関係

#### (1) 国外非公開会社（外国法人）が行う国外金融資産の譲渡の課税関係

　外国法人である非公開会社に国外金融資産の投資運用をさせて、その金融資産を譲渡した場合、所在地国の税制により課税されます。

　なお、香港、オランダ等の国、地域では、一定の株式譲渡所得につき非課税とされています。

#### (2) 株式を譲渡する方法で国外金融資産を移転した場合の課税関係

　日本に居住する個人が保有するその外国法人の株式の譲渡所得については、その個人の居住地国である日本で課税が行われることが租税条約では一般的です。租税条約によって、外国法人所在地国での譲渡所得の課税関係は生じません。

　ただし、租税条約でその株式が事業譲渡類似株式の譲渡等に該当する場合は、外国法人設立国においても課税できます。例えば、オーストラリア、中国、ベトナム、米国等の租税条約があるため、事業譲渡類似株式の譲渡等の要件に該当するかどうか事前に検討する必要があります。

　このように所在地国でも課税できる場合は、相手国の租税法に基づき課税

されます。例えば、中国、ベトナム、米国では申告・納付を要するため、外国法人所在地国での譲渡所得の課税関係及び手続きを確認する必要があります。

相手国でも譲渡所得に課税がされた場合は、個人の日本での確定申告において、外国税額控除での二重課税の調整を行うことになります（法法69）。

## 3 国外非公開株式を利用した国外金融資産の贈与

### 1 日本での課税関係

金融資産保有会社である国外非公開株式の贈与により個人間で移転を行う場合、受贈者に贈与税が課税されます。

贈与税の国外非公開会社（外国法人）の株式の評価は、相続税評価（純資産価額方式）で行うことになります（相続の課税関係を参照ください）。

なお、非制限納税義務者に対する一定の株式の贈与の場合には、出国税として受贈者には株式の譲渡課税が行われます（納税猶予がある）。

### 2 外国法人所在地国での課税関係

相手先国の贈与税の制度によりますが、スイスは、州（カントン）に課税権があり、シュヴィーツ州を除く各州に贈与税の制度を有しており、各州ごとに税率が異なります。ただし、非居住者間での株式贈与は贈与税が課税されません。

一方では、米国の贈与税は、株式は無形財産に該当し、非居住者に対する贈与については、贈与税の対象としていないため、日本での個人間で行う米国法人の株式の贈与については贈与税は課税されません（Section 2501, 2511）。

## 4 国外非公開株式を利用した国外金融資産の相続

### 1 日本での課税関係

取引相場のない外国法人の株式は、原則として財産評価基本通達に定められている純資産価額方式に準じて評価を行います。

取引相場のない外国法人の株式の評価については、「類似業種比準方式」に準じて評価することは原則としてできません。類似業種株価等の基準となる標本会社が、日本の金融証券取引所に上場している内国法人を対象としているため、外国法人とは一般的に類似性を有していないとみられるからです。

内国法人の株式を純資産価額方式によって評価する場合、原則として個々の金融資産等の資産及び負債の価額を評価通達に定める評価方法により計算します（財基通5-2）。

評価差額（各資産の相続税評価額の合計額から負債を控除した純資産額）に対する法人税に相当する金額として評価差額の37％を控除することができますが、外国法人の株式を評価する場合にはこの一律の控除割合は適用できません。

外国法人の株式評価においては、外国法人を清算する際に適用される外国の法人税、地方税等に相当する税の税率の合計に相当する割合を算出して評価差額に乗じて当該控除額を計算することが実務上考えられます。

さらに、少数株主（同族株主以外の株主）の場合は、配当還元率を現地国の実情に即して計算した「配当還元方式」による評価も適用可能と考えられます。

### 2 相手国での課税関係

相続税制度を有する国であるか否かを確認する必要があります。例えば、スイスでは、非居住者間での株式の相続は相続税が課税されません。一方、米国では遺産税（相続税）が課税されます。遺産税の納税義務者は被相続人です。被相続人は米国の非居住者であるため、課税財産の範囲は米国設立法人

の発行株式が課税財産となり、この課税財産に対して遺産税が課税されます。

このため、米国設立法人の発行株式について日本の相続税と米国の遺産税が二重に課税されることになります。

## 2 国外非公開株式を利用した国外不動産投資

非公開会社を国外に設立して、国外不動産投資（保有・賃貸・譲渡・贈与・相続）を行う場合の課税関係を概観します（**図表 3-5-5** 参照）。

**図表 3-5-5　投資 MAP　ステージ２　日本の個人が国外（不動産所在地国）に非公開会社を設立し、国外不動産を管理する方法**

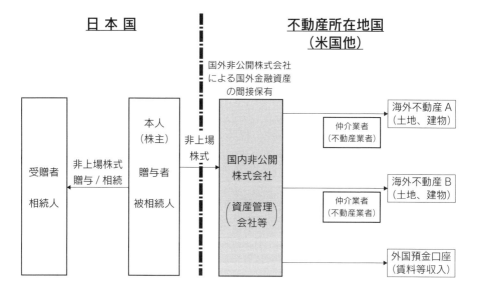

## 1 国外非公開株式を利用した国外不動産の保有・賃貸の課税関係

### 1 日本での課税関係

　日本の個人が国外（不動産所在地国）に非公開会社（外国法人）を設立し、国外不動産を管理する場合のこの外国法人が行う不動産の賃貸から生じる所得について日本での課税関係は以下のとおりです。

　外国法人である非公開会社が国外不動産を所有して、その不動産を賃貸した場合、外国法人は、日本の国内源泉所得のみ、日本で課税されるため、これら国外不動産の賃貸による所得は国外源泉所得となり、日本では課税関係が生じません（法法4③）。また、株主である日本の個人についても、この国外金融資産の譲渡による所得について課税関係は生じません。

　つまり、個人で国外不動産を保有し、賃貸する場合、又は、日本の内国法人が国外不動産を保有し、賃貸する場合は、日本でも課税関係が生じますが、一方で、外国法人を設立して不動産を保有し、賃貸する場合には、外国法人も個人も日本では課税されません。

　ただし、不動産投資を行う国外非公開会社が税務負担割合20％未満等となる軽課税国に所在する場合、又は、その会社が経済活動基準を満たさない場合等には、この不動産賃貸所得は、タックスヘイブン税制の合算課税が適用され、日本に居住する個人株主において、雑所得として、総合課税により所得税の税率（最高45％）で課税されることになります（措法66の6　平成29年度改正：平成30年4月1日以後に開始する国外法人の事業年度から適用）。

　この場合、外国法人所在地国で課税された外国税額がある場合には、個人株主の確定申告において外国税額控除の適用があります。

### 2 不動産所在地国（法人設立国）での課税関係

　この国外の非公開会社の不動産所得は、不動産所在地国の法人税制に基づき課税関係が生じます。

例えば、米国の不動産投資を現地米国子会社を設立して行う場合は、不動産賃料から減価償却費、保険料、役員報酬、管理費等の経費を控除した不動産賃貸に係る所得に法人税率を乗じた法人税が米国で課税されます。

　日本の不動産オーナーについては、不動産所得には米国では課税されません。ただし、日本のオーナーが役員報酬分をとる等の場合は給与として課税されます。

　このように、国外非公開株式を使った国外不動産保有の際の賃料収入の課税関係は、不動産所在地国（米国）だけの課税関係で完結します。

　このため、法人税の税率の優位性、不動産投資の税制や法制度に透明性があり、魅力的な国に法人を設立して投資することによって、法人維持の管理コストを加味しても、投資規模によっては不動産収益率が高い場合もあります。

## 2　国外非公開株式を利用した国外不動産の譲渡

### 1　日本での課税関係

　国外不動産を譲渡する方法として、（1）国外不動産を保有する法人がその国外不動産を譲渡する方法と（2）法人オーナーが法人株式を売却することで国外不動産を譲渡する方法があります。

#### （1）法人が国外不動産を譲渡する場合

　外国法人である非公開会社に外国不動産を所有させて、その不動産を譲渡した場合、外国法人は、国内源泉所得のみ日本で課税されるため、この不動産譲渡による所得は国外源泉所得となり、日本では課税関係が生じません。また、株主である日本の個人についても、この国外不動産の譲渡による所得について課税関係は生じません。

#### （2）個人が外国法人株式を売却することによって国外不動産を譲渡する場合

　外国非公開会社の株式を売却する方法により法人自体（実質的に法人が所

有する国外不動産）を売却した場合、その株式の譲渡益につき、20.315％（所得税15.315％、住民税5％）の税率で計算した所得税が株式を譲渡した個人に課税されます（措法37の10）。

なお、以下の2つの場合には、譲渡益につき39.63％（国税30.63％、地方税9％）の税率で計算した所得税が株式を譲渡した個人に課税されます（措法32②）。

① 外国非公開会社が保有する土地等の所有期間が5年以下で、かつ、その会社の総資産の価値の7割超を土地の価値が占める場合の株式の一定の譲渡
② 外国非公開会社の総資産の価値の7割超を土地の価値が占める場合に、その株式の所有期間が5年以下の株式の一定の譲渡

## 2 外国法人所在地国での課税関係

### （1）法人が国外不動産を譲渡する場合

外国法人である非公開会社が、所在地国の不動産を譲渡した場合、所在地国の税制により課税されます。

所在地国投資物件を売却する際に、一般的に譲渡課税がされますが、所在地国法人は、不動産関連の特例を適用して課税の繰延べを適用することも可能です。

例えば、米国では、その売却の際に等価の不動産を購入し、等価交換等の要件を満たすことで、売却益を繰り延べることができます（1031 Exchange）。現地専門家と相談し、投資及び売却段階で適用可能な優遇措置を検討しておくとよいでしょう。

### （2）個人が外国法人株式を売却することによって国外不動産を譲渡する場合

日本に居住する個人が保有するその外国法人の株式の譲渡所得については、その個人の居住地国である日本で課税が行われることが租税条約では一般的です。租税条約によって、一般的には外国法人所在地国での譲渡所得の

課税関係は生じません。

　ただし、租税条約でその株式が不動産化体株式（外国法人の資産価値の50％以上が不動産である株式等）の譲渡等に該当する場合は、外国法人設立国においても課税できます。例えば、オーストラリア、シンガポール、中国、ベトナム、米国（REIT等の公開株式を除く）、フランス、オランダ等の租税条約にこの規定があります。

　米国不動産投資では、米国不動産保有法人（United States Real Property Holding Corporation[16]）に該当すると、この株式を譲渡した場合には、株式の取引価格（時価）に対してFIRPTAの15％課税がされます。

　一般的にこの源泉税は多額となるため、米国で確定申告を行うことで譲渡益相当の連邦法人税、州税を申告するとともに、FIRPTAの源泉税の差額の還付を行うことができます。

　このように所在地国でも課税できる場合があるため、外国法人所在地国での譲渡所得の課税関係及び手続きを確認する必要があります。

　相手国でも譲渡所得に課税がされた場合は、個人の日本での確定申告において、外国税額控除での二重課税の調整を行うことになります。

　不動産投資を完了させる投資の出口手法として、不動産を保有する外国法人の株式の譲渡という方法は、現物不動産を売却する際の手続きが言語も異なり煩雑であることや現地不動産仲介業者や弁護士等の専門家の活用などで不動産売却費用も高くなる国もあり、株式の譲渡により不動産を処分することは、簡便であること、その法人を将来清算する手間やコストも節約できることもあり、検討する価値はあります。

---

[16] 米国不動産持分の市場価値がその会社の資産の価値の50％以上の米国法人を米国不動産保有会社と定義している。一度、IRSから米国不動産保有会社と判定を受けると5年間は米国不動産保有会社のままであり、非居住外国人及び法人は、この株式売却の際に15％のFIRPTA源泉税が課税される。

## 3 租税条約の検討

　租税条約では、株式の譲渡による所得は、居住地国で課税することが一般的です。不動産の譲渡所得は所在地国でも課税できますが、株式は所在地国では課税されず居住地国で課税となります。このことを利用して、不動産を会社に保有させて、会社の名義のままで会社の株式を譲渡することで不動産所在地国の不動産所得課税を免れることができます。

　ただし、このことを防止するために、不動産化体株式の譲渡所得については、所在地国でも株式の譲渡所得として課税できる条項があります（上場した株式は除く）。

　日米租税条約第13条は、不動産を主要な財産とする株式や不動産を主要な財産とする場合の信託、遺産の持分の譲渡から生じる収益については、所在地国でも課税できる規定となっています。実務的には、FIRPTAの源泉税の適用がされます。


## 3 国外非公開株式を利用した国外不動産の贈与

### 1 日本での課税関係

　国外不動産を外国非公開会社の株式を贈与する方法で移転する場合の日本での課税関係は次のとおりです。

　受贈者が無制限納税義務者の場合は、受贈者に贈与税が課税されます（相法1の4①一、二）。

　受贈者が制限納税義務者の場合は、贈与者に譲渡益課税（出国税）が課税されます（納税猶予あり）（所法60の3）。加えて、受贈者に贈与税が課税されます（相法1の4①三）。

　外国法人の株式評価において、相続税法の純資産価額方式で評価する場合は、外国法人を清算する際に適用される外国の法人税、地方税等に相当する税の税率の合計に相当する割合を算出して評価差額に乗じて当該控除額を計算することが実務上考えられます。

## 2 外国法人所在地国での課税関係

相手先国の贈与税の制度の有無によりますが、米国の贈与税は、株式は無形財産に該当し、非居住者に対する贈与については、贈与税の対象としていないため、日本で個人間における米国法人の株式の贈与については贈与税は課税されません（Section 2501,2511）。

## 4 国外非公開株式を利用した国外不動産の相続

### 1 日本での課税関係

非公開外国法人の株式は、原則として財産評価基本通達に定められている純資産価額方式に準じて評価を行います。

内国法人の株式を純資産価額方式によって評価する場合、評価差額（各資産の相続税評価額の合計額から負債を控除した純資産額）に対する法人税に相当する金額として、外国の法人税、地方税等に相当する税の税率の合計に相当する割合を算出して評価差額に乗じて当該控除額を計算することが実務上考えられます。

また、非公開外国法人の株式の評価については、「類似業種比準方式」に準じて評価することは原則としてできません。

外国非公開法人が所有する国外不動産について、土地、建物は、財産評価基本通達の路線価方式の適用は国外の土地等には適用ができないため、原則として公正市場価格が評価額となります。

実務的には所在地国の政府機関の直近の年度の固定資産税等の評価額又は実際の土地の取得価額、周辺売買事例をもとに修正した価格が考えられます。借地権、借家権については、所在地国の借地権や借家権に関する現地法令がある場合はその法令をもとに計算することも合理的な方法として考えられます。

## 2 相手国での課税関係

　相続税制度を有する国であるか否かを確認する必要があります。例えば、米国では遺産税が課税されます。遺産税の納税義務者は被相続人です。被相続人は米国の非居住者であるため、課税財産の範囲は米国設立法人の発行株式が課税財産となり、この課税財産に対して遺産税が課税されます。

　このため、米国設立法人の発行株式について日本の相続税と米国の遺産税が二重に課税されることになります。

## 第6節 日本の非公開会社の外国子会社を利用した国外財産（金融資産・不動産）投資と課税

　国内法人及び外国法人を利用したケースから、さらに100％外国子会社を設立し、金融資産や不動産の保有・運用・譲渡・贈与・相続を行うケースの課税関係を概説します。

## 1 国外金融資産投資

**図表 3-6-1　投資 MAP　ステージ2　個人オーナーが外国子会社に国外金融資産を投資管理する方法**

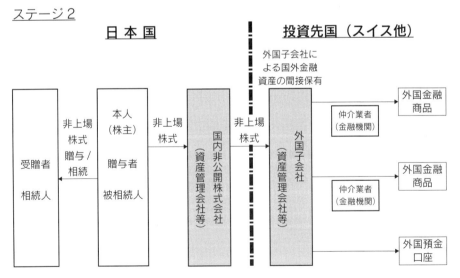

## 1 外国子会社が国外金融資産を投資（保有）する課税関係

　個人オーナー投資家が内国法人を通して、外国子会社を設立して、金融資産を購入し、投資運用する場合の所得については、以下の課税関係になります。

### 1 日本での課税関係

　日本の法人の外国子会社に国外金融資産を所有させて、その金融資産の運用（一部又は全部の譲渡を含む）をした場合、外国子会社については、日本での国内源泉所得のみ、日本で課税されるため、これら国外金融資産の運用・譲渡による所得が国外源泉所得のみであるときは、日本では課税関係が生じません。また、株主である日本の親会社（国内非公開会社）においても、この国外金融資産の運用・譲渡による所得について課税関係は生じません（法法4③）。

　つまり、日本の内国法人が国外金融資産を投資運用する場合は、日本でも課税関係が生じますが、一方で、日本の内国法人が外国子会社を設立して国外金融資産を投資運用する場合には、親会社である内国法人も外国子会社も日本では課税されません。

　ただし、金融資産投資を行う国外非公開会社が税務負担割合20％未満等となる軽課税国に所在し、又は、その会社の総資産に占める有価証券等の割合が50％超で、利子・配当等の受動的所得の割合が総所得の30％を超える等の場合は、これら利子・配当等の受動的所得は、タックスヘイブン税制の合算課税が適用され、日本の親会社に合算課税されることになります。つまり、軽課税国等の外国子会社の利子・配当等の受動的所得は、日本の法人税等の実効税率29.74％（平成30年）で課税されることになります（措法66の6　平成29年度改正：平成30年4月1日以後に開始する国外法人の事業年度から適用）。

　この場合、軽課税国等で課税された外国税額がある場合には、親会社で外国税額控除の適用があります。

## 2 外国子会社所在地国での課税関係

外国法人が行う金融資産の運用・譲渡から生じる所得について、外国法人の所在地国の法令に基づき課税関係が決まります。

例えば、スイスに外国子会社を設立するケースの課税関係の概略は以下となります。

スイスは、連邦税8.5％で州税（州、自治体によって異なる税率適用で3％〜21％）を含む平均実効税率は、17.85％です。日本の親会社がスイスに設立した100％子会社が、スイス国内で金融資産の投資を行った場合、その運用から生じる所得について、連邦税・州税合わせた税率（最低11.5％〜最高29.5％）で課税されます。

## 2 国外金融資産を保有する外国子会社の株式の譲渡

外国子会社の株主である内国法人（親会社）が国外金融資産を保有する外国子会社の株式の一部又は全部を譲渡した場合、その株主である親会社の居住地国である日本で課税が行われることが租税条約では一般的です。租税条約によって、外国法人所在地国での譲渡所得の課税関係は生じません（法法4③）。

ただし、租税条約でその株式が事業譲渡類似株式の譲渡等に該当する場合は、外国子会社所在地国においても課税できます。

このように所在地国でも課税できる場合は、相手国の租税法に基づき課税されます。相手国でも譲渡所得に課税がされた場合は、内国法人（親会社）の日本での確定申告において、外国税額控除での二重課税の調整を行うことになります（法法69）。

## 3 国内非公開株式（親会社株式）を利用した国外金融資産の贈与

### 1 日本での課税関係

国外金融資産（外国子会社保有）を国内非公開会社（親会社）の株式を贈与する方法で移転する場合の日本での課税関係は国内非公開株式の贈与と同様となります。

受贈者が無制限納税義務者の場合は、受贈者に贈与税が課税されます（相法1の4①一、二）。

受贈者が制限納税義務者の場合は、贈与者に譲渡益課税（出国税）が課されます（納税猶予があります）（所法60の3）。加えて、受贈者に贈与税が課税されます（相法1の4①三）。

事業承継税制における非上場株式の贈与の納税猶予について、この国内非公開会社が資産保有型会社（不動産、株式、債券等の合計額が会社資産に占める割合が70％以上の会社）等に該当する場合は、この贈与税の納税猶予の適用はできません（措法70の7①、7の2②八）。

贈与税の計算上、贈与における株式の価格は、相続税評価額によることになります。

### 2 相手国での課税関係

国外金融資産（外国子会社保有）を国内非公開会社（親会社）の株式を利用して贈与する方法（つまり、個人＝親会社＝外国子会社＝金融資産の形）で移転する場合、個々の金融資産の所有は外国子会社のままであること、そして、外国子会社の株式は親会社が継続して所有しているため、原則、金融資産に対する贈与とはなりません。

## 4 国内非公開株式(親会社株式)を利用した国外金融資産の相続

### 1 日本での課税関係

　国外金融資産(外国子会社保有)を国内非公開株式(親会社株式)を利用して相続等により取得する(つまり、個人＝親会社＝外国子会社＝金融資産の形)場合には、納税義務者である相続人等に対して、相続税が課税されます。

　相続の対象となる財産は親会社株式(国内非公開株式)となることから、非公開会社の株式は市場価格がない取引相場のない株式に該当します。

　株式の評価方法は、株主の判定、会社の規模によって、類似業種比準方式、純資産価額方式か配当還元方式となります。

　なお、少数株主(同族株主以外の株主)の場合は、配当還元率を現地国の実情に即して計算した「配当還元方式」による評価も適用可能と考えられます。

　国内非公開会社(親会社)が、株式等保有特定会社(有する各資産の相続税評価額に占める株式及び出資の相続税評価額の割合が50％以上である会社)に該当する場合は、株式の評価方法は類似業種比準方式を使うことはできず、純資産価額方式かS1＋S2方式となります。この純資産価額方式の計算上、評価差額に対する法人税に相当する金額として評価差額の37％(平成28年4月期以降の法人)が適用できます。

　国内非公開会社(親会社)株式を純資産価額方式によって評価する場合、保有する外国子会社の株式を評価することになりますが、この外国子会社株式の評価は純資産価額方式により評価します。

　この外国子会社株式の評価は、原則として個々の金融資産等の資産及び負債の価額を評価通達に定める評価方法により計算します(財基通5－2)。

　ただし、この外国子会社株式の純資産価額評価の段階では、評価差額(各資産の相続税評価額の合計額から負債を控除した純資産額)に対する法人税に相当する金額の控除をすることはできません(財基通186－3注書)。

## 2 相手国での課税関係

　国外金融資産を国内非公開会社の株式を相続により移転する場合、個々の金融資産の所有は国内非公開会社のままであるため、金融資産に対する相続税に対応する相手国での税には原則として影響しません。

　さらに、財産の所有者が個人ではなく法人であるため、日本の株主の相続の際に、米国等のプロベイト手続きを回避することができます。

# 2 外国子会社の国外不動産投資

図表3-6-2　投資MAP　ステージ2　外国子会社を利用して国外不動産を投資管理する方法

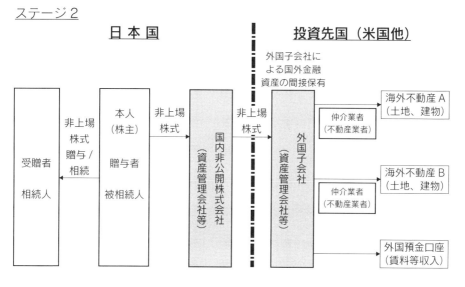

## 1 外国子会社を利用した国外不動産の保有の課税関係

### 1 日本での課税関係

　日本の内国法人（親会社）が国外（不動産所在地国）に子会社（非公開会社）を設立し、現地不動産を管理する場合において、この外国子会社が行う不動産の賃貸から生じる所得について、日本での課税関係は以下のとおりです。

　この外国子会社は、日本の国内源泉所得のみ、日本で課税されるため、これら国外不動産の賃貸による所得は国外源泉所得となり、日本では課税関係が生じません（法法4③）。また、株主である日本の親会社についても、この国外不動産の賃貸による所得について課税関係は生じません。

　つまり、日本の内国法人の課税所得は全世界所得となるため、国外不動産を保有し、賃貸する場合の国外の不動産所得は、日本でも課税されます。一方で、日本の内国法人（親会社）が不動産所在地国に外国子会社を設立して不動産を保有し、賃貸する場合には、日本の内国法人（親会社）も現地子会社も日本では課税されません。

　発行済株式等の25％以上を配当等の支払義務が確定する日以前6か月以上継続して保有する外国法人からの配当等を受けた内国法人は、その外国法人が所在地国の法令で配当を損金算入することができる配当等を除き、申告書に明細の記載を行った書類を添付することにより、配当の金額の95％を益金不算入とすることができます（法法23の2）。

### 2 不動産所在地国（法人設立国）での課税関係

　この国外の非公開会社の不動産所得は、不動産所在地国の法人税制に基づき課税関係が生じます。

　例えば、米国の不動産投資を現地米国子会社を設立して行う場合は、不動産賃料から減価償却費、保険料、役員報酬、管理費等の経費を控除した不動産賃貸に係る所得に法人税率を乗じた法人税が米国で課税されます。

外国子会社を使った国外不動産保有の際の賃料収入の課税関係は、不動産所在地国（米国）の子会社だけの課税関係で完結します。

## 2 外国子会社（国外非公開株式）を利用した国外不動産の譲渡

### 1 日本での課税関係

#### （1）法人が国外不動産を譲渡する場合

不動産所在地国の外国子会社が行う所在地国不動産の譲渡から生じる所得について、国外源泉所得であるため、日本では課税関係は生じません（法法4③）。

#### （2）個人が外国法人株式を売却することによって国外不動産を譲渡する場合

所在地国不動産をその保有する外国子会社株式を譲渡する方法（つまり、個人＝国内親会社＝外国子会社＝不動産の形を利用した方法）で移転させる場合、日本の非公開会社（親会社）が保有するその外国子会社の株式の譲渡所得については、その親会社の居住地国である日本で課税が行われます（法法22）。

### 2 外国法人所在地国での課税関係

#### （1）法人が国外不動産を譲渡する場合

外国子会社である非公開会社が、所在地国の不動産を譲渡した場合、所在地国の税制により課税されます。

所在地国投資物件を売却する際に、一般的に譲渡課税がされますが、所在地国法人は、不動産関連の特例を適用して課税の繰延べを適用することも可能です。

#### （2）個人が外国法人株式を売却することによって国外不動産を譲渡する場合

日本の非公開会社（親会社）が保有するその外国子会社の株式の譲渡所得

については、その親会社の居住地国である日本で課税が行われることが租税条約では一般的です。租税条約によって、一般的には外国法人所在地国で株式の譲渡所得の課税関係は生じません。

ただし、租税条約でその株式が不動産化体株式（外国法人の資産価値の50％以上が不動産である株式等）の譲渡等に該当する場合は、外国子会社所在地国においても課税できます。

所在地国でも課税できる場合は、相手国の租税法に基づき申告・納付を要するため、外国法人所在地国での株式譲渡所得の課税関係及び手続きを確認する必要があります。

日米租税条約第13条は、不動産を主要な財産とする株式（不動産を主要な財産とする場合の信託、遺産）の持分の譲渡から生じる収益については、所在地国でも課税できる規定となっています。このため、米国でのFIRPTAの源泉税の課税の可否につき、米国不動産の譲渡に対する事前の検討が重要となります。

米国のFIRPTAという不動産税制度は、外国人投資家に対する課税制度であり、米国法人が、米国不動産保有法人（United States Real Property Holding Corporation）に該当すると、この株式を譲渡した場合には、株式の取引価格（時価）に対するFIRPTAの15％課税がされます[17]。

一般的にこの源泉税は多額となるため、日本親会社が米国で確定申告を行うことで譲渡益相当の連邦法人税、州税を申告するとともに、FIRPTAの源泉税の差額の還付を行うことになります。

上記のように相手国で不動産保有外国子会社の株式の譲渡に課税がされた

---

[17] FIRPTAの源泉税の除外要件として、①米国不動産持分の市場価値がその会社の資産の価値の50％以上の米国法人を米国不動産保有会社と定義しているため、その割合が50％未満である等一定の場合には米国不動産保有会社ではないと証明できること、②取引価格30万米国ドル以下で個人の居住用に使用する場合等がある。

場合は二重課税が生じることから、親会社の日本での申告において、外国税額控除での二重課税の調整を行うことになります。

　発行済株式等の25％以上を配当等の支払義務が確定する日以前6か月以上継続して保有する外国法人からの配当等を受けた内国法人は、その外国法人が所在地国の法令で配当を損金算入することができる配当等を除き、申告書に明細の記載を行った書類を添付することにより、配当の金額の95％を益金不算入とすることができます（法法23の2）。

## 3　国内非公開株式（親会社株式）を利用した国外不動産の贈与

### 1　日本での課税関係

　国外不動産（外国子会社保有）を国内非公開会社（親会社）の株式を贈与する方法で移転する場合の日本での課税関係は、国内非公開株式の贈与と同様となります。

　受贈者が無制限納税義務者の場合は、受贈者に贈与税が課税されます（相法1の4①一、二）。

　受贈者が制限納税義務者の場合は、贈与者に譲渡益課税（出国税）が課されます（納税猶予があります）（所法60の3）。加えて、受贈者に贈与税が課税されます（相法1の4①三）。

　事業承継税制における非上場株式の贈与の納税猶予について、この国内非公開会社が資産保有型会社（不動産、株式、債券等の合計額が会社資産に占める割合が70％以上の会社）等に該当する場合は、この贈与税の納税猶予の適用はできません（措法70の7①、7の2②八）。

　贈与税の計算上、贈与における株式の価格は、相続税評価額によることになります。

### 2 相手国での課税関係

　国外不動産（外国子会社保有）を国内非公開会社（親会社）の株式を贈与する方法で移転する場合、個々の金融資産の所有は外国子会社のままであること、そして、外国子会社の株式は親会社が所有しているため、原則、不動産に対する贈与とはなりません。

## 4 国内非公開株式（親会社株式）を利用した国外不動産の相続

### 1 日本での課税関係

　国外不動産（外国子会社保有）を国内非公開会社（親会社）を利用（つまり、個人＝国内親会社＝外国子会社＝不動産の形を利用した方法）で相続等により取得する場合には、納税義務者である相続人等に対して、相続税が課税されます。

　相続の対象となる財産は親会社株式（国内非公開株式）となることから、非公開会社の株式は市場価格がない取引相場のない株式に該当します。

　株式の評価方法は、株主の判定、会社の規模によって、類似業種比準方式、純資産価額方式か配当還元方式となります。

　なお、少数株主（同族株主以外の株主）の場合は、配当還元率を現地国の実情に即して計算した「配当還元方式」による評価も適用可能と考えられます。

　国内非公開会社が、株式保有特定会社（有する各資産の相続税評価額に占める株式及び出資の相続税評価額の割合が50％以上である会社）に該当する場合は、株式の評価方法は類似業種比準方式を使うことはできず、純資産価額方式かS1＋S2方式となります。

　国内非公開会社株式（親会社）の純資産価額方式の計算上、評価差額に対する法人税に相当する金額として評価差額の37％（平成28年4月期以降の法人）が適用できます。

　国内非公開株式（親会社）株式を純資産価額方式によって評価する場合、

保有する外国子会社の株式を評価することになりますが、この外国子会社株式の評価は純資産価額方式により評価します。

　この外国子会社株式の評価は、原則として個々の不動産等の資産及び負債の価額を財産評価基本通達に定める評価方法により計算します（財基通5－2）。

　しかしながら、国外不動産には財産評価基本通達による路線価は適用できません。財産評価基本通達5－2は、基本通達に準ずる評価方法として、現地での売買実例価額、精通者意見価格などを参酌して評価するとしていることから、実務的には、公正な第三者による鑑定評価意見書等による公正市場価格とされる金額を評価額として用いることになります。

　また、この外国子会社株式の純資産価額評価の段階では、評価差額（各資産の相続税評価額の合計額から負債を控除した純資産額）に対する法人税に相当する金額の控除をすることはできません（財基通186－3注書）。

### 2 相手国での課税関係

　国外不動産について国内非公開会社（親会社）の株式を相続により移転する場合、個々の国外不動産の所有は外国非公開会社のままであるため、国外不動産に対する相続税に対応する相手国での税には原則として影響しません。

　さらに、財産の所有者が個人ではなく法人であるため、日本の親会社の株主の相続の際に、米国等のプロベイト手続きを回避することができます。

● コラム ●

### 🖋 米国法人を利用した不動産投資

　米国法人を利用した不動産投資では、以下のメリットがあります。

1　減価償却につき、建物と土地が一体となった一軒家やコンドミニアムを賃貸した場合、土地と建物の取得価額の割合が2対8等と建物の評価が高くなるため、不動産価格から郡自治体が計算する固定資産税の土地評価額を控除した残額を建物の取得価額として減価償却費を計上することができ、税効果が高いとされています。

2　投資物件を売却する際に譲渡課税がされますが、その売却の際に等価の不動産を購入し、等価交換等の要件を満たすことで、売却益を繰り延べることができます（1031 Exchange）。法人が不動産を売却する場合、通常の連邦税率と同じように最高で35％が適用されるため、課税の繰延べを検討することが多いと言われています。

3　不動産管理面で以下のメリットがあります。
・課税関係が不動産投資国だけで完結できるため、管理がしやすいこと。
・不動産所得につき、二重課税が生じないこと。米国での税金について日本で外国税額控除を適用する場合でも、国外所得の発生時期と外国税額の支払い時期がずれる初年度等で、完全に二重課税の排除ができないこともあります。
・会計制度間の調整を省けること。内国法人が国外不動産所得を管理する場合、会計制度、税制度が現地国と日本では異なるため、例えば、減価償却についても、耐用年数等、現地基準から日本基準に修正するなど煩雑になります。

　上記1は、米国子会社の株価対策として、米国不動産投資を次世代に承継する際に検討する点となります。
　さらに、米国不動産投資を長期的に行う際には、上記2の他の米国不動産へ譲渡交換の手法で、譲渡益を繰り延べながら、不動産資産のポートフォリオ組換えをすることが可能となります。

## 5 譲渡課税がない国（シンガポール）に非公開会社（外国子会社）を設立し、国外に不動産投資を行うケース

　個人が、シンガポールに移住し、預金口座を開き、不動産投資の後に相続をむかえた際には、預金口座や不動産については、米国同様にプロベイト制度が適用されます。

　これを避けるため、日本内国法人がシンガポールで資産管理会社を設立し、シンガポール国内外の不動産投資を行うケースの課税関係は次のようになります。

**図表3-6-3　投資MAP　ステージ2　譲渡課税がない国（シンガポール）に非公開会社（外国子会社）を設立し、国外に不動産投資を行うケース**

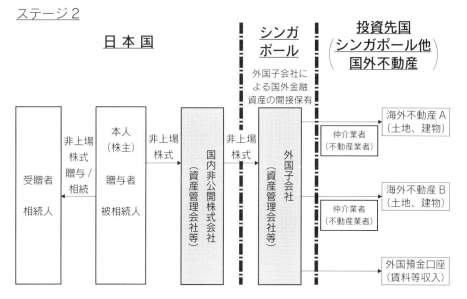

## 1 日本での課税関係

　シンガポール資産管理会社の不動産事業所得は日本では国外源泉所得であるため、日本では課税されません（法法4③）。

　ただし、シンガポール資産管理会社が設立後に日本の国内不動産投資を行う場合には、日本の不動産所得及び譲渡所得については、日本で課税されます（法法138①三、五、法令178一、法法141）。

　ただし、不動産投資を行うシンガポール外国子会社が経済活動基準を満たさない場合等には、この不動産賃貸所得は、タックスヘイブン税制が適用され、日本の親会社に合算課税されることになります。つまり、シンガポールの外国子会社の不動産所得は、日本の法人税等の実効税率29.74％（平成30年）で課税されることになります（措法66の6　平成29年度改正：平成30年4月1日以後に開始する国外法人の事業年度から適用）。

　この場合、シンガポールで課税された外国税額がある場合には、親会社で外国税額控除の適用があります。

## 2 シンガポールの課税関係

　シンガポールの法人所得税は、シンガポールの国内源泉所得とシンガポール国外源泉所得のうちシンガポールで受け取る所得（送金された所得）が課税対象です。シンガポールで受け取る国外源泉所得について、国外源泉所得が国外で課税の対象となり、かつ国外の最高法人税率が15％以上である場合は、シンガポールに送金される配当金等は免税の適用対象となります。法人所得税の税率は17％です。

　シンガポール国内にある不動産の賃料については、シンガポールの国内源泉所得として課税されます。

　資本取引に関する譲渡税は、継続的に発生する性質のもので所得とみなすことのできるもの以外は課税されません。企業が保有する関連会社株式の売却時の譲渡所得は、売却前に最低24か月以上にわたり、20％以上の株式保有率を維持している場合には、課税所得の対象から除外されます。

## 3 租税条約の検討

　租税条約では、株式の譲渡による所得は、居住地国で課税することが一般的です。不動産の譲渡所得は所在地国でも課税できますが、株式は所在地国では課税されず居住地国で課税となります。

　ただし、このことを防止するために、不動産化体株式の譲渡所得については、所在地国でも株式の譲渡所得として課税できる条項があります。

　日本・シンガポール租税条約第13条では、一方の国内にある不動産を主要な財産とする株式または一方の国内にある不動産を主要な財産とする場合の信託、遺産の持分の譲渡から生じる収益に対しては、一方の国において租税を課することができるとしており、シンガポールで日本の不動産化体株式や不動産信託等を譲渡した所得は日本でも課税できる規定になっています。ただし、上場株式は除かれています。

# 第7節 非公開株式と事業及び無形資産の国外移転

　日本企業の海外拠点数は過去10年間で約2倍に増加し、2014年現在、約6万8,000にまで拡大しました（次頁参照）。進出先地域では、アジア地域が最も多く、進出先国は中国、米国に次ぎASEAN諸国が上位を占めている状況です。

　これは、日本国内の製造メーカーが低コストでの生産地に製造拠点を移転してきたことをうかがわせるものです。

　実際、日本の製造業の海外現地生産比率は過去10年で増加傾向にあり、現地生産に切り替える主な理由は、投資先の旺盛な需要及び安価で良質な労働力としています。

　製造現地法人の売上・仕入ともに日本を関係させない、進出国・第三国間での外-外取引が増加していることがうかがえます。

## 図表 3-7-1　日本企業の海外拠点数と地域別シェアの推移

- 日本企業の海外拠点数は過去10年間で約2倍に増加し、2014年現在、約6万8千にまで拡大。
- 進出先地域の割合をみるとアジア地域が7割を占めており、地域別の割合はこの10年で目立った変化はない。
- 進出先国は中国、米国に次ぎASEAN諸国が上位を占めている状況。

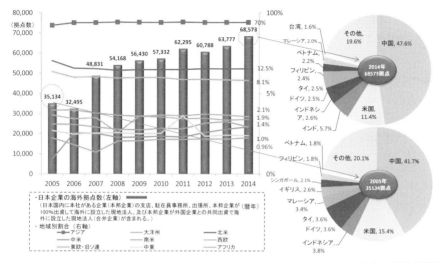

出典：財務省資料

### 図表 3-7-2　製造業現地法人の販売先（売上高）の状況

製造業子会社の販売先の状況：日本を関係させない外－外取引が増大

・2015年度の製造業現地法人の現地及び域内販売比率[注1]を地域別にみると、北米が94.0%、欧州が84.1%、アジアが79.3%となっている。
・日本への販売比率は、アジアが15.5%、欧州が2.5%、北米が1.9%。

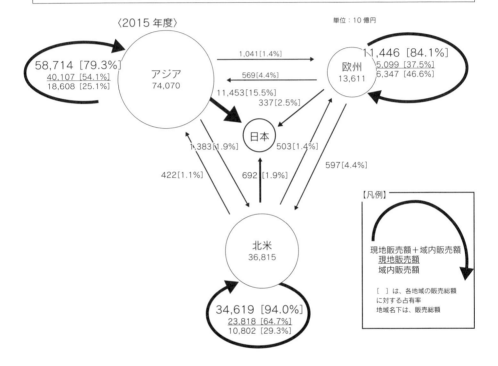

注1. 現地：我が国海外進出企業の立地する国
　　　 域内：我が国海外進出企業の立地する国が属する地域から進出先国を除いた地域
　　　 （地域区分：北米、アジア、欧州等）
　　　 現地・域内販売比率＝現地・域内販売額（売上高）／地域の総販売額（売上高計）×100.0
注2. 販売総額には、その他の地域への販売額を含む。

出典：経済産業省「海外事業活動基本調査概要（2015年度実績）」

### 図表 3-7-3　製造業現地法人の調達先（仕入高）の状況

製造業子会社の調達先の状況：日本を関係させない外－外取引が増大

- 2015年度の製造業現地法人の現地・域内調達比率[注1]を地域別にみると、アジアが76.6％、北米が69.6％、欧州が66.0％を現地及びその各域内から調達。
- 日本からの調達比率はアジアが20.5％、北米が23.8％、欧州が22.6％。

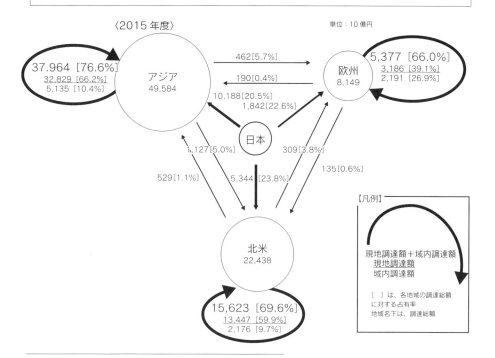

注1. 現地：我が国海外進出企業の立地する国
　　　域内：我が国海外進出企業の立地する国が属する地域から進出先国を除いた地域
　　　（地域区分：北米、アジア、欧州等）
　　　現地・域内調達比率＝現地・域内調達額（仕入高）／地域の総販売額（仕入高計）
　　　×100.0

注2. 販売総額には、その他の地域からの調達額を含む。

出典：経済産業省「海外事業活動基本調査概要（2015年度実績）」

## 1　国内事業の海外移転（国外への事業展開）

一般的に、国内を中心とする非公開会社の事業オーナーの次世代の経営課題として、次のような事業の海外展開のニーズがあります（**図表3-7-4**参照）。

1. 既存国内事業を軸に海外市場を含めた販路（顧客）を拡大したい。
2. 製品を海外で低コストで生産し、国内でコスト競争力をつけたい。
3. 新規事業を国内外でほぼ同時期（3年以内）に立ち上げたい。

海外事業展開の形態には、海外に支店形態（販売業務）で進出する方法と海外に現地法人を設立する方法の2種類があります。

その他、投資する国では、業種により外資規制があるため、支店設立も困難な場合は、投資国の内資パートナーを使った契約上の輸出国内販売の方法をとることもあります。

事業の海外展開をする際、個人が日本の内国法人を通して国外に法人を設立します（外国子会社の設立）。この場合、設立国の法令により設立することになるわけですが、一般的に、金銭出資による場合が多く見受けられます。

理由として、個人からの現物出資により法人設立が認められる場合、日本において、現物出資を行った法人について現物出資資産に対して譲渡課税が適用されます。つまり、原則として、外国子会社に対して帳簿価格による課税の繰延べができる適格現物出資は適用できません。また、特に中国やASEAN諸国等の投資受入国において、外国資本に対して、外国投資に関する法令による金銭出資を原則とする国があるからです。

したがって、海外展開の手順として、国内事業法人から金銭出資で相手国に現地法人を設立して、製造拠点や販売拠点をつくり、海外事業展開を進めてゆくこととなります。設立後、設備機材、原材料等の事業資産を親会社や外部業者等から順次購入します。

### 図表 3-7-4　日本の中小企業の海外進出の概念図

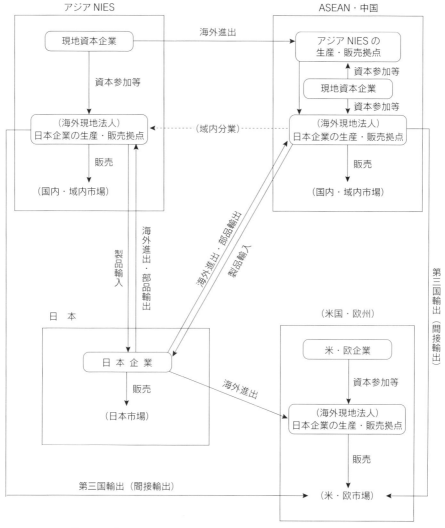

出典：「経営教育」第 142 号「中小企業における海外進出の現状と課題」鷲尾紀吉

　国外事業は、国内事業の海外事業展開という事業目的で行われることから、国内親会社から国外子会社や支店等の設立、事業運営という手続きを踏

むことが多いと言われています。親会社は子会社株式を所有し、子会社を通して国外財産を保有することになります。

これを、オーナー株主から見ると、株主＝内国法人＝子会社＝国外事業財産（預貯金、有価証券、棚卸資産、不動産、子会社貸付金、資本金）という形で国外財産を国内法人と国外法人を利用して間接保有しているとみることもできましょう。

## 1 事業移転の方法

オーナー保有の事業の動かし方として、大きく分けて、事業会社の特定事業資産を移転する方法と事業会社を株式を利用して移転する方法とがあります。

前者の特定事業資産を動かす方法には、事業の核となる事業用不動産、事業用債権、特許等の無形資産を個別に譲渡する方法と、組織再編により特定の事業部門をとりだす MBO（マネジメント・バイ・アウト）による方法があります。

### 1 個人の事業（資産）の譲渡

なお、個人の事業の譲渡は、実務的には、個人事業に関係する各資産を移転させることであるため、具体的な事業に関する金銭債権、有価証券、棚卸資産、事業用不動産など各資産ごとに、譲渡所得（各資産の時価−取得価額−譲渡費用）として課税されるため、各資産の課税方法（分離課税・総合課税）に従って、個人の確定申告で申告納付します（所法33①③一、二、措法31、32）。

個人の資産を法人に現物出資する際には、個人の段階で上記の各資産ごとに時価をもとに課税されます。

なお、資力を喪失して債務を弁済することが著しく困難な場合の強制換価手続きに関する競売等の資産の譲渡などについては、課税はされません（所法9⑩）。

## 2 法人の事業資産の譲渡

### （1）原則—時価課税

　法人が、所有する事業の核となる事業用不動産、事業用債権、特許等の無形資産を個別に譲渡する場合には、原則として、資産の譲渡として、その譲渡した時の資産の対価を益金の額に、その帳簿価格及び譲渡費用を損金の額に算入して法人税が課税されます（法法22①～③）。

### （2）時価課税の繰り延べ

　100％支配グループ内での、資産の移転（無償移転も含む）に伴う譲渡損益は、グループ外に譲渡したときまで課税が繰延べされます（グループ法人課税の強制適用）（法法61の13①、法法37②、法法25の2）。

　課税が繰り延べられた対象資産を譲り受けた法人がさらにその資産を譲渡した場合や（グループ内法人を含む）、その資産の貸倒れ、除却、その他の戻し入れをした場合には、その譲渡等を行った法人に対して時価課税が行われます（法法61の13②、法令122の14④）。

　このグループ法人課税が適用となる対象資産は、帳簿価格1,000万円以上の金銭債権、売買目的の有価証券を除く有価証券、土地、固定資産、繰延資産をいいます（譲渡損益調整資産）。なお、棚卸資産及び帳簿価格1,000万円未満の資産は対象外となります（法法61の13①、法令122の14①）。

　グループ法人間の資産譲渡の課税の繰延べは、グループ100％保有の内国法人間での譲渡取引に適用されるものです。従って、100％支配グループ内の内国法人からグループ外国子会社に対する事業資産の譲渡については、課税の繰延べは適用されず、譲渡資産につき法人税が時価課税されます（グループ法人課税の適用なし）（法法61の13①）。

**図表 3-7-5　グループ法人税制の適用対象取引**

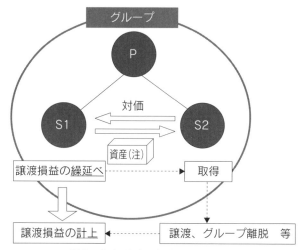

（注）　棚卸資産、帳簿価額 1,000 万円未満の資産等は対象外
出典：財務省資料

**図表 3-7-6　グループ法人税制の適用対象外取引**

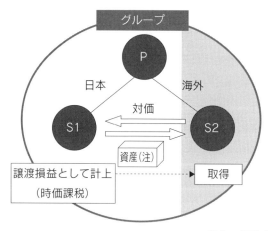

出典：財務省資料（筆者加筆）

### 3 国外事業の株式による移転—現物出資

　日本の法人（親会社：現物出資法人）が保有する外国法人（外国子会社）の株式を現物出資した場合、原則として、現物出資した法人において出資した株式について時価で譲渡したものとして課税されます。

　特例として、所有する外国子会社の株式の現物出資が、適格現物出資に該当する場合は、日本の法人は、譲渡益課税の繰延べを認められます（法法2十二の十四、法令4の3⑨）。

　例えば、親会社＝子会社間に完全支配関係がある現物出資の場合で説明すると、日本の法人（親会社）が保有する外国法人の株式の現物出資で、次の3つの要件をすべて満たす場合には、適格現物出資として、日本の法人は、譲渡益課税の繰延べを認められます。

① 　現物出資法人である日本の親会社が25％以上保有する外国関係会社の株式を現物出資すること。
② 　現物出資に対する対価が、被現物出資法人の株式の交付のみであり、金銭その他の資産が交付されないこと。
③ 　現物出資法人である親会社が被現物出資法人の株式を100％保有し、現物出資後も100％継続保有すること。

　ただし、日本で譲渡課税の繰延べが認められる場合、フランスなど保有する外国法人（被現物出資法人）の所在地国において、事業譲渡類似の株式として課税される場合があり、日本では課税の繰延べができても、外国子会社所在地国で譲渡課税が行われ、思わぬ課税が生じることがあります。このため、外国子会社所在地国においても譲渡所得課税がされないための要件の有無、そのための手続き等を所在地国の専門家に確認する必要があります[18]。

---

[18] 例えば、フランスにある外国子会社の株式を現物出資する場合、日仏租税条約第13条では、事業譲渡類似株式の譲渡から生じる所得は株式発行法人の所在地国であるフランスで課税できる。この場合、日本の税法上、特定現物出資に該当し、課税の繰延べが認められ、かつ、日本の課税庁がこれを証明する証明書を発行した場合、譲渡者の居住国である日本においてのみ課税関係が生じる。結果として、日本で課税の繰延べができて、フランスでは課税されないことになる。

## 4 クロスボーダーMBO（マネジメント・バイ・アウト）

　敵対的買収などを避けるため、あえて上場しない選択を行う企業は非公開会社のままで経営しています。非公開会社であっても、海外進出により、海外子会社を多くもっており、各海外子会社の売上げが国内売上げを凌ぐようになってきています。海外子会社の株式の評価は純資産評価のみであるため、日本親会社の総資産に占める子会社株式割合が上昇します。その結果、親会社自体が株式保有特定会社に該当することにもなりかねず、親会社株式を保有する事業オーナーにとって、相続財産において株価が上昇することになります。

　非公開会社の事業オーナーにとって、親会社の株価対策として、高収益事業部門のMBOによる国外財産への転換（海外子会社をまとめる国外地域統括会社への子会社化等）による、クロスボーダーの事業承継が今後増えてくるでしょう。

　国内外をまたぐクロスボーダーMBO（マネジメント・バイ・アウト）の手法を以下簡単に説明します。

第1段階　国外持株会社B社・日本子会社のC社の設立
　　事業オーナー、子、孫等が金銭出資により、持株会社B社（海外子会社をまとめる地域統括会社）を国外に設立します。
　　国外持株会社の100％子会社となる日本子会社C社を日本に設立します。

第2段階　日本子会社C社によるオーナー保有の事業会社A社の高収益事業部門の買取り
　　日本子会社C社が金融機関から資金調達し、A社の高収益事業部門を買い取ります。この結果、高収益事業部門がC社に移り、子、孫が保有する国外持株会社の子会社として事業承継されることになります。

## 5 クロスボーダー DES の課税関係

デット・エクイティ・スワップ（DES）とは、債権者が、投資会社への貸付金等の債権を投資会社の株式に振り替えることであり、債務者の法人にとって、借入金等の債務を資本に振り替えることを言います。

DES は会社法上の現物出資として取り扱われます。この現物出資とは、会社の設立、新株発行につき、株式引受人が金銭以外の財産（貸付金（債権））をもって出資に充てることとされます。

内国法人が 100％外国子会社に対して有する長期貸付金を DES で株式に交換する場合の課税関係は以下の通りとなります。

子会社に対する債権は、国内法人に帰属する資産に該当するため、内国法人から外国法人に対する国内資産の現物出資となり、非適格現物出資となり、時価での譲渡取引として取り扱います（法法２十二の十四）。

債権者である内国法人では、債権の時価（子会社が発行する新株の時価と同額）が債権の簿価を上回る場合は、その差額が債権譲渡益として内国法人に計上されることになります。子会社の財務状況が債務超過になっている場合には、債権の時価（子会社が発行する新株の時価と同額）が債権の簿価を下回る場合となり、その差額が債権譲渡損として内国法人に計上されることになります[19]。

---

[19] （PE をもたない）外国法人が 100％内国子会社に対して有する長期貸付金を DES で株式に交換する場合の課税関係は以下の通りとなる。
　子会社に対する債権は、外国法人に帰属する資産に該当するため、外国法人から内国法人に対する国外資産の現物出資となり、非適格現物出資となり、時価での譲渡取引として取り扱う（法法２十二の十四）。
　債務者である内国法人では、借入金（債務）の時価（子会社が発行する新株の時価と同額）が借入金（債務）の簿価を下回る場合は、その差額が債務消滅益（債務免除益）として内国法人に計上されることになる。
　内国法人の債務が長期借入金である場合には、借入金の取引金額は借入時の為替レートで換算する（法法61の8①）。このため、現物出資時に多額の為替差損益が生じることがある。

## 2 持株会社

**図表 3-7-7　投資 MAP　ステージ 3　シンガポールでの地域統括会社（持株会社）設立**

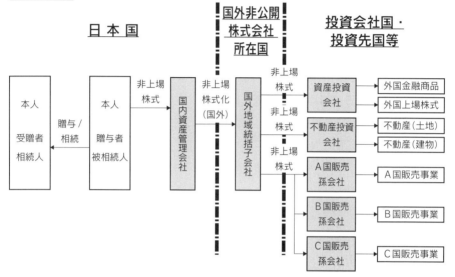

### 1 持株会社の設立方法

　持株会社には、事業持株会社と純粋持株会社の2つの類型があります。それぞれの設立方法には、株式移動方式と抜殻方式の2つの方法があります。

　株式移動方式は、既存事業会社に事業を続けさせ、その事業会社の株主が保有する株をホールディングカンパニーに移動させて事業会社を傘下に収める方式で、持株会社が純粋持株会社となります。

　抜殻方式は、既存事業会社が自らの事業を新設会社に移管し、事業会社であった会社が純粋持株会社になる方式をいいます。

　株式の移転方法は「株式交換」と「株式移転」の方法があります。なお、「抜殻方式」は「会社分割」の方法で行います。これらの方法は現金を必要

としないため、実務上利用される方法です。

特に株式交換と株式移転の最大のメリットとして、必ずしも現金を必要としないことに加えて、税務上の要件を満たしている限り、課税関係が生じません。また、現金買収とは違って個々の株主との交渉が不要で、債権者保護手続きも原則必要ありません。

デメリットとしては、反対株主等を排除できないことがあります。この場合は、株式交換などをする前に、現金買取によるスクイーズ・アウトを行うことが実務上あります。

## 2 国外における持株会社設立

海外子会社の売上げが大きくなるなどグループでの海外売上高の比率が国内事業より高くなる場合に、地域統括会社をアジア域内に設立して、グループ国内売上高の資金を地域子会社に還流させて、その資金を投資資金として更にミャンマーやインドなどのアジア新興国に投資していきます。地域統括会社に効率的な資金活動や投資戦略、製造戦略、販売戦略、知財管理業務を行うハブ機能をもたせることができます。

日本親会社は地域統括会社からの利益を必要に応じて配当として得ることができます。国外の地域統括会社は日本親会社の中間外国子会社として、この外国子会社からの日本の親会社への配当の95％は受取配当益金不算入として非課税となります。シンガポールでは配当の支払いには源泉税が課税されません。

地域統括会社を軽課税国に設立しても、タックスヘイブン税制の地域統括会社として合算課税の適用除外要件を満たす場合は、一定の事業所得の合算課税は適用されません。ただし、一定の資産性所得（受動的所得）は課税されます。

図表 3-7-8　アジア地域統括会社　配当の流れ

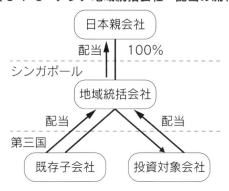

参考：アジア地域統括会社　地域統括会社の機能
　製造機能：アジア製造子会社への製造拠点計画、製造委託、製造管理
　販売機能：アジア地域マーケティング（価格設定、販売ルート、販売促進）
　事業機能：事業戦略、利益計画、事業リスクの分析管理等
　資金機能：内部資金管理、外部資金調達、為替・税務リスクの管理等
　知財機能：R&D業務、製造ライセンス、地域販売ライセンスの管理等

### ③ 本社機能の海外移転（国内事業の国外財産への転換）

　大企業を中心に、地域統括会社や特定の事業部門の本社機能を海外に移転する事例があります[20]。

　コーポレート・インバージョン（Corporate inversion：外国親会社の設立）とは、日本など自国に親会社を置くグループ企業が外国に法人を設立し、この外国法人がその企業グループの最終的な親会社になるようにする組織再編成等の処理をすることを言います。結果として、内国法人に外国親会

---

[20] 本社機能の国外移転として、サンスターが本社機能をスイスに移転（2009年）。ミドクラ、エスワンオーが本社機能をシンガポールに移転（2011年）。バルスが本社機能を香港に移転（2012年）。

社又は外国関連会社に対する多額の負債が計上され、また、内国法人の保有する資産（外国子会社株式や無形資産）が外国親会社又は外国関連会社に移転されます。

　組織再編行為（三角合併）を通じたコーポレート・インバージョンのスキームにより内国法人を特定外国子会社等の子会社に変更したスキームでは、タックス・ヘイブン税制の適用ができない場合があります。しかしながら、コーポレート・インバージョン対策税制として、合算税制（措法40の7〜9）の租税回避防止措置がとられています。

　コーポレート・インバージョン対策税制とは、内国法人の株主が、組織再編等によって、軽課税国に所在する外国法人を通してその内国法人の株式の80％以上を間接保有することになった場合には、その外国法人が各事業年度において配当せず留保した所得をその持分割合に応じてその外国法人の株主である居住者又は内国法人の所得に合算して課税する税制であります（措法40の7①、66の9の2①）。

　なお、コーポレート・インバージョン対策税制の適用除外があります。ただし、主たる事業が、株式等の保有・管理等や特許権等無形資産の保有・管理等に該当する場合には適用除外とはなりません（措令39の34の3⑦）。

　本社機能の海外移転（国内事業の国外財産への転換）先の国、地域を検討する場合、持株会社に対して優遇税制を有する国が候補となりましょう。

　持株会社に対する優遇税制として、配当源泉税の免除や法人所在地国の受取配当や株式譲渡益に対して非課税等となる資本参加免税（Participation Exemption）を有する国である欧州でのオランダ、英国、ドイツ、ベルギー、スペイン等の国が設立検討国になります。持株会社に対する優遇税制を有する国であるオランダ、英国、ドイツを以下比較してみましょう。

**図表3-7-9 資本参加免税制の三か国間の比較**

| | オランダ | 英国 | ドイツ |
|---|---|---|---|
| 配当の源泉税 | 免税：50％以上持株比率の子会社 | 免税（出資比率関係なし） | 免税（条件あり） |
| 資本参加税 | 受取配当：100％非課税<br>株式譲渡益：100％非課税 | 受取配当：100％非課税<br>株式譲渡益：100％非課税 | 受取配当：95％非課税<br>株式譲渡益：95％非課税 |
| 法人税率 | 25％（2016年）<br>(課税所得20万ユーロ未満は20％) | 20％（2016年） | 15％（2016年） |

　ここでは、オランダに外国持株会社を設立する場合の課税関係を見てみましょう。

　軽課税国所在のペーパーカンパニーの株式を対価とする三角合併の場合は、株主における株式譲渡について含み益に課税されます。

　ただし、外国持株会社が、持株企業グループに対する支援業務を行うなどの事業実体を備え、課税繰延べの要件を満たす場合には、株式を保有する創業者一族株主に対してタックス・ヘイブン税制の課税が適用されません。

　オランダは、資本参加免税による制度（国内及び外国での資本参加に係る外国子会社からの配当金や持株の売却処分によるキャピタルゲインなどの利益については、法人税課税対象外とする免税措置）があります。

　資本参加免税の要件を満たす場合[21]、オランダで設立された法人は、その適格な資本参加に関連して生じる配当等及びその株式の処分に伴う譲渡益については課税されません。

　また、オランダに設立した外国持株親会社が日本子会社から受け取る配当に係る税負担は、日蘭租税条約では持分比率50％超の親子間での配当の源泉税は免除となります。

　ただし、配当の源泉税免除に関する特典制限条項（LOB）[22]及び導管取引

防止条項[23]があります。

　日本のタックス・ヘイブン対策税制は、原則、オランダ法人に留保された配当所得がある場合にも、その株主に対して留保金合算課税の適用はありませんでした。しかし、平成29年度改正によって、租税負担割合が20％未満の基準を満たす等の場合やペーパーカンパニー又は事実上のキャッシュボックスに該当する場合には、一定の所得について合算課税の課税リスクが生じます。

---

[21] 資本参加先の法人がオランダにおいて外国法人である場合には、次の要件が加えられる。
　　イ　資本参加先の法人が設立国において法人税の課税を受けていること。
　　ロ　資本参加が単なる資本の運用（ポートフォリオ）ではないこと。
　ただし、資本参加先の法人がＥＵ加盟国内で設立されたものであるときは、発行済株式の25％以上を保有していれば、ポートフォリオであっても原則として免税が認められる。
　資本参加を行おうという法人が、親会社と孫会社の間にある中間子会社である場合は、通常はその資本参加はポートフォリオとみなされないが、資本参加を行おうとする法人の主たる事業が金融である場合は、原則としてその投資はポートフォリオとみなされる。ただし、資本参加免税に関する租税回避防止規定がある。

[22] 日蘭租税条約第10条3項（配当の源泉地免税）の特典を受ける者は、原則として上場会社及びその子会社等である。適格者に該当しない場合、能動的企業活動基準、多国籍企業本社基準等の一定の要件を満たす場合には認められる。

[23] 配当の受領者が受けた所得と同種の所得を第三国居住者に支払う等、その取引が導管取引と認められる場合には、配当受領者として認められず、配当の源泉税の免除を受けられないとする条項である。

## 2 非公開株式を利用した無形資産の移転

　全世界の特許出願件数は、過去20年間で約2.7倍で、1995年の約100万件から、2014年には約270万件と増加しました。このうち約3割が非居住者による特許出願です。

図表 3-7-10　世界の特許出願件数の推移

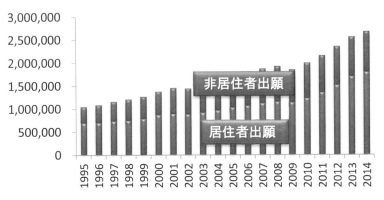

出典：財務省資料

図表 3-7-11　世界の特許登録件数の出願者居住国別内訳

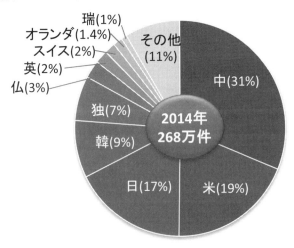

出典：財務省資料

国境を越えた使用料の受取額は過去20年で約2.7倍に拡大し、日本は世界第3位の特許使用料受取国です（首位は米国）。

　特許出願者は非居住国が多く、研究開発費の対GDP（国内総生産）比で低水準のオランダ、英国が、世界でもトップレベルの無形資産使用料受取国であり、国外からの使用料収入が多いことがうかがえます。

　過去10年で、アイルランド及びオランダが世界で最も多額のロイヤルティー（無形資産の使用料）を他国に支払う国で、その額は拡大しています（**図表3-7-12**参照）。

図表 3-7-12 世界の知財等使用料に係るクロスボーダー支出の推移（支払い総額及び上位10か国）

- 大きな経済的付加価値の源泉である知的財産等の、国境を越えた使用料の支払総額は過去20年で約10倍に拡大（1995年：年間約380億ドル→2014年：年間約3,600億ドル）。
- 過去10年で、アイルランド及びオランダが世界で最も多額の知的財産使用料を他国に支払う国としての存在感を高めており、その規模が対GDP比で他国を突出して上回る傾向が拡大。

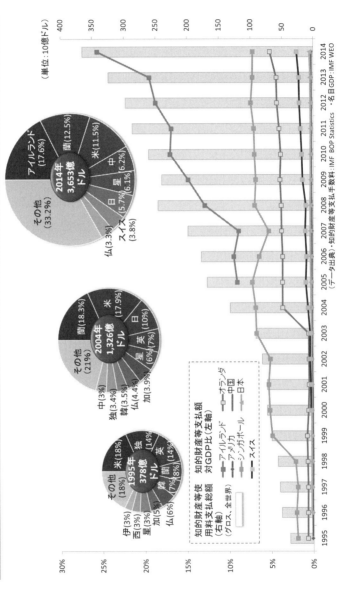

出典：財務省資料

## 1 日本の無形資産の使用料・譲渡の課税関係

　特許、商標権、ノーハウ等の工業所有権、出版権、著作隣接権を含む著作権等の無形資産について、居住者又は内国法人が受ける無形資産の許諾使用料や譲渡の対価に対して課税がされます。

　一方、非居住者や外国法人に対しては、日本国内で業務を行う者からこれら無形資産の使用料又は譲渡の対価で、支払者の日本国内業務に関係するものについてのみ、源泉課税がされます（所法161①十一）。
　したがって、日本企業が米国等の外国法人から提供を受けた特許権や著作権等の無形資産を、アジア等の製造子会社に使用させる（再実施）場合の部分の使用料でこの外国法人に対して支払う使用料については、日本国内業務にはあたらないため、国内源泉所得とはなりません。よって、この国外再実施部分の使用料については日本では免税となります（所基通161-33）。

　日本の所得税では、無形資産の課税は、無形資産の使用料と無形資産の譲渡の対価は「使用料」として課税（源泉課税）されます。
　つまり、特許権、ノーハウ等の工業所有権の実施、使用、採用、提供、伝授、許諾、譲渡の承認について支払いを受ける対価の一切を無形資産の「使用料と譲渡の対価」と位置付けています。また、著作権については、著作物の複製、上演、演奏、放送、展示、上映、翻訳、編曲、脚色、映像化その他著作物の利用又は出版権の設定につき支払われる対価及び譲渡の対価の一切を「著作物の使用料」と言います（所基通161-35）。
　例えば、頭金（イニシャルペイメント）やランニングロイヤルティ等も使用料に含まれます。また、特別の原料、処方、機械、器具、工程によるなど独自の考案又は方法を用いた生産方式、秘訣、秘伝、特別の技術的価値を有する知識及び意匠等のノーハウ、デザイン等も使用料の課税対象となります。
　ただし、海外の技術の動向、製品販路、特定品目の生産高等の情報又は機

械、装置、原材料等の鑑定、性能の調査、検査等はノーハウ等には該当しません（所基通 161-34）。

よって、名目にとらわれず、支払いの実質が使用料の性質をもっているかどうかにより判断する必要があります。

## 2 租税条約における課税関係

日本が締結した租税条約の多くは、無形資産の使用料の課税は、受領者の居住地国で課税することを前提として、所得源泉地国においても課税できる旨を規定しています。

なお、米国、英国、オランダ、スイス、スウェーデン、ドイツ、フランスとの租税条約においては、源泉地国免税とされています[24]。

無形資産の譲渡益（キャピタルゲイン）の課税区分は、日本の国内法では、使用料として課税することになっていますが、日本が締結した租税条約では、**図表 3-7-13** のように使用料として課税する条約、動産等の譲渡と

**図表 3-7-13　工業所有権等の譲渡益の租税条約による取扱い**

| 区　分 | 条約締結国 |
| --- | --- |
| 譲渡収益を使用料と同様に取り扱う条約締結国 | シンガポール、大韓民国、デンマーク、ベトナム等 |
| 真正（完全）な譲渡以外の譲渡対価を使用料とする条約締結国 | スペイン、ベルギー、メキシコ |
| 工業所有権等の譲渡対価についても他の財産（動産）の譲渡対価と同様に取り扱う条約締結国 | アイルランド、アメリカ、イタリア、オーストラリア、オランダ、スイス、スウェーデン、中華人民共和国等 |

（注）　源泉地国課税（債務者主義・使用地主義）・居住地国課税のいずれを採っているかは租税条約の規定により異なります。

出典：国税庁 平成 29 年版 源泉徴収のあらまし

[24] その使用料の支払いの起因となった無形資産が恒久的施設と実質的な関連を有する使用料の場合は課税されます。

して課税する条約等があります。

### 3 無形資産の国外移転と譲渡課税

　コーポレート・インバージョンやクロスボーダーMBOに伴う企業グループ内の資産移転等に伴い、内国法人が保有する無形資産が外国親会社に移転される場合があります。

　無形資産の移転の際の相手先である外国親会社の設立国については、通常ロイヤルティのような国外所得を免除とする国が選択されます。

　無形資産の国外移転については、現物出資の場合、国内にある無形資産が国外に移転する場合には含み益に対する譲渡課税が行われます。無形資産については、その時価の算定が困難なことが問題となります。特にこれを関連会社間で移転させる場合には、その価額が恣意的に低めに設定される場合に、適正時価との差額について、譲渡課税が適用されます。

### 4 無形資産の国外移転後のロイヤルティと移転価格税制

　外国親会社に移転された無形資産が、移転後、日本内国法人及びグループ各社において使用される場合、外国親会社は、グループ各社からロイヤルティを受領します。

　これを譲渡した内国法人は、譲渡した無形資産の使用について、外国親会社に新規にロイヤルティを支払うことになります。

　外国親会社は、日本で使用する権利を含め、無形資産を完全に移転した後にその無形資産の国内使用に係るロイヤルティを受け取ることで無形資産の譲渡対価を回収することになります。

　この無形資産の譲渡とロイヤルティ支払いの関連者間取引が独立企業間価格に基づかない場合には移転価格税制が適用され、独立企業間価格に基づく取引価格の修正が日本側で行われることがあります（措法66の4①）。

## 5 コーポレート・インバージョン対策税制

外国親会社がタックス・ヘイブン等軽課税国に設立される等一定のスキームでは、コーポレート・インバージョン対策税制が適用され、国内株主には合算課税が行われます。

## 6 欧州諸国の研究開発・技術革新を促進するための優遇税制

ＥＵ諸国を含む欧州には、研究開発・技術革新を促進するための優遇税制がある国が多いと言われています。

例えば、オランダに外国親会社を設立すると、その法人は次の技術革新を促進するための税制優遇措置の適用を受けることができます。

技術革新に関わる税制優遇措置：
① パテントボックス
　企業が独自に開発し、特許等を取得したものや一定の認定を受けた無形資産からの利益について、実効税率5%(通常25%の税率)の優遇課税の適用
② WBSO（研究開発税控除）
　研究開発（技術的・科学的研究、新技術を用いた製品又は生産プロセスの開発、新技術を用いたソフトウェアの開発など）を行う企業に対して、賃金税及び社会保険料の一部を税額控除する制度の適用

また日蘭租税条約第12条では、ロイヤルティ（使用料）の受益者である無形資産所有外国親会社でのみ課税されることから、日本の内国法人が支払うロイヤルティ（使用料）の源泉税は免税となります。

## 7 無形資産を軽課税国に所在する法人に移転させる税務スキーム

無形資産からの収益は、現代の企業収益の大きな源泉と言われており、日

本も無形資産の使用料収支の黒字が年々拡大しています。日本政府にとっても無形資産は重要な税収源であるとする一方で、無形資産は移転の可動性が高く、租税回避に用いられやすい資産として、今後は、無形資産を軽課税国に移転することによる節税スキームが高まると予想しております。

研究開発投資規模や特許出願件数に比して、ロイヤルティ収入の高い国への利益移転に対して税務当局の関心が高く、経済規模に比してロイヤルティ支払いが高い国についても実情をよりつぶさに見極めることが必要であると、BEPS行動計画でも示されております。

次頁の**図表 3-7-14** が、BEPS行動計画で関心の高い第三国を経由した導管投資による無形資産取引スキームになります。

## （1）コストシェアリングを利用した無形資産（IP）の移転

コストシェアリングのスキームの例として、次のものがあります。

このスキームは軽課税国又は研究開発に対する優遇税のある国（オランダ、スイス等欧州の国）に会社設立し、親会社（日本）と研究開発に関するコストシェアリング（費用分担の取決め）契約を締結して研究開発を行い、研究開発が成功すると見込まれる時点の時価（市場販売で成功する時の時価より当然低い時価になります）で軽課税国等の子会社に売却します。その無形資産の使用許諾を製造拠点の子会社に行い、その使用料を軽課税国にプールするスキームです（**図表 3-7-15** 参照）。

図表 3-7-14 無形資産取引―第三国を経由した導管投資の概念図

### ④-ⅱ 第三国を経由した導管投資のイメージ

- 近年、クロスボーダー直接投資が増加している背景には、「実質的な経済活動とは関係の薄い第三国を導管のように経由する取引の拡大が貢献している可能性。
- 直接投資経由地となる第三国は、法人税の表面税率だけを見れば決して軽・無課税国ではない場合もあるが、様々な税制を組み合わせることで、第三国を経由しない場合に比べて企業・投資家の実質的な税負担を相当程度軽減。

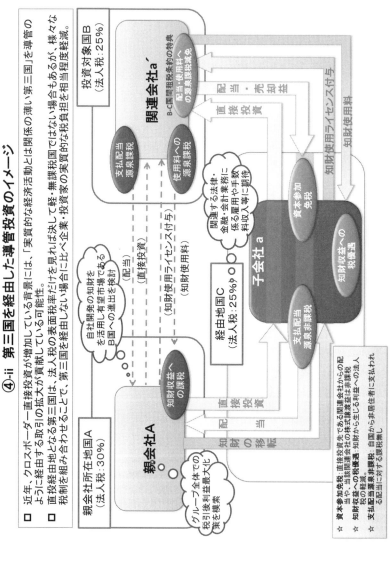

出典：財務省資料

312　第3章　国外財産の動かし方と課税関係

## 図表 3-7-15　コストシェアリングを利用した無形資産（IP）の移転

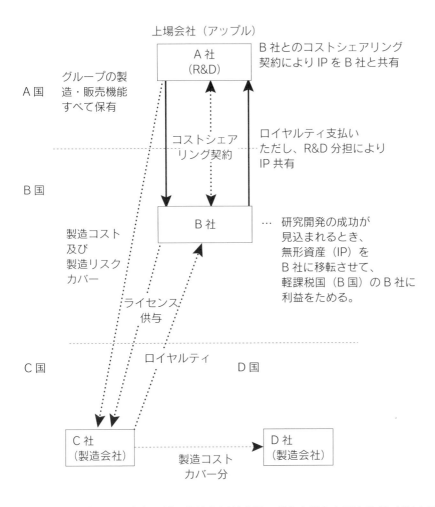

出典：セミナー「国際的租税回避の潮流と国税当局の動きを読む」配布資料（川田　剛）より（筆者加筆）

## (2) Buy-In 契約を利用した無形資産 (IP) の移転

Eコマースを利用したスタートアップ事業の会社のBuy-In契約を利用した無形資産 (IP) 移転の事例として、**図表3-7-16**のスキームがあります。

**図表3-7-16　Buy-In 契約を利用した無形資産 (IP) の移転**

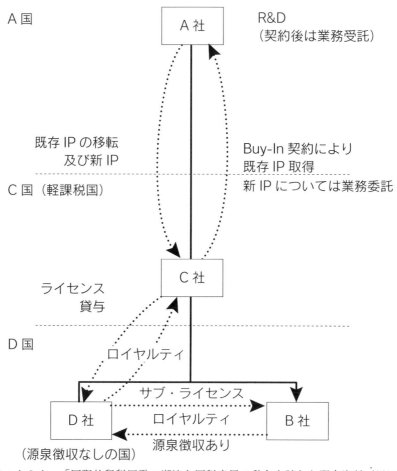

出典：セミナー「国際的租税回避の潮流と国税当局の動きを読む」配布資料（川田　剛）より（筆者加筆）

このスキームでは軽課税国又は研究開発に対する優遇税制のある国（オランダ、スイス等欧州の国）に会社を設立し、親会社（日本）の無形資産を研究開発が成功すると見込まれる時点の時価（市場販売で成功する時の時価より当然低い時価になります）で軽課税国等の子会社に売却します。その後、親会社（日本）と研究開発の役務提供契約を締結して無形資産の成果は軽課税国に帰属させていきます。そして、その無形資産を他の国の子会社に使用許諾を行い、多くの使用料収益を軽課税国にプールするスキームです。

# 第8節 非公開株式と事業承継

## 1 非公開株式を利用した事業承継

　親族内事業承継を行う際に、事業会社の株価が高い場合、高収益事業のMBO（マネジメント・バイ・アウト）やグループ組織再編を用いた株価対策の検討を行うことになります。

　オーナー株主の事業会社がすでに国内及び国外に事業展開している場合で、既存の国内外の事業の承継について、事業部別に国内法人と海外子会社（製造・販売業務）を承継させる形態を以下に示します。

### 1　分社型分割のケース（2社に分割して事業承継）

　事業承継者子A、子Bが日本国内に居住する場合で、事業承継後に海外事業展開をするため、内国法人に国外子会社を所有させて株価対策として類似業種比準法を利用できることを検討します（**図表3-8-1**）。

　相続前対策として、事業会社（S社）は、X事業（製造販売事業）とY事業（国内・国外不動産事業）を行っています（Step1）。

　相続前対策としてX事業とY事業を2社に分社型分割を行い、X事業の会社の株式を子Aに、Y事業の会社の株式を子Bにそれぞれ事業承継（S1社とS2社）させます（Step2）。この結果、**図表3-8-2**のように内国法人が国外不動産事業や国外製造業を行う国外子会社を所有することになり、国外不動産事業や外国子会社としての純資産価額の評価の影響を低下させるべ

**図表 3-8-1　2 社（兄弟会社）に分割した事業承継**

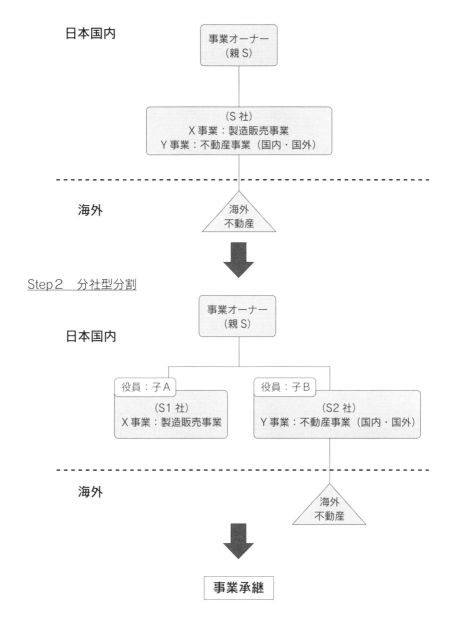

**図表 3-8-2　2社に分割した事業承継（海外事業展開）**

Step1：事業承継後

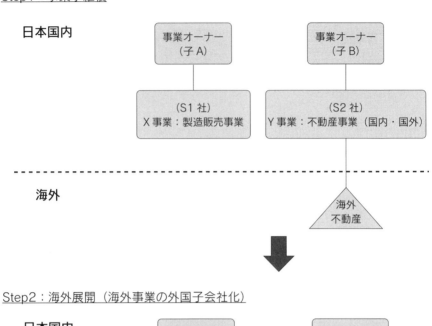

Step2：海外展開（海外事業の外国子会社化）

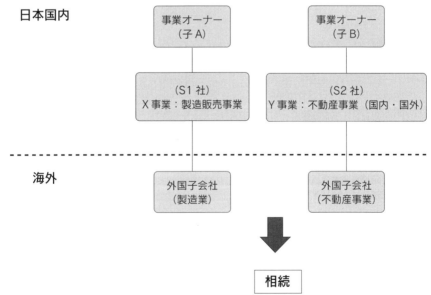

く、内国法人の類似業種比準方式の株式評価を利用することができ、外国法人を子Ａ、子Ｂが直接所有する場合と比べて、相続税の財産評価を下げる効果が出る場合があります。

## 2 分社型分割（親子会社に分割し事業承継）

オーナー事業会社Ｔ社のＹ事業部門は高収益部門であり、将来も高収益が見込まれます。Ｔ社の株価評価における会社の規模区分は大会社に該当します。Ｔ社の１株当たりの評価額について、類似業種比準価額方式が純資産価額方式より低い場合に、Ｔ社からＹ部門を分社型分割により独立させ、Ｔ社の子会社（u社）にします（**図表3-8-3**）。

この場合、Ｔ社の株価の評価方法は類似業種比準価額方式なので、今後u社が高い収益がでる場合には、Ｔ社の株価が上昇することを抑えることができます。Ｔ社が海外に販売支店をもち、高い収益を出している場合には、現地子会社化すると同様の株価を抑える効果が期待できます。

ただし、次のことを事前に検討することが必要です。

① Ｔ社の会社規模の変更：Ｔ社の従業員数、取引金額、総資産価額が減少し、Ｔ社の規模区分が大会社から中会社に変更される場合は、株式の評価方法が類似業種比準価額方式と純資産価額方式との併用方式に変わること

② 事業区分の変更がされ、Ｙ部門独立後のＴ社が行うメインの業種によっては、純資産価額方式による評価額よりも類似業種比準価額方式による評価額が高くなることがあること

③ 株式保有特定会社に該当すること：Ｙ部門独立後のＴ社の総資産価額のうちに、u社株式の保有額の占める割合が高い場合は、Ｔ社が株式保有特定会社に該当してしまい、純資産価額方式により評価されます。S1＋S2方式の場合でも、一部純資産価額方式により評価されます。

ただし純資産価額方式による評価額の場合、分割後のＹ社の利益蓄積による価値上昇額の37％相当額の控除の可否も検討すべきでしょう。

**図表 3-8-3　親―子会社に分割して事業継承（相続前対策）**

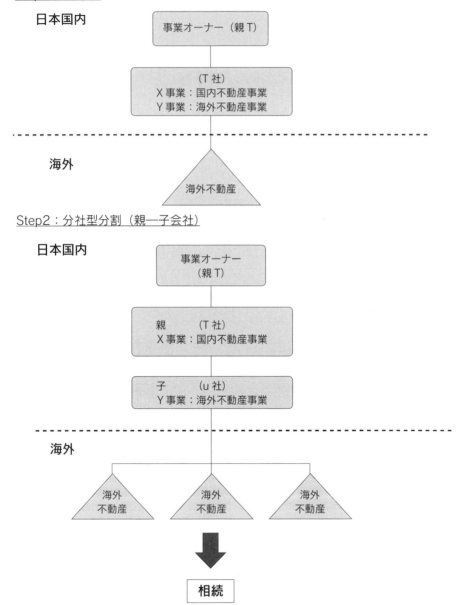

### 3 持株会社設立（持株会社による事業承継）

　後継者を株主とした持株会社設立により、持株会社の株式を後継者に所有させることで事業承継ができます。

　持株会社は一時的に金融機関から資金の借入れを行います。その後、持株会社からの事業収益の配当を原資として返済していきます。

　同様に、事業オーナーの他の事業株式や現金以外の不動産などの遺産分割の対象となる財産を持株会社に売却することで、遺産分割に伴う事業承継対策に有効です。後継者以外の相続人に株式を相続させたくない場合には、その後継者以外の相続人には売却で入った遺留分相当の現金を相続させることで、事業会社株式等を相続させずに済みます。

　持株会社の評価方法は、類似業種比準法ではなく、純資産価額方式になりますが、事業会社株式の直接所有から持株会社を利用して間接所有することで、事業会社の利益蓄積に伴う株価の上昇部分は、持株会社の株式の評価において含み益となります。ただし、持株会社の純資産価額の計算上、含み益に対して37％相当額が控除されるため、事業会社の株式を直接保有している場合に比べて株価の上昇率がその割合分低下することになります。

　同じように、持株会社の下に純資産価額の評価対象となる外国子会社を子会社化して、外国子会社株式の含み益を持株会社の株価評価により圧縮させることができます。

　持株会社に事業オーナーの高収益事業の国内及び国外の会社の株式を売却することで、保有している事業会社の株式が現金化され、相続財産の金額を固定することができます。事業オーナーの側では相続対象資産が株式から現金に変化しますが、今後の株価上昇部分を承継者が保有する持株会社に移転させることで、事業オーナーの相続財産の額が固定するシーリングの効果があります。逆に、株価が低いときに現金化すれば、より効果的な相続税対策となります。

　持株会社を株式のみを保有する純粋持株会社とするのではなく、通常の事

## 図表 3-8-4　持株会社による事業承継（純粋持株会社）

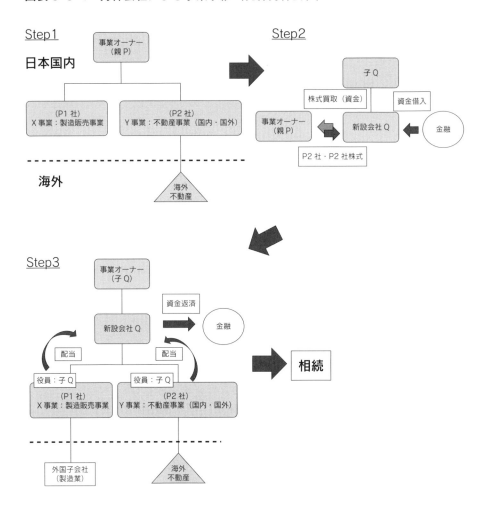

業に加えて、株式を保有して子会社の経営を行う事業持株会社とすることにより、持株会社の株価評価方式として「類似業種比準価額方式」を用いることができます。この場合は、株式の評価額が純資産価額方式の株価と比べて低下する場合も出てきます。

## 2 国内事業会社の国外財産への変更と事業承継

　我が国の相続税法においては、贈与により国内（相続税法の施行地）に所在しない財産を取得する場合には、その取得の時において国内に住所を有しない個人（日本国籍を有する個人が贈与前10年（平成29年3月末まで5年）以内のいずれかの時において国内に住所を有していたことがある場合を除く）間の贈与については、我が国の贈与税は課税されないこととされています（相法1の4）。

　また、財産としての「法人の株式」の所在は、「法人の本店又は主たる事務所の所在」で判定するとされている（相法10①八）ことから、法人の本店又は主たる事務所が国外にある外国法人の株式は相続税法上、国内には所在しないことになります。したがって、外国法人の株式は、国内に住所を有しない一定の非居住者に贈与されても、我が国で贈与税は課税されないことになります。

　日本に住所のあるオーナー企業の創業者（贈与者）は、その子や孫（受贈者）が、外国籍を取得している場合や10年（平成29年3月末まで5年）を超えて継続して日本国外に居住している等非居住者としてのステイタスを取得している場合、コーポレートインバージョンの制度を利用して、オーナー企業を外国親会社の子会社にして、その親会社である外国会社の株式を非居住者となっている子や孫に譲渡すれば、その次の相続又は贈与、つまり、国外に住む曾孫の世代が受ける相続又は贈与では、外-外の事業承継となり、日本の課税（所得税・相続税・贈与税）関係が生じなくなります。

**図表 3-8-5　国外事業会社の国外移転（コーポレート・インバージョン）**

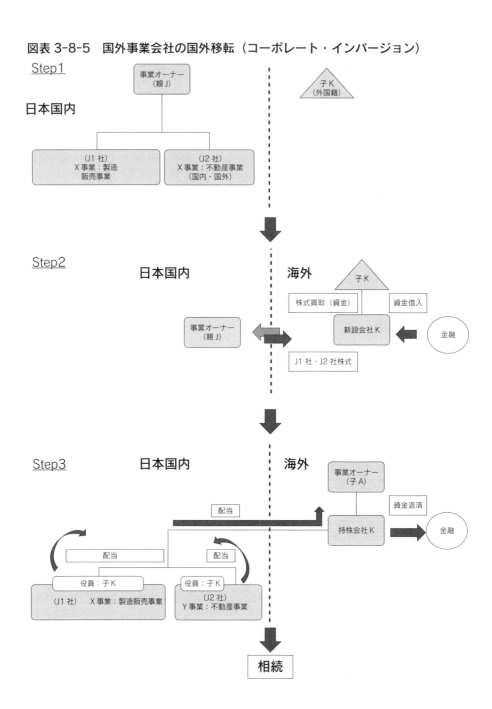

## 3 国外事業再編と事業承継（次世代事業承継）

　事業再編の場合には、創業オーナーの事業持分としての株式の売却を伴うことで、株式の譲渡についての課税関係が生じる場合があります。

　相続の観点からすると、通常、事業承継において、株式の移転とともに金銭の支出が伴うと、株式の次世代への移転と同時に事業オーナーに多額の金銭が生じることになり、事業オーナーの財産が株式から現金・預金に転換されただけで、相続税評価で、現金・預金が株式より高く評価される場合には、相続税評価の上で、逆に、事業オーナーの相続財産が増加する結果となります。また、事業オーナーにとって、この多額の現金・預金すべてを金利の低い国内預金で保有・運用するよりは、金利の高い外貨預金や国外の債券、株式等に投資運用する選択も出てきます。

**図表 3-8-6　相続対策による株式売却により多額のキャッシュが入る**

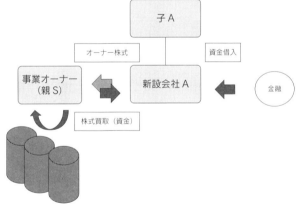

　これを図に表すと次のようになり、結果として、本書の投資ＭＡＰのスタート地点であるステージ１（**図表 3-8-7**）に戻ります。事業オーナーが実際に、国外で金融資産に投資すれば、**第２節　金融資産の保有**と同じ課税関係が生じます。

**図表 3-8-7　投資 MAP　ステージ 1　国外金融資産投資**

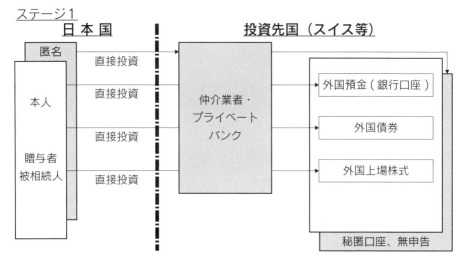

また、資産の分散化により、事業オーナーが手にしたキャッシュで国外賃貸不動産を購入すれば、第3節 不動産の保有と同じ課税関係が生じます（**図表 3-8-8**）。

**図表 3-8-8　投資 MAP　ステージ 1　国外不動産投資**

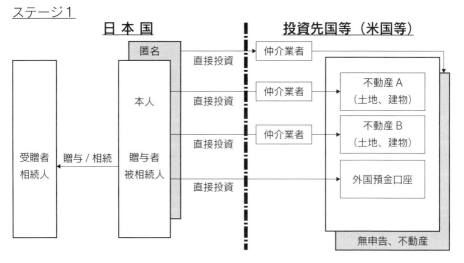

さらに、相続財産を次世代に移す事業承継の観点として、手にしたキャッシュを子や孫世代の新規事業に投資する「未来への投資」としての選択肢を次に検討してみましょう。

**図表3-8-9　事業投資**

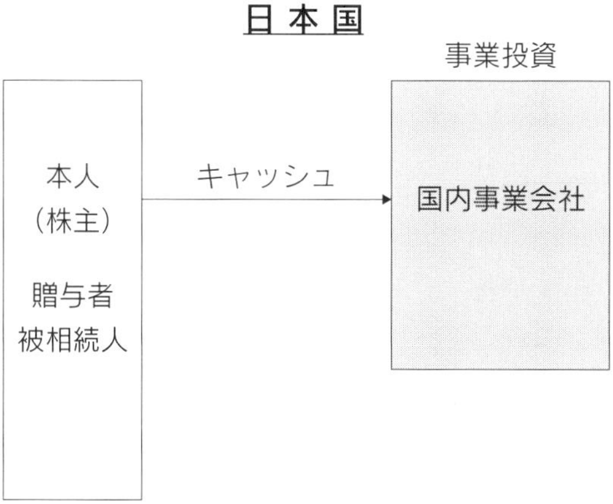

日　本　国

本人
（株主）

贈与者
被相続人

→キャッシュ→

事業投資

国内事業会社

【新規事業の立上げ】
●ケース１：新規事業への投資（孫等親族内投資）
　既存事業の会社の持株対策としては、子や孫の持株法人へ売却した後に、新たに得たキャッシュをもとに新規事業の立上げに対して資金援助することもできます。
　例えば、売却して得たキャッシュを原資として子や孫が行う新規事業会社に投資するのです。このことで、子や孫が株式をもつ新規事業へのリスクマネーの出し手になり、更に、子や孫が行う新規事業への助言も行うことで新たな事業承継が行えます。いわば、親族内ベンチャーキャピタルの出し手となり、エンジェル資金とともに事業を立ち上げるべく経営指導も行っていくわけです。
　一方、相続税対策の観点からみると、相続財産として、キャッシュ財産が株式に変わります。また、新会社の株価は、新規事業のため売上高や純資産

価額が一般的に、スタートから3年間は低くなるので、事業が立ち上がることが見えてきたならば、株価が低い時期に株の贈与により孫に対して移転を行うことによる相続対策となります。

ただし、国外居住の子や孫などが制限納税義務者に該当する場合には、これらの者に株式を贈与したときは、子や孫の贈与税とともに事業オーナーに出国税の譲渡課税が別途、課税されることから、この場合には時価による譲渡での株式移転のみで行うことの可否の検討も必要となります。

● ケース2：新規事業への投資（親族以外へのエンジェル投資）

また、親族以外の次世代事業への投資（エンジェル資金の出し手）として特定中小会社[25]の新規事業への投資を行った場合、個人投資家は投資時点、株式売却時点のそれぞれの時点において、エンジェル税制の優遇措置を受けることができます。

① 投資時点では、投資金額を寄付金控除の所得控除、又は、他の一般株式等又は上場株式等の売却益がある場合には、売却益とその年中に払込みにより取得した株式の取得金額（投資金額）を相殺することのいずれかを選択することができます（措法41の19、措法37の13①））。

優遇措置A：寄付金控除
優遇措置B：一般株式等又は上場株式等の譲渡所得から投資金額の控除

---

[25] 特定中小会社とは、①中小企業の新たな事業活動の促進に関する法律第7条に規定する特定新規中小企業者に該当する株式会社等、②内国法人のうち、設立日以後10年を経過していない中小企業者に該当する一定の株式会社等である。

図表 3-8-10　親族以外へのエンジェル投資

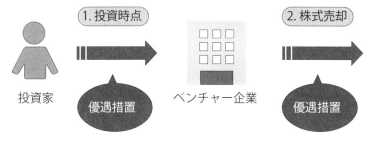

出典：経済産業省ホームページ

② 売却時点の優遇措置として、未上場ベンチャー企業株式を売却した年に受けられる優遇措置（売却損失が発生した場合）があります。

　未上場ベンチャー企業株式の売却により生じた損失を、その年の他の一般株式等又は上場株式等の売却益がある場合には、売却益とその未上場ベンチャー企業の損失額を相殺することができ、その年に相殺しきれなかった損失については、翌年以降3年にわたって、順次株式譲渡益と相殺ができます。

　未上場ベンチャー企業株式は、上場していないため、一般株式に該当しますので、原則として、一般株式の損失額は上場株式の売却益とは相殺できません。この特例を適用することによって、未上場ベンチャー企業投資の損失を他の株式投資や上場に成功したベンチャー企業の売却益と相殺することができます。つまり、投資したベンチャー企業が上場しないまま、破産、解散等をして株式の価値がなくなった場合にも、同様に翌年以降3年にわたって損失の繰越しができます。ただし、ベンチャー企業へ投資した年に優遇措置

(A又はB)を受けた場合には、その控除対象金額を取得価額から差し引いて売却損失を計算します(措法37の13の2①④⑦)。

## 4 スタートアップ企業の事業モデル

　更に、子や孫が国外に居住して事業を行う場合には、外国子会社方式ではなく、現地の外国法人を自ら設立することも考えられます。例えば、孫が米国の大学や大学院に留学後、米国の人脈や米国のVC(ベンチャーキャピタル)、更にFin Tech(AIを利用した資金調達)を利用して得た資金を一部使ってスタートアップ企業を設立して海外展開することも今後は考えられます。その場合に、富裕層オーナーである親がいったんリスクマネーの出し手となり、株式を取得して、その後、孫にその株式を徐々に贈与することで相続対策となります。

　富裕層のグローバルな資産管理は、日本国内に居住する高齢層資産家世代から次世代、そして3世代まで視野に入れた長い時間軸をもって考えていく必要があります。

　実際に日本の高齢者には、海外駐在経験、米国、英国・フランスなどの欧州やオーストラリア、シンガポール、中国等の留学経験をもつ、子女、孫も多いといわれています。

　現実として現在30代以下の世代の事業は今後、スマホのネットツールやAI(人口知能)等の無形資産を利用して、留学時代の海外人脈を使ったグローバルな事業展開を行っていくことが容易に想定されます。

　「ヒト・モノ・カネ」が事業の3要素と言われています。現在、これら「ヒト・モノ・カネ」の事業の3要素が、「クラウドソーシング」「クラウドファンディング」「クラウドコンピューティング」で徐々に代替できるようになってきています。その結果、設備や資金が少なくても、少人数で新たな

事業展開ができるようになってきています。

　事業要素の「ヒト」である従業員は、専門性をもった国内外の人材に「クラウドソーシング」で外注することで、これまでの人件費と比較して低コストで済むようになってきています。

　事業要素の「カネ」である事業資金調達も、良い事業計画を練ることで「クラウドファンディング」で不特定多数の人から資金調達することができます。Fin Tech（フィンテック）に見られる振興ベンチャーキャピタルの増加も、すでに米国では資金調達を容易にしています。日本でもスタートアップ企業（ベンチャー企業の中で新しい事業モデルで短期間で大きな成長を目指す企業）を対象としたベンチャーキャピタルが現れてきています。

　販売、マーケティング、顧客管理は、顧客とのスマホを利用した「クラウドコンピューティング」を利用して低コストで行うことができます。

　事業承継の視点は、もはや日本国内で完結させるのでは十分ではありません。次世代の事業モデルにおいては、クラウドコンピューティングを使った低コストでグローバルな展開が可能であるため、孫世代への事業承継にも、日本国内で完結させるのではなく、国外を視野に入れた事業承継計画が求められています。

　事業拠点の設置ロケーションについても、国外に拠点をもつ意義が出てきています。2017年現在、スタートアップ企業が集積している都市として、欧州では、英国のロンドン市にFin Tech関連の企業が、アイルランド・ダブリン市（ドックランド）、フランス・パリ市（1、2、9区）がスタートアップ企業のハブの機能を果たしてきています。米国では、サンフランシスコ、ロサンゼルス（プラヤビスタ）、ボストンが、アジアでは、中国北京（中関村）、香港（サイバーポート）、シンガポール（ワン・ノース）がスタートアップ企業のハブ的な機能をもつ事業拠点として、企業設立が増加していると言われています（333頁の**図表 3-8-11** 参照）。

　アイルランド、香港やシンガポールはいわゆる軽課税国として、タックスヘイブン税制の対象国と認識されていますが、スタートアップ企業の情報、

人的ネットワーク構築等の事業ハブとして、事業拠点として法人を設立し、事業を行うことの意義も出てきており、従来とは違った実体のある事業環境を提供する国・地域となる可能性も出てきています。

　上記で見たように、従来の国外事業展開は、まず、第一に国内事業を安定させ、その後米国に展開し、欧州、ASEAN、中国等へ段階を踏んで現地法人を設立しながらグループの国外事業展開を行ってきました。
　今後のクラウドコンピューティングを利用した事業モデルでは、設立後早い時期には世界中に事業展開できる組織と事業システムを構築することが可能です。実際に、スマホアプリを利用したスタートアップ企業は設立後従来とは異なる早い段階で世界展開しています。

　米国のスタートアップ企業のビジネスモデルの例として、Uber（ウーバー／スマホを利用したタクシー配送事業。タクシー料金の決済は、現金では行われずにカード決済が自動的に行われる）のビジネスモデルを以下に説明します。
　米国で設立後、欧州、日本、中国等の世界主要都市で事業展開しています。この事業モデルは、税コストを事前に検討したグローバルな事業モデルに即して、実際の事業をグローバル（世界60か国）に展開しています。
　米国のサンフランシスコがウーバーの本拠地（ウーバー・テクノロジー）ですが、米国は連邦法人税の最高税率が39％と高いため、オランダ法人を2つ設立し、1社のオランダ法人の本店・管理所在地を軽課税国のバミューダにして、各国にマーケティング、技術サポートの子会社を設立し事業展開しています。タクシー料金の20％がウーバーの取分ですが、各国子会社への経費支払いを行い、バミューダにあるオランダ法人の純利益の1.45％のみのロイヤルティ収入が米国法人に還流する事業スキームとなっていると米国フォーチューン誌で報道されました。

図表3-8-11 スタートアップ・ハブ（スタートアップ・ハブ企業の集積地）

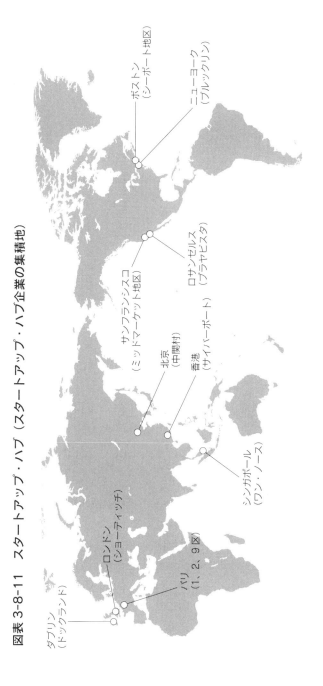

第8節 非公開株式と事業承継

**図表 3-8-12　グローバル分散事業モデル（ウーバーの事業モデル）**

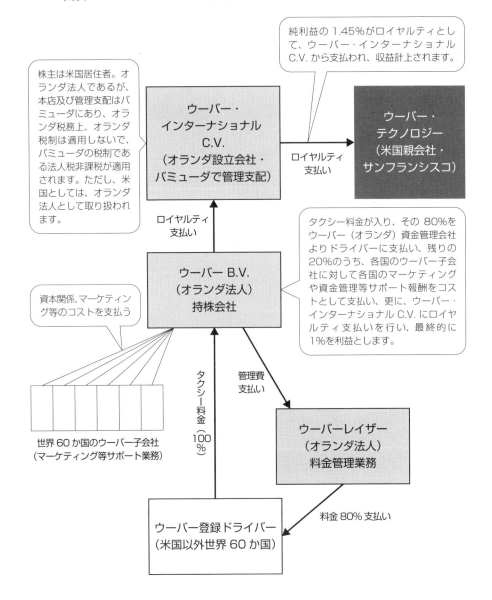

すでに海外展開している事業オーナーも、更にコスト削減や効率のよい事業展開を行うためには、事業再構築が必要とされます。そのために、次世代以降の経営者に新規に会社を設立させ、次世代型事業展開の挑戦をさせることも意義があることでしょう。

　課税リスクのマネジメントとしては、投資する前に事前の課税リスクを検討することが肝要です。

　複雑なスキームであっても、グローバルなスキーム全体が今後の税務調査の対象となる課税リスクがあるからです（失敗事例13：LPS訴訟）。

　つまり、これからの国際的な課税庁の情報共有等を駆使した税務調査においては、海外取引の中心的な法人及び個人そして国外財産の実質所有者が、以前と比較して容易に明らかにされることに十分留意していくことが望まれます。

# 失敗事例紹介

# 第1節 相続に係る失敗事例

---
事例1
---

## 知らなかった！ 日本居住者で亡くなると全世界財産に課税される。

　日本の居住者となって日本で死亡した場合には、国外の相続財産にも日本の相続税が課税されます。日本の相続税、贈与税の仕組み（納税義務者の範囲）が変更になったことを知らないと、思わぬ課税を受けることになります。

### ▌新聞記事情報

　ゲーム会社、Tの創業者の妻で、2013年12月に89歳で死去したAさんの遺族が、約200億円の海外資産にかかる相続税約100億円を納めていないことが27日、関係者の取材で分かった。遺族は課税対象でないとして、減額更正の請求をしているという。
　関係者によると、Aさんは同社の元取締役で生前は都内に住んでいたが、遺産の大半は米国債などで海外にあった。相続した息子と娘はともに外国籍で、海外に居住しているという。
　相続税は法改正により2013年4月から、亡くなった人が国内居住者だった場合、遺族の国籍に関係なく海外遺産にも課税されるようになった。
　遺族側は、海外遺産を含む二百数十億円について税務申告した後、国内遺産分の相続税10億円弱のみ納付。海外遺産分の減額を求めたという。

> （略）
>
> （2015 年 2 月 28 日付日本経済新聞電子版より）

# ■ 解　説

　大手ゲーム会社 T 社は、ロシア生まれのイスラエル人創業者 K 氏が 1953 年に前身の貿易会社を設立、1972 年に社名変更し、ゲームなどをヒットさせたことで有名です。

　創業者である K 氏は、東京に居住していましたが、64 歳で米国で死去したため、創業者の妻である A さんが K 氏の遺産を相続していました。

　平成 25 年度に相続税法が改正されるまでは、日本国内に居住する外国籍の相続人には海外遺産に係る相続税は課税されていませんでした。A さんは平成 25 年 12 月に亡くなったため、平成 25 年度の税制改正により変更になった、新しい相続税の規定が適用されることになってしまいました。相続した長男と長女は、ともに外国籍で、当時、長男はモナコ、長女は米国に居住していたといわれており、この改正を知らなかったといいます。

　相続税は、平成 25 年度税制改正により、平成 25 年 4 月から、亡くなった人が国内居住者だった場合、相続人の国籍に関係なく海外遺産にも課税されるように改正されたばかりでした。

　改正後の相続税法では、親が日本で居住して死亡したときには、海外にある財産を海外に居住している外国籍の子が相続する場合、被相続人の保有している全世界財産に相続税が課税されることになります。

　日本に戻って安らかに死を迎えたいという海外居住の方も多いようです。しかし、日本の居住者となって死亡した場合、自分が死んだ後に、保有している全世界の財産に、日本の相続税が課税されるとは夢にも思っていない方は多いようです。

遺族側は、相続税の法改正そのものについて「周知期間が短い」などと異議を訴えています。国外財産に対する課税強化が進められ税制が変更されていることを知らなかったために、申告漏れになってしまった事例です。

【参考】－税逃れの海外移住に網、相続税、居住5年以上にも－

平成28年10月21日付の日本経済新聞に以下の通り報道されています。

「政府・与党は海外資産への相続課税を抜本的に見直す方針だ。相続人と被相続人が5年超海外に居住している場合、海外資産には相続税がかからないが、課税できるようにする。税逃れに歯止めをかける狙いだ。日本で一時的に働く外国人が死亡した場合、海外資産にも日本の相続税をかける現状も変える。（略）

富裕層の中には『租税回避のためにシンガポールなどに資産を移し、5年を超えるように海外に住む人がいる』（都内の税理士）という。財務省は日本国籍を保有する人や10年以上海外に居住していない人には海外資産にも相続税をかける案などを検討する。

同時に日本で一時的に働く外国人が亡くなった場合に日本の相続税が全世界の資産にかかる現状も見直す。海外資産は対象から外し、日本の資産にだけ相続税をかける。（略）」

平成29年度税制改正により、海外移住による租税回避を防止するために、国外財産が課税対象外とされる海外移住期間要件について、相続開始前10年以内又は贈与前10年以内に改正され、平成30年4月1日以後の相続税又は贈与税について適用されています。これらの税制改正の内容について知らないと失敗事例のように大変なことになりますので、税制改正の動向については、くれぐれも注意深く見守っていく必要があります。

―――― 事例2 ――――

## 被相続人Aは、相続開始日現在において、海外の金融機関に預金を保有していたが、相続人Bは相続税の申告に当たり、当該海外預金を除外して申告を行っていた事例

　被相続人Aについては相続税の申告が行われていましたが、国外送金等調書から海外資産の申告漏れが想定されたため、調査を行いました。

　当初、相続人Bは、相続財産の中に海外資産はないと回答していましたが、国外送金等調書などを基に調査を進めたところ、①相続開始日現在において、A名義の海外預金が存在していたことや、②相続開始後、Bが当該海外預金の残高を自らの口座に送金していた事実を把握しました。

　Bは、当該海外預金が相続財産であることを認識していましたが、海外預金は税務署に把握されないと考え、他の相続人や税理士にも告げず、相続財産から除外して申告していたことから重加算税を賦課しました。

【相続税：申告漏れ課税価格　約1千9百万円　追徴税額（加算税込み）約3百万円　重加算税有】

**図表4-1-1　国外財産の申告漏れも把握**

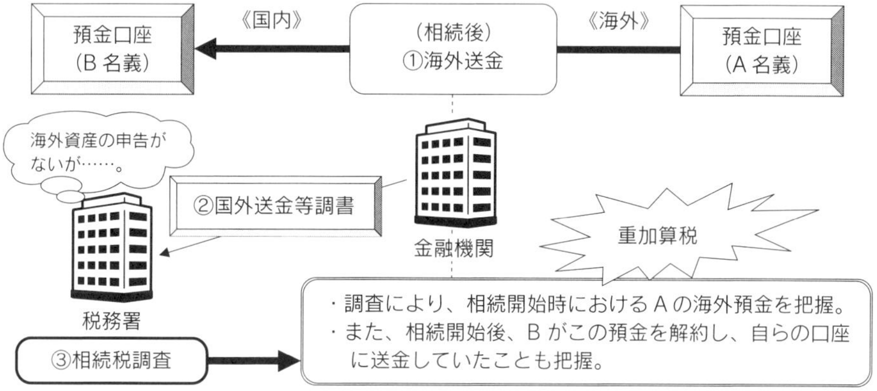

・調査により、相続開始時におけるAの海外預金を把握。
・また、相続開始後、Bがこの預金を解約し、自らの口座に送金していたことも把握。

出典：国税庁「国際戦略トータルプラン」33頁

―――― 事例3 ――――
# 海外の銀行預金口座に非居住者から現金振込を受けた場合（贈与）

## ■ ポイント

　日本居住者が贈与を受けた場合には、受贈者は無制限納税義務者に当たりますので、全世界の財産に課税されることになります。そのため日本居住者が、海外に居住する親族から、海外にある日本居住者名義の預金口座に現金振り込みされた場合には、たとえ海外で使用するための資金であっても、日本の贈与税が課税されることになります。

## ■ 事例紹介

　A子さんは米国生まれの40代の専業主婦です。米国の大学を卒業しましたが、日本で就職して日本人と結婚し、現在は夫と次女（高校生）の3人で札幌市の自宅で長年暮らしています。長女はA子さんの父の勧めで現在は米国カリフォルニア州の大学に留学中です。

　A子さんの父は、米国人の母と結婚して、50年以上米国ロサンゼルス市に居住しています。米国の永住権（グリーンカード）を取得するとともに、米国籍も取得しています。米国での事業が成功したので、現在はロサンゼルス市にある居住用の自宅と、事業用不動産、別荘等を保有するほか、米国債、株式、銀行預金等の多額の金融資産を所有しています。

　A子さんの長女（父の孫）が大学生になったことを機会に、A子さんの父は米国留学を勧めるとともに、娘さんが米国に留学したときの学費や生活費のためにと、米国の銀行にあった長女名義の銀行預金口座に多額の現金を振り込んできました。

A子さんの長女は無事米国の大学に合格し、長女名義の預金口座に振り込まれた資金を、大学の入学金、授業料、居住用のマンションの費用、現地での生活費等に使用した他、家族が米国へ往復するための代金の支払いに充てるために日本への送金等にも使用していました。

　A子さんの父は米国籍を取得し、米国居住者でしたので、現金を米国内の長女の預金口座に振り込んだとしても日本での贈与税の対象にはならないと思っていたところ、税務署から海外送金等に関する「お尋ね」が郵送されてきました。

### 解　説

　贈与者であるA子さんの父が50年超もの間、米国ロサンゼルスに居住し、たとえ米国籍を保有していたとしても、日本の贈与税の制度上は受贈者が国内に居住している場合には、日本の贈与税の納税義務者（無制限納税義務者）になり、したがって、全世界の財産に課税されることになります。A子さんの長女の場合にも、銀行口座に入金された時点で、日本に住所を有していましたので、日本の無制限納税義務者に該当し、贈与税の基礎控除110万円を超える部分の金額が日本の贈与税の対象となり、贈与税の申告をしなければなりません。

## 図表 4-1-2 納税義務者の区分と課税財産の範囲

| 被相続人<br>贈与者 | 相続人<br>受贈者 | 国内に住所あり | | 国内に住所なし | | |
| --- | --- | --- | --- | --- | --- | --- |
| | | | 短期滞在<br>の外国人<br>(※1) | 日本国籍あり | | 日本国籍<br>なし |
| | | | | 10年以内に<br>住所あり | 10年以内に<br>住所なし | |
| 国内に住所あり | | 居住無制限納税義務者 | 全世界財産課税 | 非居住無制限納税義務者 | 全世界財産課税 | |
| | 短期滞在の外国人(※1) | | | | | |
| 国内に住所なし | 10年以内に住所あり | | | | | |
| | 短期滞在の外国人(※2) | | | | | |
| | 10年以内に住所なし | | | | 制限納税義務者 | 国内財産課税 |

居住無制限納税義務者の範囲は ▨、非居住無制限納税義務者の範囲は ▨、制限納税義務者の範囲は □ で示しています。

※1 出入国管理及び難民認定法別表第1の在留資格の者で、過去15年以内において国内に住所を有していた期間の合計が10年以下のもの

※2 日本国籍のない者で、過去15年以内において国内に住所を有していた期間の合計が10年以下のもの

出典：平成29年度　税制改正の解説

# 第2節 当局の課税強化

---
事例4
## 海外税務当局からの情報提供により、国外に隠していた財産が発覚！
---

　リヒテンシュタインという、銀行秘密条項に守られ、真実の所有者の個人情報は絶対に外部には漏れないと言われていた国の、伝統的な金融機関に口座を設定していた金融資産でさえ、内部情報のリーク、現地当局の調査、情報交換による居住地国への情報提供により、遺族さえ知らなかった国外金融資産を税務当局に把握され課税された事例です。

### ■新聞記事情報

> 　学校法人のT大学のO元総長が2008年に死亡した際、リヒテンシュタインの銀行で運用していた金融資産約15億円を相続財産として申告していなかったとして、息子のY理事長ら遺族が東京国税局から申告漏れを指摘されていたことが3日、分かった。過少申告加算税を含め、追徴税額は約4億円とみられる。
> 　リヒテンシュタインはタックスヘイブン（租税回避地）と指摘されるが、09年ごろにドイツ当局から国税庁に元総長の口座についての情報提供があり、同国税局が調査を進めていたという。

O元総長は08年9月に75歳で死去。遺族は国内資産などは相続財産として申告したが、この金融資産の存在を把握していなかったとされ、同国税局も意図的な隠ぺいはなかったと判断したもようだ。
　O元総長が口座を所有していたリヒテンシュタインの銀行をめぐっては、元行員が盗み出した顧客情報をドイツの情報機関が500万ユーロ（当時約8億円）で入手。この情報を基にドイツでは脱税の摘発が進み、米国など各国の税務当局も調査を始めているという。

（2010年11月3日付日本経済新聞電子版より）

## リヒテンシュタインリークス事件

　リヒテンシュタイン公国の王室が所有する大手プライベートバンクLGT銀行の元行員が、同銀行の顧客情報を盗み出し、ドイツの情報機関にこの情報の入ったディスクを420万ユーロで売却、顧客情報を流出させた事件。

　裕福な事業家、著名なスポーツ選手、芸能人ら多数が税務当局の目を逃れ、総額40億ユーロをリヒテンシュタイン内の秘密信託に預けていた疑いが浮上し、情報を入手したドイツ税務当局は、顧客情報のリストに載った関係者の事務所や自宅の捜査を行いました。

　流出した顧客情報リストは、関係者各国で共有され、ドイツの他フランス、イタリア、スペイン、スウェーデン、米国、オーストラリア等の各国の税務当局がリヒテンシュタインに口座を持つ者の調査を実施しました。

　このドイツ当局からの情報提供を基に、米国税務当局は、リヒテンシュタインの信託を設立するスキームを顧客に売り込んでいたスイスの名門UBS銀行やスイス当局と壮絶な戦いを繰り広げることになり、ついにはあのスイスの銀行秘密法に風穴を開けるきっかけとなったのです。

　リヒテンシュタインは銀行守秘義務法を有し、スイスプライベートバンクとリヒテンシュタインのトラスト制度によるダブルロック体制などにより鉄壁の守秘義務の壁を作ってきたと言われていました。

図表 4-2-1　リヒテンシュタインリークス事件の流れ

### リヒテンシュタイン公国
スイスとオーストリアの山々に囲まれる山麓の閑静な小国であるが、世界で最も裕福な国の一つでもある。銀行秘密法により守られた徹底した顧客情報の保護が売り物で、世界の大富豪の信用を得ることで、世界でも有数のオフショア金融市場をもつ金融立国のタックスヘイブンであるからだ。

### LGT 銀行
世界の富裕層を顧客に持つ、リヒテンシュタインの侯爵家が経営母体のプライベートバンク。スイスのプライベートバンクと信託や財団を使い国境をまたいだダブルセキュリティにより顧客情報を保護していた。しかし、一人の不良行員が顧客情報を盗み、ドイツ情報局に 1,400 件を約 500 万ユーロで売却したことにより、顧客の金融資産情報が流出した。

### ドイツ税務当局
入手した顧客情報を基に、関係者の税務調査を早急に開始した。そのリストの中には、ドイツポスト社の経営者として名声を得ていた T 会長が含まれ、同本社及び会長宅に国税捜査官が強制捜査に入るなど、多額の追徴税額が把握された。また、このリストはドイツ当局から居住地国の各国税務当局に無償で提供されることになった。

### 米国税務当局
入手したリストの 100 人以上の税務調査を実施した。その中に、旧ロシア皇族の末裔で、不動産事業等の大富豪 O 氏と、彼に様々な脱税の手口を紹介し、全資産を守秘性の高い LGT に移すよう勧めていた UBS 銀行の B 氏がいた。米国司法当局は、B 氏及びリヒテンシュタインの信託責任者を起訴した結果、B 氏は米国の富裕層に脱税の手助けをしていた事実を認めた。

### UBS 銀行
スイスの名門プライベートバンクである UBS は、米国人口座 2 万件と顧客情報の提供を求められ、スイス税務当局を経由して脱税と認められる情報を提供した。スイス銀行秘密法により顧客情報の開示に懲役刑を科していたスイスがついに顧客情報を提供したのである。現在、スイス、リヒテンシュタイン公国とも租税情報交換協定を調印し、自動的情報交換を実施する。

徹底した銀行秘密保護による顧客情報の保護と租税情報交換協定への調印拒否により、リヒテンシュタインは金融産業の顧客からの絶大な信用を獲得していましたが、その守秘義務の掟を破るものが内部から出てくるとは夢にも思っていなかったということです。

　その後の一連のリーク事件からパナマ事件まで、顧客情報の秘密保護を最大の武器として顧客の信用を得てきた巨大なシステムの中から情報が漏えいするという状況に変化してきており、リヒテンシュタインだけではなく、スイスも、アイルランドも、ケイマン諸島も、パナマも、名だたるタックスヘイブンが租税情報交換協定に調印せざるを得なくなりました。

---

事例5

## 大手非公開会社S社の甲元会長、
## 海外子会社の役員報酬を申告漏れ

### ■ 新聞記事情報

> 大手製造メーカーSの甲元会長が東京国税局の税務調査を受け、2013年までの5年間の所得計20数億円の申告漏れを指摘されていたことが4日、分かった。関係者によると、無申告加算税を含めた追徴税額は約5億円。甲元会長は既に申告と納付を済ませたとみられる。
> 　関係者によると、元会長は居住地が海外だとして、国税局に所得を申告していなかったという。国税局が渡航記録や滞在日数などから、実際は日本に生活の本拠がある「居住者」にあたると判断したもようだ。
> 　税法上、日本国内に生活の本拠がない「非居住者」は日本で生じた所得にのみ課税されるが、「居住者」は国内外のすべての所得を日本で申告する義務がある。(略)
>
> （2015年2月4日付日本経済新聞電子版より）

### ■ 解　説

　税法上、日本国内に「生活の本拠」がない「非居住者」は日本で生じた所得にのみ課税されますが、「居住者（無制限納税義務者）」は国内外のすべての所得を日本で申告する義務があります。

　甲元会長は形式上、海外に住民票を移し、香港やシンガポールの海外子会社から毎年数億円の役員報酬を受け取っていましたが、実際は勤務実態がなく、ほとんど日本で生活していた実態が税務調査により浮き彫りにされました。

しかも、それだけにとどまらず、調査の過程で、甲元会長の知人が購入した超高級マンションや高級ブランド宝飾品（2億円相当）について、資金は甲元会長が拠出していたことが判明し、国税局は元会長からの贈与にあたると判断して、知人に贈与税約2億円を追徴課税しています。

　同社は甲元会長の父が創業し、化学品の製造販売で国内大手にまで成長し、現在は持株会社の傘下に国内外事業所との製造・販売に関する核となる事業会社として、優良企業となっています。

　一般的には、日本国外に銀行預金口座を開設した場合に、海外に行った時にしか銀行口座の資金が使用できないと不便であることから、香港やシンガポールの投資銀行にオフショアの銀行預金口座を開設しておけば、デビットカードを使って自由に海外や日本で買い物ができたり、銀行ATMから現金を引き出すことができます。
　これらの国外にある金融資産や入出金情報も居住地国の国税当局に情報提供されますので、「国外財産調書」等により適正に報告や申告をしたうえで、ご自身の大切な財産として適切な税務マネージメントを行っていく必要が益々増大することになります。

図表 4-2-2　海外銀行口座の使い方

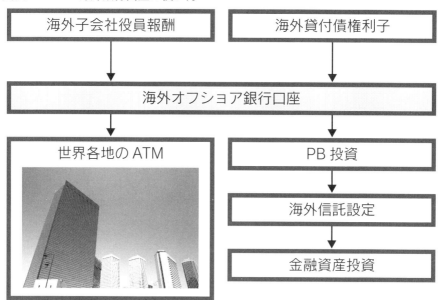

―― 事例6 ――

## インサイダー取引により起訴された前社長、
## 無申告の国外財産に追徴
### ―「国外財産調書不提出」による懲罰的加算税適用第一号―

### ■ポイント

　半導体商社のインサイダー取引事件で、金融商品取引法違反の罪で起訴された東京都の元会社社長、T被告が、海外子会社からの役員報酬、海外関連会社に対する貸付債権の受取利息の約1億円の申告漏れを指摘されていましたが、海外に多額の財産を持ちながら、国外送金法5条により提出が義務付けられている「国外財産調書」を提出していなかったとして、加算税の加重措置の初めての適用対象となりました。

### ■新聞記事情報

　半導体商社T社株を巡るインサイダー取引事件で逮捕・起訴された会社前社長、T被告が、国外に多額の財産を保有していたのに、法律で義務づけられた「国外財産調書」を提出していなかったことが分かった。T被告は東京国税局から2013年までの3年間に約1億円の申告漏れを指摘され、このうち国外財産関連分の所得について、通常より5％多い15％の過少申告加算税を課された模様だ。調書不提出による加重制度の適用が明らかになるのは初めて。(略)

　関係者によると、シンガポールの関連会社に総額約20万米ドル（13年末当時のレートで2,000万円超）の貸し付け債権を保有。預金も含めた国外財産は5,000万円を超えていた。5,000万円超の海外資産は「国外送金等調書法」により税務署への届け出が義務づけられるが、期限の14年3月までに調書を出さなかった。

　T被告は11～13年、国外財産のうち貸し付け債権の一部（貸付金の利子

収入）や、T被告が代表を務めていた台湾やシンガポール、アメリカなどの現地法人からの報酬など約1億円の所得について、日本で税務申告していなかった。海外納税分を引いた所得税の追徴税額は、加重された過少申告加算税を含め約2,000万円という。（略）

T被告は既に修正申告に応じ、納税したとみられる。（略）T被告は大手商社T通商が、T社株の公開買い付けを行うとの情報を事前に入手し株を買ったとして東京地検特捜部に今月、逮捕・起訴された。

**図表 4-2-3　国外財産調書の不提出と申告漏れの構図**

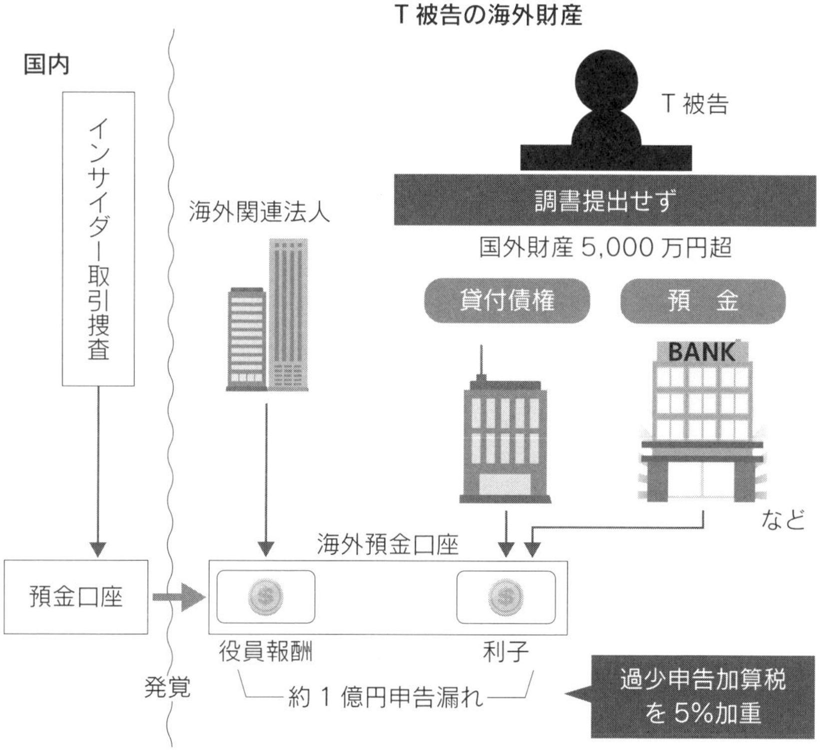

T被告の海外財産

国内
インサイダー取引捜査
海外関連法人
T被告
調書提出せず
国外財産 5,000 万円超
貸付債権　預金
BANK
など
預金口座
海外預金口座
発覚
役員報酬　利子
約1億円申告漏れ
過少申告加算税を5％加重

（2015年3月28日付毎日新聞より／図は筆者加筆）

インサイダー取引の解明捜査の過程で、T被告が所有していた海外銀行口座が判明し、当該口座の入出金の解明により、被告が「国外財産調書」を提出しないで隠し持っていた貸付債権や簿外預金が発覚し、貸付債権の受取利息、海外関連会社からの役員報酬等の申告漏れ約1億円が発覚し、追徴課税された事例です。

## 事例7

## T氏の遺族、国外資産管理会社（香港）が保有していた中国法人の株式に係る相続税、所得税を申告漏れ

### ■ 新聞記事情報

> 2012年に死去した直木賞作家で経済評論家のT氏の遺族3人が東京国税局の税務調査を受け、遺産相続した株の評価額や配当金など二十数億円の申告漏れを指摘されていたことが29日、分かった。相続税と所得税の追徴税額は過少申告加算税などを含め計約9億円。3人は既に修正申告し、納税したもようだ。
>
> 関係者によると、T氏は建設機械メーカーのHが中国に設立した関連会社2社の株式を保有する香港法人（筆者注：非公開資産管理会社）の大株主で、多額の配当金を得ていた。
>
> T氏は12年5月に88歳で死去。妻と長男、長女の3人は香港法人の株式を相続財産として申告したが、東京国税局は遺族側による株式の評価額は実態より約8億円低いと指摘。申告漏れ額は他の財産の分と合わせて十数億円に上った。
>
> また、3人は13年までの2年間にこの株の配当約10億円を受け取っていたが、所得として申告せず、妻と長男は国外財産として報告もしていなかった。（略）
>
> （2015年4月29日付日本経済新聞電子版より）

　国外非上場会社の評価は難しく、相続財産として評価する場合は、課税当局との評価計算上の見解と相違が生じるリスクが常にありますので、慎重な検討が必要となります。

―――― 事例8 ――――
## 租税条約に基づく情報交換制度を積極的に活用し、非居住者Ａが国内不動産の譲渡で得た所得について課税を行った事例

　日本国内の不動産を譲渡したことにより、所得が生じた場合、非居住者であっても、日本において確定申告をする必要があるところ、非居住者Ａ（Ｘ国の居住者）については、不動産の移転登記資料から当該所得を得ていることが想定されましたが、日本において申告をしていませんでした。

　このため、Ｘ国税務当局に対し、非居住者Ａについて、租税条約に基づく情報提供を要請し、調査を進めた結果、非居住者Ａは、日本国内の不動産をＹ国の居住者Ｂに譲渡しており、その譲渡により所得を得ているにもかかわらず、その申告をしていない事実を把握しました。

　【所得税：申告漏れ所得金額 約１千万円 追徴税額（加算税込み）約１百万円 重加算税無】

## ■ポイント

　日本国の不動産の譲渡について不動産所在地国で課税することができることの事例です。

　このことは、国外不動産を日本の居住者が譲渡した場合に、国外の不動産所在地国が今後、租税条約に基づく情報交換制度を積極的に活用して、日本の居住者に対して課税することができることを意味しています。

### 図表 4-2-4 国外不動産譲渡収入も把握される

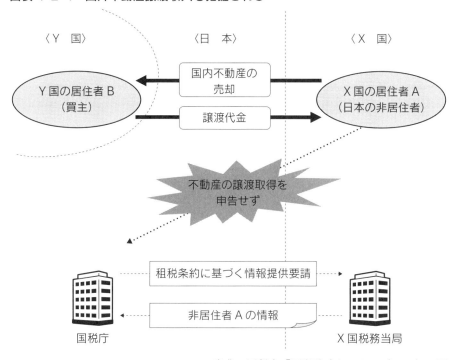

出典：国税庁「国際戦略トータルプラン」34 頁

―――――― 事例9 ――――――
## 国外送金等調書などの資料情報や租税条約に基づく情報交換を活用するとともに、親族・関係法人を含め一体的に調査を実施し、課税を行った事例

　部内資料等を検討したところ、調査対象者Ａの父が経営する破産寸前の法人が保有する優良資産をＡやＡの父が実質経営する法人に疎開させていること及び国外からＡの親族に対して多額の送金があることを把握しましたが、それらが適切に申告されていないことが想定されたため、Ａの親族及び関係法人を含め一体的に調査を実施しました。
　調査の結果は、以下のとおりです。
① 　Ａについて、破産寸前の法人からＡの父が実質経営する法人を経由して譲り受けた債券が償還されていたことから、その償還益について課税した。
② 　Ａの父が実質経営する法人について、破産寸前の法人から譲り受けた資産の受贈益について課税するとともに、租税条約に基づく情報交換によりＹ国にある関連法人との契約について独占販売権（資産）であることが判明したため、損金として計上していた金額と償却限度額との差額について課税した。
③ 　Ａの妹について、国外送金等調書により把握していた国外からの多額の送金は、Ａの兄が経営するＸ国の法人からの配当の支払いであることが判明したため、当該配当について課税した。なお、Ａの妹は、調査時は国外に居住していたため、納税管理人（※）を選任させ調査を実施した。
　　※　納税管理人とは、国内に住所及び居所等を有しない納税者によって選任され、各種申告書の提出等、納税者がなすべき事務の処理に当たる者のことをいう。

【所得税：申告漏れ所得金額 約８億７千３百万円 追徴税額（加算税込み）約３億７千５百万円 重加算税無】【法人税：申告漏れ所得金額 約６億１千１百万円 追徴税額（加算税込み）約１億７千６百万円 重加算税無】

## 図表 4-2-5　国外送金等調書の資料情報、情報交換制度で課税

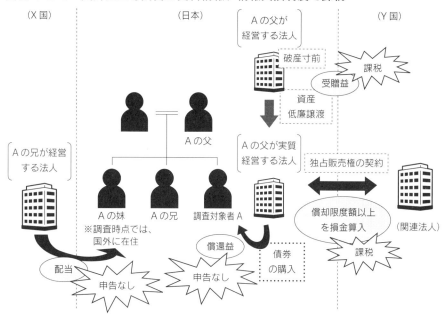

出典：国税庁「国際戦略トータルプラン」26 頁

―――― 事例 10 ――――

## 調査により、いわゆるタックスヘイブンに設立した法人を介して行った知的財産権の譲渡について、外国子会社合算税制を適用し課税を行った事例

調査対象者Aは、部内資料等から、自身が出資しX国に設立した法人Yより、本人が申告したコンサルタント以外に送金を受けていたことが把握されたことから、実態解明のために調査に着手しました。

調査において、法人Yは、調査対象者Aから譲り受けた知的財産権を、X国の居住者Bに買い値の数十倍の価格で転売することにより多額の利益を得、その利益の一部を調査対象者Aに還流していた事実を把握しました。

法人Yは事業実態のない法人であったため、外国子会社合算税制を適用し、ペーパーカンパニーに生じた知的財産権の譲渡益を調査対象者Aの所得として課税しました。国外財産調書の提出がなかったため、その提出を受けるとともに、その国外財産に係る過少申告加算税額を5%加重し賦課しました。

【所得税:申告漏れ所得金額 約1億3千7百万円 追徴税額(加算税込み) 約5千5百万円 重加算税無】

### 図表4-2-6　個人にもタックス・ヘイブン税制が課税

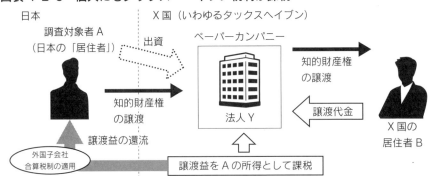

出典:国税庁「国際戦略トータルプラン」25頁

━━━━━ 事例 11 ━━━━━

## 国外に出国した個人が、居住形態から居住者とみなされて、外国子会社合算課税（タックスヘイブン対策税制）を適用された事例

### ■ ポイント

① 一般的な個人（日本居住者）であっても、軽課税国に法人（外国法人）を設立し、利益を軽課税国に留保していると、個人に対して、タックスヘイブン対策税制（合算課税）が適用される場合がある。

② 出国していた場合でも、その後の日本への入国滞在日数、国内財産等の居住態様によって、居住者と判断されて、上記①のタックスヘイブン対策税制が適用される場合がある。

### ■ 概　要

　納税者は、日本法人及び国外に所在する外国法人の役員でした。そして、国外で業務に従事する必要性が高く、国外に住所を定めており、自身が株式を有する軽課税国所在の外国法人から配当を得ていませんでした。

　しかし、T国税局の調査を受け、所得税法上の判定から、居住者であるとされ、自身が株式を有する軽課税国の外国法人から配当を得ておらず、タックスヘイブン課税の適用除外要件を満たさないことから、タックスヘイブン課税が適用されました。納税者は、軽課税国の外国法人に留保していた一定の利益を雑所得として修正申告することになりました。

（平成 18 年 5 月 29 日東裁（所）平 17 － 187）

### ■ 居住者の該当の適否

　所得税法上、居住者とは「国内に住所を有し、又は現在まで引き続いて 1

年以上居所を有する個人」である旨規定されています。

　国内に住所を有する個人とは、国内に生活の本拠を有する個人をいい、生活の本拠であるかどうかは、その者の住居、職業、生計を一にする配偶者その他の親族の有無及び所在、所有する資産の所在並びに国内外の滞在日数等の客観的事実を、総合的に勘案して判定するのが相当とされます。

　以下の客観的事実を総合的に勘案すれば、納税者は、我が国に生活の本拠を有していたと認められるのが相当であり、我が国の居住者であるとされました。

- 納税者は、国外に事務所を有する外国法人であるH社等の役員であり、F国に滞在する間は、L社が賃借したマンションに居住し、F国当局への所得税の申告をしていた。
- 納税者は、内国法人であるJ社の代表取締役の地位にあったほか、我が国に滞在する間は、妻のTと同居して納税者が所有する自宅に居住し、F国に滞在するようになってからも、この自宅を売却することなく所有し、納税者の妻が継続して居住していた。
- 納税者は、我が国に対する所得税の確定申告において、各年分の所得税の確定申告書にF国の所在地を記載しているが、その申告内容は我が国の居住者であることを前提とする内容であった。
- 納税者に、外国法人の役員としての職務を遂行するため、日本国外に居住する必要性があり、実際に日本国外に居住していた日数があるとしても、上記の通り、納税者は、我が国においても、内国法人の代表取締役の地位にあってその職務を遂行するために我が国に居住する必要性があり、実際に我が国において配偶者とともに、所有する自宅土地建物に居住しているのであるから、我が国において職業上及び私生活上居住する必要性があったと認められる。
- 納税者が我が国に滞在した日数は、納税者が滞在した各国の滞在日数のうち最も多く、また、納税者が生活の本拠地であると主張するF国に滞在した

## 図表 4-2-7　失敗事例　事例 11（タックスヘイブン対策税制）

【納税者の立場】

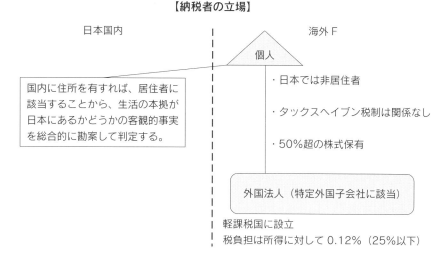

【税務調整】

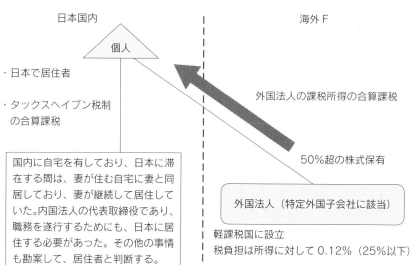

日数を大幅に上回ることからすれば、相対的に見て我が国に滞在する職業上及び私生活上の必要性の方が優っていたと認められ、また、生活を一にする配偶者が我が国に生活の本拠を有することや納税者が我が国に自宅及び賃貸用不動産を所有する一方、F国においては不動産を所有していない。

## タックスヘイブン課税の適用の可否

納税者は、国内に生活の本拠地を有し、かつ、H社株を5％以上保有していることから、租税特別措置法第40条の4第1項第1号に規定する居住者に該当します。

- H社は、軽課税国を所在地とする外国法人であり、発行済株式総数10万株の50％を超える5万998株を納税者が所有しているから、租税特別措置法第40条の4第2項第1号に規定する外国関係会社に該当する。
- H社は、平成12年12月期において、法人税を負担しており、その負担割合は、所得金額に対して0.12％であって25％以下であるから、同社は、租税特別措置法第40条第1項に規定する特定外国子会社等に該当する。

## 適用除外要件について

H社は、投資持株会社であって、株式保有を主たる事業としているから、タックスヘイブン課税に関する適用除外規定の適用がありません。

上記から、納税者に対して、タックスヘイブン課税に関する適用がされました。

## 事例 12

### 調査により、いわゆるタックスヘイブンにおいて、調査法人が実質出資者である子会社の所得を把握したことから、外国子会社合算税制を適用して課税を行った事例

　調査法人は、企業経営に関するコンサルティング業務を行う法人です。

　調査法人は、ノミニー制度（法人の役員や出資者を第三者名義で登記できる制度）を利用し、いわゆるタックスヘイブンにＡ社を設立していますが、Ａ社の登記上、調査法人との関連が記載されていないことを利用し、外国子会社合算税制の適用を逃れていました。

　調査において、甲国の法人設立代行業者を紹介する国内法人Ｂ社への支払、ノミニー契約書及びＡ社の収支データを把握したため、Ｂ社への反面調査を実施したところ、Ａ社の実質出資者は調査法人であり、調査法人は、特定外国子会社等に係る課税対象金額を加算する必要があることを認識していたにもかかわらず、所得金額から除外していた事実が判明しました。

　※　ノミニー制度とは、法人の役員や株主を第三者名義で登記できる制度で、実際のオーナーのプライバシー保護を目的とした制度であり、オフショア地域を中心とした諸外国で採用されている。

　なお、名義上の株主及び役員をノミニーという。

【法人税：申告漏れ所得金額５千５百万円、追徴税額（加算税込み）１千７百万円　重加算税有】

### 図表 4-2-8　ノミニー制度に対しても調査が

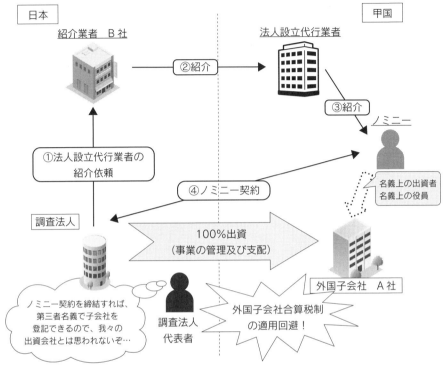

出典：国税庁「国際戦略トータルプラン」29 頁

# 第3節 BEPS等の租税回避スキーム

---
事例13
---

### 出資したLPSを通じて米国中古マンションを購入。その減価償却費は個人の不動産所得の損失ではなく、LPSは法人に該当し、損失は個人所得と相殺できないとされた事例

## 概　要

　米国デラウェア州の法律に基づいて設立されたLPS（リミテッド・パートナーシップ）が行う米国所在の中古集合住宅の賃貸事業に係る投資事業に出資した故A（以下「A」という）、故B（以下「B」という）及び被上告人X1が、当該賃貸事業により生じた所得が同人らの不動産所得（所得税法26条1項）に該当するとして、その所得金額の計算上生じた損失の金額を同人らの他の所得金額から控除して所得税の申告又は更正の請求をしたところ、所轄税務署長から、当該賃貸事業により生じた所得は、同人らの所得に該当せず、上記のような損益通算（同法69条1項）をすることはできないとして、それぞれ所得税の更正の処分及び過少申告加算税賦課決定処分又は更正をすべき理由がない旨の通知処分を受けた事案[26]。

（平成27年7月17日最高裁第二小法廷判決　平成25年（行ヒ）第166号
所得税更正処分取消等請求事件）

# ■ ポイント

① 国外不動産投資で投資形態の中に事業組織体（LPS 等）が組み込まれており、その LPS からの投資不動産の投資損失の配分を不動産所得として申告していた。しかしながら、その事業体（LPS）は法人とみなされ、不動産所得の計上を否認されることがある。

② 国外不動産の減価償却費を使った、いわゆる節税スキームは、投資家向けの節税商品として、組成されることがある。この場合、金融機関等販売者の商品説明に、最終的な日本の税務判断は顧問税理士に相談するよう記載がされていることが多い。この点、顧問税理士は、税務リスクの不透明さにつき、留意する必要がある。

③ 節税スキーム全体から、外国事業体が日本の租税法上の解釈により、課税関係が変わる場合がある。

④ 一般的に、外国事業体について、設立準拠法の定めやその目的、契約形態を踏まえ、個別に判断していくことが課税実務では原則である。しかしながら、国外の事業体の設立準拠法が、我が国の法人に相当する法的地位を付与する旨が明記されているとは限らない。

⑤ 本判決は、我が国租税法における法人該当性に一定程度の判断基準を示したものといえる。

---

[26] 平成 27 年 7 月 17 日最高裁第二小法廷判決　平成 25 年（行ヒ）第 166 号所得税更正処分取消等請求事件
【最高裁判所民事判例集第 69 巻 5 号 1253 頁】
【所得区分／海外不動産投資事業／米国デラウェア州ＬＰＳの法人該当性】
平成 25 年 1 月 24 日名古屋高裁判決【税務訴訟資料　第 263 号 - 12（順号 12136）】
平成 23 年 12 月 14 日名古屋地裁判決【税務訴訟資料　第 261 号 - 243（順号 11833）】
　平成 23 年 12 月 14 日名古屋地裁判決では、取消処分各処分等取消。原審の平成 25 年 1 月 24 日名古屋高裁判決では、控訴及び附帯控訴をいずれも棄却。最高裁上告受理、国が逆転勝訴。同様のスキームによる訴訟について東京高裁、大阪高裁では、国が勝訴。

⑥　最高裁の外国の事業組織体の判断基準として、以下の二つの手順を示している。
(1)　事業組織体に係る設立根拠法令の規定の文言や法制の仕組みから、その組織体が当該外国の法令において日本法上の法人に相当する法的地位を付与されていること又は付与されていないことが疑義のない程度に明白であるか否かを検討する。
これができない場合には、以下の(2)とする。
(2)　その組織体が権利義務の帰属主体であると認められるか否かを検討して判断すべきものであり、具体的には、その組織体の設立根拠法令の規定の内容や趣旨等から、その組織体が自ら法律行為の当事者となることができ、かつ、その法律効果がその組織体に帰属すると認められるか否かという点で検討する。

## 商品スキーム

①　Aらが米国に所在する中古集合住宅（本件建物）を、それぞれ対象として、投資金額を1口20万ドルとする海外不動産投資事業への参加を申し込んだ。
②　Aらは、本件建物に係る投資事業に投資するため、D銀行との間で、Aらを委託者兼受益者、同銀行を受託者とする信託契約をそれぞれ締結。信託契約に基づいて、同銀行に開設された口座に現金資産を拠出した。
③　D銀行は、ケイマン諸島の法令に基づいて設立された法人Eとともに、米国デラウェア州の法令に基づいて設立された有限責任会社Fとの間で、デラウェア州LPS法に基づいて、同有限会社をジェネラル・パートナー、D銀行及び上記ケイマン諸島の法令に基づく法人をリミテッド・パートナーとするパートナーシップ契約を締結し、リミテッド・パートナーシップGを設立。D銀行は、各LPS契約に基づき、Aらが拠出した現金資産を本件各LPSに拠出し、これにより本件各LPSに係るパートナーシップ持分を取得した。

④　本件各LPSは、それぞれ本件建物を購入するとともにその敷地を賃借する等した上で、平成17年頃までの間、当該建物を第三者に賃貸する事業を行なっていた（本件各不動産賃貸事業）。
⑤　各信託契約は、C証券が企画した投資事業プログラムに基づく複合的な契約の一部であり、本件建物の賃貸事業に係る上記プログラムにおいては、出資金2,000万円（1口）につき、7年間における同建物の賃貸事業による現金収入が360万3,000円、7年後の同建物の売却による現金収入が541万8,000円である一方、同建物に係る減価償却費を必要経費として計上することなどにより不動産所得の金額の計算上生じた損失の金額を他の所得の金額から控除することにより、上記プログラムに基づく投資事業に投資した者が本来負担すべき所得税額及び住民税額が合計2,350万5,000円軽減されるものと想定されている。

## 図表 4-3-1　本件における契約及び取引関係の概要

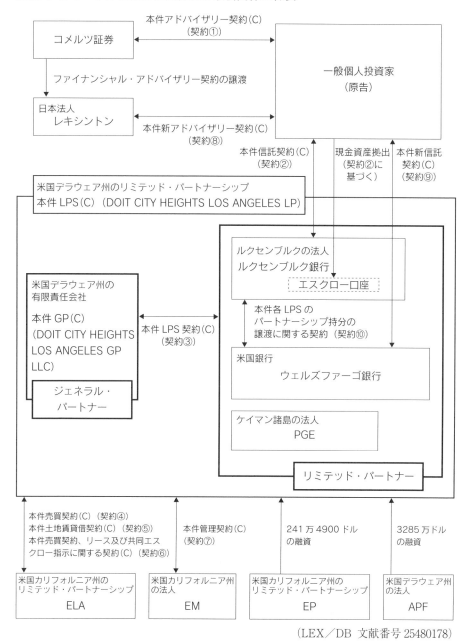

（LEX/DB 文献番号 25480178）

## 事例 14

# アップル社に 1.4 兆円追徴（欧州委員会がアイルランド政府に課税指示）/ 税率 0.005％究極の巨額「税逃れスキーム」に欧州委員会が「違法」と断定

## ▎新聞記事情報

　欧州連合（EU）の欧州委員会は 30 日、アイルランド政府が最大で 130 億ユーロ（約 1 兆 4,800 億円）の違法な税優遇を米アップルに与えたとして、過去の優遇分や利息を追徴課税で取り戻すよう同国に指示した。欧州委が追徴課税を命じた額としては過去最大。アイルランドは不服として提訴する構え。EU は税率が極端に低い租税回避地（タックスヘイブン）を使った多国籍企業の租税回避への監視を強めている。

　欧州委は 2014 年 6 月に本格的な調査を始めた。アイルランドは一部の企業を支援し、企業の公正な競争を妨げる違法な「国家補助」をアップルに与えていたと判断した。欧州委で競争政策担当のベステアー委員は 30 日の記者会見で「ＥＵ加盟国は特定の企業にだけ税優遇を与えることはできない」と指摘。アップルの例は EU 法に照らして「違法だ」と明言した。

　違法と判断されたのは、アップルが 03 年から 14 年にかけてアイルランドから受けた税優遇措置。アイルランドはタックスヘイブンのひとつで、法人税率は 12.5％と低い。欧州委によると、アップルは子会社を経由した取引や優遇策を使うことで税負担をさらに軽減。実質的な税率は 03 年の 1 ％から、14 年には 0.005％にまで下がったという。米国以外の利益をアイルランドに蓄えた。アイルランド政府は「まったく意見が合わない」（ヌーナン財務相）と反発し、欧州裁判所で争う構えだ。欧州委は 15 年 10 月にも、欧米企業への税優遇を違法として、オランダとルクセンブルクに追徴課税を求めた。両国はこれを不服として提訴し、裁判で争っている。

（2016 年 8 月 31 日付日本経済新聞朝刊より）

図表 4-3-2 ダブルアイリッシュ・ウィズ・ダッチサンドイッチスキーム
【実効税率 税源 → 0.005%】

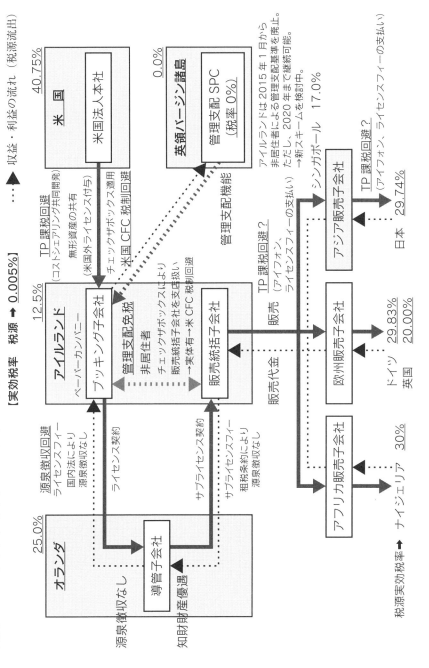

第3節　BEPS等の租税回避スキーム

## アップルとアイルランド

　アップルは早くから共同創業者スティーブ・ジョブズが法人税の実効税率が低いアイルランドに着目し、同国南部コークに海外初の生産拠点を構えました。その後、アップルとアイルランドは密接な関係を維持し、具体的にはアップル・セールス・インターナショナル（ASI社）とアップル・オペレーションズ・ヨーロッパ（AOE社）の2つの子会社を設立し、前者は製造業者から製品を買い取り、欧州を中心とした市場で販売した形にして収益を集め、その大半をアイルランド政府の課税対象にならない後者に移すことで課税対象の所得を大幅に圧縮するというスキーム（ダブルアイリッシュ）を利用しました。

　他方、源泉徴収問題を回避するためにオランダにも会社を設立し、英領バージン諸島などの第三国への資金移動に利用する拠点として機能させました。この手法はまさに、EU域内への支払では源泉徴収が行われないというEU現行法制度の抜け道を利用したものでした（ダッチサンドスキーム）。

　こうして、アイルランドに集められた収益は、外国企業についてのアイルランドの管理支配地基準により、アイルランド法人を管理している英領バージンの所得として課税されないことになり、究極の法人税率0.005%というスキームを作り上げています。

　さらに、欧州委員会の調査により明らかになったところでは、市場は欧州にとどまらず、アフリカや中東にまで販売した利益をASIが吸い上げて、BVIにある管理会社に収益を移し替えていたようです。

● コラム ●

## 🖋 アイルランドの急成長

　2015年のアイルランドの国内総生産（GDP）成長率は26.3％増を記録し、経済成長が低迷する世界の中で突出した数字となっており、アイルランドの妖精に例えられ「レプラコーン経済」として世界の注目を集めています。

　アイルランドの人気の秘密は、法人税率が12.5％と低く、タックス・ルーリングや優遇措置があることから、多国籍企業の多くが利用しているということです。EU加盟国の法人税率は平均22.09％で、フランス33.3％、ドイツ29.83％、英国20％と比べても非常に低く設定されています。ちなみに、米国は40.75％、日本は29.74％です。このため、グローバル本社をアイルランドに移す企業が急増していますが、BEPS対策等で各国の税務当局の多国籍企業に対する対応が厳しくなったため、節税スキームを使って抜き取った収益（従来は、英領バージン諸島等で収益計上し非課税としていたもの）をアイルランドで収益計上し始めたことが、GDP急増の原因との見方もあります。

　ただし、アイルランドの優遇税制に対し追徴課税命令が今後も出される可能性がありますが、アイルランド政府は欧州委員会の判断を不服として欧州司法裁判所に提訴を決定しています。また、追徴課税されるとアップル本社のある米国は、アップルが米国に収めていた税金からアイルランドで追徴課税された税金を外国税額控除する可能性があるため、自らの領域を荒らされることになり、欧州委員会の判断に反対しています。

　このような各国の思惑が交差し混沌とした中で、英国がEUを離脱するという更なる衝撃が重なりました。グローバル金融機関では、欧州拠点を、EUから離脱する予定のロンドン金融街のシティから、税率の低いダブリン金融市場などに移すという動きもみられ、税率の低いところへ資本が移動していくという流れは止まりそうもありません。

図表 4-3-3　アイルランドの経済成長率（前年比）

## 新聞記事情報

　米アップルの子会社で日本法人の「iTunes（アイチューンズ）」（東京都港区）が、iPhone（アイフォーン）などで視聴する音楽・映像のインターネット配信を巡って東京国税局から所得税の源泉徴収漏れを指摘され、約120億円を追徴課税されていたことが、関係者の話でわかった。

　同国税局は、同社からアイルランドのアップル子会社に移っていた利益の一部はソフトウェア使用料にあたると認定し、源泉所得税を日本に納める必要があったと判断。同社は指摘を受け入れて全額を納付した。

　問題となったのは、アイルランド子会社が著作権を保有していた音楽・映像配信サービス「iTunes」のソフトウェア使用料。

**図表 4-3-4　東京国税局が認定した米アップル子会社間の取引の構図**

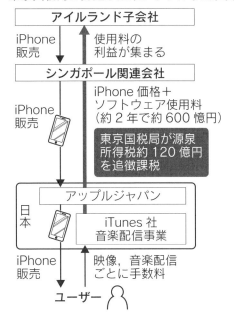

　日本では、アップルジャパン（港区）が国内ユーザー向けにiPhoneなどのアップル製品を販売し、ユーザーは同サービスを利用する際に、iTunes社に対して手数料などを支払っている。iTunes社は本来、同サービスで得た利益をソフトウェア使用料の形でアイルランド子会社に支払う必要があった。

　日本の所得税法などでは、日本法人が外国法人に使用料を支払った場合、支払額の20.24%を源泉徴収して納税しなければならない。だが関係者によると、東京国税局の税務調査の結果、iTunes社はアイルランド子会社に対し、使用料としての支払いをしていなかったことが判明した。

　一方、iTunes社はアップルジャパンに対し、使用料とは別の名目で多額の支払いをしていた。さらに、アップルジャパンは、シンガポールのアップル関連会社を経由してアイルランド子会社からiPhoneなどを買い取っており、同国税局が仕入値を確認したところ、使用料相当額が製品自体の価格に上乗せされてアイルランド子会社に流れていたという。

同国税局は、一連の支払いの流れが、iTunes 社のアイルランド子会社に対する使用料支払いに当たると判断し、使用料の額を 2014 年までの約 2 年間で約 600 億円と認定。iTunes 社に対し、源泉徴収漏れを指摘した。

(2016 年 9 月 16 日付読売新聞より（一部抜粋))

## ■問題の本質

　今回の源泉税の税務調査で明らかになったのは、iTunes の映像音楽配信のソフトウェア使用料の取引（取引図右側太線の流れ）です。アップルのグローバル税務戦略は、ダブルアイリッシュ・ウィズ・ダッチサンド・スキームを使って利益をアイルランド子会社に計上することですから、iTunes のソフトウェアの収益をこのスキームの中に織り込んでアイルランド子会社が計上したものと思われます。ソフトウェアの使用料として直接 iTunes 社が支払わず、アップルジャパンを経由して、iPhone 本体価格として、シンガポール関連会社を経由してアイルランド子会社に支払うことにより、日本での源泉税を回避するわけです。

　これは、iTunes のソフトウェア使用料の取引ですが、iPhone の本体の取引（取引図左側の流れ）についても移転価格の検証をする必要があります。アップルジャパンからシンガポール関係会社への製品価格にソフトウェア使用料が上乗せされていた事実からみて、iPhone の製品価格は本体価格より高く設定されていたわけですから、移転価格によりアイルランド子会社へ利益が移転している可能性があるからです。

　実効税率が 0.005％という異常に低い数字は、単にスキームを構築しただけでは不可能な数字ですので、その具体的な方法を解明することが重要であり、現在 OECD 等が解明調査を進めているところですが、その解明結果が注目されているところです。

事例 15

# Amazon 事例（電子取引の売上計上場所、物流倉庫の PE 認定）

「便利で安くて早い」と評判のインターネット通販の巨人 Amazon は、全世界規模で年商 12 兆円といわれる巨大企業グループですが、利益は低水準にとどまっています。その理由は、目先の利益を追わず、将来に向けて心臓部である物流と IT システムに巨額の投資を行うことで、世界規模でインフラの構築を全力で行ってきたからといわれています。

目先の利益は追わないと言われながら、EC では B to C 型ビジネスモデルを展開して急成長し、売上高、各国のシェアとも独壇場となっています。日本においても年間売上は 1 兆円を超え、年間 4 億個の商品を全国の流通網を通じて販売している巨大企業に成長しています。

これらの業績を支えているのが、進出国（日本）に根差した配送や独自サービスと圧倒的な訪問者数を誇る通販サイトインフラです。

このように日本市場を席巻する Amazon は、消費税については日本での申告を行っていますが、法人税については恒久的施設を有しないとして、日本で販売した利益に対する日本の法人税は支払っていませんでした。東京国税局は、2009 年に Amazon の日本子会社（物流子会社及びサービスカンパニー）に業務委託した物流倉庫等が Amazon の恒久的施設に当たるとして、日本国内で配送した商品の売上高等に基づいて 140 億円の法人税の追徴課税を行ったとみられますが、日本の税務当局と米国税務当局との相互協議では、課税処分は大幅に減額され、日本の主張は認められなかった模様です。

相互協議において問題になったと想定されるテーマは、①日本子会社や物流倉庫が PE となるのか、②インターネットを使った通販の売上はどこで計

上されるのか、③構築したITインフラのシステム費用や無形資産の使用料は日本が負担すべきかどうか、という点であったと思われます。

　従来の伝統的な国際課税の理論からすると、①外注先の配送用倉庫はPEに該当しないと考えられ、②インターネットを通じた受注では米国に受信用サーバーがある限り、販売は米国で行われたことになり、顧客に届けた商品の販売収益は日本では計上されず、米国で売上計上されることになります。また、③ITなどの無形資産は日本にないことから、IT費用等の使用料は無形資産を保有している米国親会社に支払うことになります。ただし、実際には、日本で売上を計上していないので、それに対応する費用の支払いも計上されていないと思われます。

　以上が、日本税務当局が課税したときの伝統的な国際課税の考え方でしたが、これまで見てきたように、タックスプランニングにより高度に仕組まれた複雑な取引になっている現在においては、これらの伝統的な考え方では不公平な結果をもたらし、かえって格差が増大してしまいますので、OECDのBEPSプロジェクト等により、国際課税ルールの見直しの検討が進められています。

　OECDの課税ルールの見直しの基本的な考え方は、事業を行っている国において課税するというものですから、例えば、インターネットを使ったオンライン上で販売契約を締結する電子経済に関する売上計上のあり方や、国際ネット通販会社が進出先の国に持っている巨大倉庫をPEとみなして課税できるように見直しを図っていくというものであり、この原則の下に新しいルールが実体に即して見直されていくものと思われます。

図表4-3-5　電子経済への対応（PEの人為的回避の防止）

(行動1参考) 恒久的施設の人為的回避の防止（行動7）による電子経済への対応

**背景**

○恒久的施設（PE）とは、事業を行う一定の場所（支店等）をいう。企業が外国で事業を行う場合、外国にその企業のPEがなければ、当該外国は課税できない（「PEなければ課税なし」）。

**問題点①**

○現行のモデル条約では、企業の名において契約を締結する者は、代理人PEとして、PEに該当する。
○電子経済に於いては、実質的な交渉は現地子会社の販売部門が行うが、実際の契約は親会社が締結することにより、PE認定を回避するケースが見受けられる。

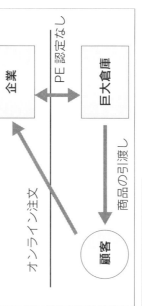

②親会社とオンライン契約
①実質的な交渉
③PE認定なし

**行動7による解決**

○PEと認定される代理人の活動に、「契約の締結に繋がる主要な役割を果たすこと」を追加する。

**問題点②**

○現行のモデル条約では、商品の引渡しや購入のみを行う場所等は、その活動が企業の本質的である場合でもPEと認定されない。
○そのため、書籍等のオンライン販売のために保有する巨大な倉庫が、PEと認定されない。

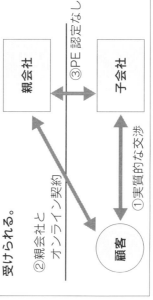

オンライン注文
商品の引渡し
PE認定なし

**行動7による解決**

○商品の引渡しのみを目的としていたとしても、事業の本質的部分を構成するオンライン販売のための巨大倉庫等については、PEと認定する。

出典：BEPS行動7（財務省資料）

新しいルールへの改定はできないと考える専門家も多いかと思われますが、欧州においては、Amazonをはじめ多くの多国籍企業が圧倒的なパフォーマンスを示しているにもかかわらず、納税額はわずかであることから、OECD等が現在、フランス、ドイツ、ルクセンブルグ、英国等で実態解明の調査中です。これらの調査により、多国籍企業の租税回避の実態が更に浮き彫りにされていくことにより、その対処方法もまた見えてくるのではないかと思われ、その調査結果が注目されています。

　なお、Amazonは2004年から欧州事業の再編を行い、欧州各国のウェブサイトの所有権及びその管理をAEHT（ルクセンブルク）に移管し、米国本社とAEHTの2社を中心にコストシェアリング契約を締結して、AEHTは多額の研究開発費を支払い負担割合に応じた収益を獲得する権利を取得していますが、米国Amazon本社は欧州統括拠点であるAEHTから2005年と2006年に受け取ったBuy-In支払金額が過少であったということで、米国内国歳入庁から1,800億円の移転価格課税を受けています。

　過去に米国本社が作りあげてきた既存の無形資産からも便益を受けるために、AEHTは既存の無形資産のBuy-In支払金額140億円を米国本社に支払っていますが、米国税務当局（IRS）は既存の無形資産の価値を3,240億円と算定し、AEHTが米国本社に支払うべきBuy-In支払金額が1,800億円足りないとして、課税処分を行っています。この処分に対し、Amazonは当該課税の取消しを求めて2012年12月に租税裁判所に提訴しています。

## 図表 4-3-6　Amazon の欧州スキーム図

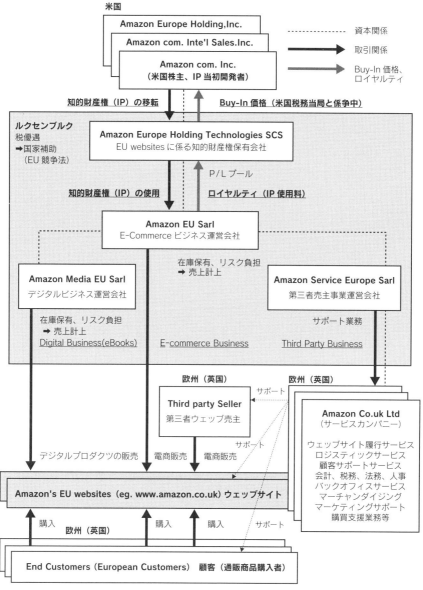

出典：英国特別調査会 HM Revenue & Customs：Annual Report and Accounts 2011-12 より筆者作成

事例 16

# オウブンシャホールディング事件

## 概　要

　上告人Ｃ社は、その保有する内国法人株式 15 万株及び現金を出資して、オランダに設立した 100％子会社Ｄ社の株主総会において、その発行株式総数の 15 倍の新株をオランダ法人Ｅ社（Ｃ社の関連会社）に著しく有利な価額で発行する決議を行い、Ｄ社は決議に従って第三者割当増資を行いました。課税庁は、上記新株発行においてＣ社に法人税法 22 条 2 項に規定する「取引」に係る「収益」が生じており、Ｃ社からＥ社への「資産価値の移転」を法人税法 37 条の寄付金と認定して課税しました。

（最三小判平成 18 年 1 月 24 日）

## 最高裁の判断（法人税 22 条 2 項に規定する「取引」について）

　「上告人（Ｃ社）の保有するＤ社株式に表章された資産価値については、上告人が支配し、処分することができる利益として明確に認めることができるところ、上告人は、このような利益を、Ｄ社との合意に基づいて同社に移転したというべきである。したがって、この資産価値の移転は、上告人の支配の及ばない外的要因によって生じたものではなく、上告人において意図し、かつ、Ｄ社において了解したところ実現したものということができるから、法人税法 22 条 2 項にいう取引にあたるというべきである。」

　このスキームは、自己の保有する株式を現物出資してオランダ子会社を設立し、その際、圧縮記帳制度を利用することにより、税法上は譲渡益が未実

現のままオランダ子会社に株式が移転しており、その後のオランダ子会社による第三者割当増資によって、この未実現利益に対する日本の課税を避けることができました[27]。

現物出資によりオランダ子会社に移転した株式について、株主権を行使してオランダ子会社に第三者割当増資をさせることにより、その一株当たりの株の「資産価値」が相対的に下がります。この第三者割当増資は、増資として資本等取引に当たるとすれば、課税所得（益金）は構成しません。

しかし、もとの株式と下がった価値の価額の差額を実質的に第三者に移転する取引として、法人税法22条2項にいう課税取引に当たると判断しました[27]。

## ■ ポイント

非公開株式を利用したクロスボーダー（国境を越えた）取引スキームに対して、法人税法132条1項（同族会社の行為計算否認規定）ではなく、本件は、外国法人組織の設立から株式の有利発行を含めた一連の取引を全体的にみれば、租税回避の意図があるものとして、一連の取引による節税の利得を否認し、この株式有利発行を法人税法22条2項適用による課税取引とする「私法上の法律構成による否認」に通じる判断がなされました。

### ■ 租税回避の否認

本件の最高裁判決は、法人税法22条2項の「取引」の意義を広く解釈することによって、租税回避スキームに対して否認を認めたのと同じ結果となった判決です。ただし、本件判決は、租税法律主義に反する法令上の根拠なしに否認を認める趣旨ではないとされます[28]。

---

[27] 旧法人税法51条により、納税者はA社株式の現物出資による譲渡益について圧縮記帳により簿価引継により、課税を繰り延べることができた。
　有利発行に係る課税に関して、最三小判平成24年5月8日（タイ子会社有利発行事件）がある。
[28] 金子宏『租税法 第20版』（弘文堂、2015年）129〜130頁

この判決によって、株式を動かす際に、クロスボーダー取引を用いた、譲渡益課税回避スキームに対し、法人税法22条2項によって課税調整を行うことができることが明らかになりました[29]。

租税回避は、納税者が、私法上の選択可能性を利用し、経済取引上合理的な理由がないのに、通常用いられない法形式を選択することによって、経済的目的等を実現しながら、課税要件の充足を逃れ、税負担を減少等させることをいいます[30]。

同族会社の行為計算否認規定、法人組織再編の行為計算否認規定等の個別規定の要件に沿った租税回避行為の否認については、租税法律主義に沿ったものとされます。

一方では、個別規定等によらない、課税庁の租税回避否認については、一般的租税回避否認規定が我が国にはないため、租税法律主義の下で、法的安定性ないし予測可能性の確保の見地から明文の規定が存在しない場合には問題があるとされています。

ただし、納税者の権利を保障する立場を認めつつも、課税逃れを野放しにすることは課税の公平の見地から問題があるとされます。

したがって、①事実認定・私法上の法律構成による「否認」[31]と②課税減免規定の解釈による「否認」[32]の2つについては、個別規定に基づかない、租税回避行為の否認と同様の効果を有する税務否認とされ、租税法律主義の見地からも認められます[33]。

---

[29] 私法上の取引がない場合に同法22条2項を用いた譲渡課税が認められるためには一定要件が必要であり、その要件について議論の論点が移っているとされる（太田洋「法人税法22条2項にいう「取引」の意義」租税判例百選 第6版（別冊ジュリスト228号）、2016年6月、100～101頁）。

[30] 金子・同・124頁

[31] 金子・同・130頁、中里実『タックスシェルター』222頁

[32] 米国グレゴリー事件判決によって認められた法理（プロパー・ビジネス・パーパスの法理）で、減免規定の趣旨・目的に照らして、減免規定を限定解釈して、納税者の取引に対して減免規定を否認する法理。

①の事実認定・私法上の法律構成による「否認」については、本件判例でも、法人税法22条2項の「取引」の意義を広く解釈することによって、否認を認めたのと同じ結果になっています。つまり、私法上の真実の法律関係や事実関係の認定に即した結果、租税法の要件を満たし課税が行われ、租税回避否認と同じ効果があります。ただし、租税回避の否認にはあたらないため、租税法律主義の見地からも問題がないとされています。

　課税庁の実務としても、①事実認定・私法上の法律構成による「否認」により、課税調整を行い、それでも対処ができない場合に、「課税上弊害がある租税回避」については、制度の乱用を根拠とした、②の課税減免規定の解釈による「否認」により、処分を行うといわれています[34]。

　ただし、①の場合、私法上の真実の法律関係や事実関係の認定に当たっては、きわめて慎重に行われるべきであって、真実の法律関係、事実関係から離れて、これら法律・事実関係を再構成することは許されないとされます[35]。

---

[33] 中里・同・222頁
　　課税減免規定の解釈による「否認」の参考判例として、最高裁平成17年12月19日判決（りそな銀行事件）。
[34] 山崎昇「課税庁からみた国際的租税回避否認についての研究ノート」税大論叢52号
[35] 金子・同・130頁

# 第4節 新しい国際課税原則の構築の必要性

## 1 本庄資教授の考え方（BEPS行動計画）

　伝統的な国際課税原則は陳腐化し、逆に国際的多国籍企業の租税回避スキームのために使われて、著しい課税の不公平の根源となっています。

　アップル、アマゾン、マクドナルド、グーグル、スターバックス、マイクロソフト、IBM、イケア等々名だたる世界企業が、国境を跨いで節税策を構築することにより、巨額の税を逃れ、そのような恩恵を受けられない多くの企業が国境の内側で高い税金を負担することになっています。また、企業への法人税率が引き下げられていく結果、個人の納税者に対する税金、社会保険料の負担が重くなっていきます。

　この現状を、本庄資名古屋経済大学大学院教授は、陳腐化した国際課税原則を見直し、新しい国際課税原則を構築する必要性があるとして、論文「OECDのBEPS対策の始動を中心として」の冒頭サマリーの中で次のように指摘されています。

　「OECDは、BEPSの多くは、軽課税国への無形資産の移転、ハイブリッド・ミスマッチの利用等を組み合わせ、税率の低い国・地域に利益を移転することで生じていると分析し、多くのBEPSの手法は合法であり、国際課税原則を見直す必要があるとしている。また、BEPSへの効果的な対応のためには、国際的に協調された行動をとることが重要であるとしている。」と述べ、最後に、「BEPS対応行動計画（Action Plan）が……居住ベース課税原則と源泉ベース課税原則の根幹の変化を及ぼす国際課税原則の抜本的な変

化を求めるか……分らないが、BEPS に一国限りの対策ではなく、国際的協調で統合され、総合調整された各国共通の施策が講じられることになるとすれば、画期的なことである」と結んでいます。

　現代の資本主義社会においては、国際競争を行っている多国籍企業は営業利益の追求のために、法に触れない限りは何をやってもいいという考え方がありますが、表面上の取引だけをみた時は合法的になっていても、ノミニー取引、名義取引、複雑な信託契約、多様な外国事業体、形式的な法形式等により実は巧妙に仕組まれたスレスレのものが多く、その結果がもたらす不公正社会の過酷さを見たとき、この不公正、不公平な取引は無くさなければならないというのが、今や共通の認識となっています。伝統的な課税ルールの限界を認識し、新しい国際課税ルールを作り上げていく取組みが、今の世界に求められている最重要課題の一つであるといえます。

## 2　OECD の新ルール

　パナマ文書が多国籍企業や富裕層の脱税や行き過ぎた租税回避の実態を明らかにした現状について、国際社会は、OECD を中心に各国の連携を深めた新たな対応策を打ち出す必要があると痛感しています。

　例えば、「税の透明性及び税目的の情報交換に関するグローバル・フォーラム」は、相互審査を行うため、OECD　加盟国に加え、非加盟国を含む100 以上の国・地域が参加するフォーラムであり、①情報の記録（真実の所有者がわかるように情報が適正に記録、保存されているか）、②税務当局が銀行機密に妨げられないか、③税務当局間の情報交換に積極的か、をお互いに審査していこうという取組みです。

　また、OECD 租税委員会は、タックスヘイブンを制裁するための３つの客観的な基準作りを行って、①税の透明性があるか、②非居住者の口座情報を自動的に交換するルールに参加しているか、③税務当局間で協力するため

の条約に署名しているか、により評価し、国際ルールに非協力的な国・地域をブラックリストに掲載するという取組みも行っています。

　陳腐化した国際課税のルールを新しいルールにしていく動きでは、日米欧に中国などを加えたG20において、タックスヘイブンを使った多国籍企業の税逃れを防ぐ新たなルールを採択し、米スターバックスなどの税逃れを契機に、OECDと進めてきた新ルールの取りまとめを行っているところです。

## 【検討されているOECDの新ルール】

① ビジネスを行った場所で納税させる原則を確認
② 税率の低い国の子会社に特許権を移し特許料収入に係る租税回避を行っている場合は、特許を生み出した親会社にその価値に応じて課税する。
③ ネット通販の会社に対し、販売先の国にある配送用の倉庫があれば課税できるように、物流倉庫もＰＥに認定する。
④ 子会社等に支払う過度な利払いに対する課税強化
⑤ 税理士等に対する節税策の報告義務
⑥ 国際課税ルールの致命的な欠陥対策
　脱税や過度な租税回避を目的とした事業実態のないペーパーカンパニーは、設立者や株主が名義だけを貸して実際の所有者が把握できないケースが多く、真実の所有者が隠ぺいされて、タックスヘイブン対策税制や、移転価格税制が適切に機能しなくなっている。ペーパーカンパニーの真の所有者を特定するルール作りが議論され、ペーパーカンパニーの透明性を高める必要性が強調され、欧州各国は法人に実質的な所有者の登録を義務付けて、情報を共有するルールを提案している。
⑦ 資金洗浄や脱税といった不適切な資金の流れを把握しやすくするため、各国の金融当局が持つ情報を自動的に交換する制度を拡充し、必要な情報を迅速に入手できる仕組みを整える。
⑧ ＡＩやバイオテクノロジーといった急速に発展する新たな分野では、利

益をどのように享受するかの分析を進める。

　これらの検討中の新ルールが各国の合意を得て成立し、実質的に機能し、租税の不公正が解消するかどうかは、この問題の解決に当たって全世界が協調して問題解決に真剣に取り組むことができるかどうかにかかっていることは言うまでもありません。これらの国際的な取組みの流れのなかで、OECDやG20をはじめ国際的な租税回避や富裕層の課税強化に向けた取り組みは、更に加速して進められていくことになります。

　このように世界を取り巻く多国籍企業、富裕層に対する課税強化へ向けた環境変化の中で、個人として自らの財産を守っていくために、また次世代に資産を承継していくためには、国外に財産を保有し、それを賢く管理していくことが重要になります。

　国外財産に関する情報を適切に開示したうえで、タックスプランニングの手法を取り入れて、個人で保有するか、非上場株式を利用して法人として保有するかを、場面場面に応じて有効に活用していくことが今後更に必要となってくるといえます。

　この不確実で将来が見えにくい不安定な世界の中でこそ、国内だけで資産を動かすのではなく、国外に資産を保有し、適切な税務マネージメントをすることにより、大切な資産を守り、事業を次世代に引き継いでいくことができるものと考えます。

## 参考資料：租税条約での利子・配当・使用料の限度税率表

我が国が締結した租税条約で既に発効しているもの等の概要は、次の表のとおりです。

| 国・地域名 | 限度税率 利子 | 限度税率 配当 | 限度税率 使用料 | 備考 |
|---|---|---|---|---|
| アイルランド（注6） | ※ 10 % | 15（10）% | 10 % | ※ 割引債の償還差益を含む。 |
| アゼルバイジャン共和国 | ※1 10 | 15（－） | ※2 | ※1 割引債の償還差益を含む。<br>※2 文化的使用料は免税、工業的使用料は10% |
| アメリカ合衆国（注5）（注6） | ※1 原則免税 | ※2 10（5又は免税） | 免税 | ※1 割引債の償還差益を含む。利益連動型の利子は10%<br>※2 年金基金が受け取る配当は免税。 |
| アラブ首長国連邦 | ※ 10 | 10（5） | 10 | ※ 割引債の償還差益を含む。 |
| アルメニア共和国 | ※1 10 | 15（－） | ※2 | ※1 割引債の償還差益を含む。<br>※2 文化的使用料は免税、工業的使用料は10% |
| イスラエル国 | ※1 10 | 15（5） | ※2 10 | ※1 割引債の償還差益を含む。<br>※2 著作権、工業所有権等の譲渡益を含む。 |
| イタリア共和国 | ※ 10 | 15（10） | 10 | ※ 割引債の償還差益を含む。 |
| インド | ※ 10 | 10（－） | 10 | ※ 割引債の償還差益を含む。 |
| インドネシア共和国 | ※ 10 | 15（10） | 10 | ※ 割引債の償還差益を含む。 |
| ウクライナ | ※1 10 | 15（－） | ※2 | ※1 割引債の償還差益を含む。<br>※2 文化的使用料は免税、工業的使用料は10% |

| 国・地域名 | 限度税率 | | | 備考 |
|---|---|---|---|---|
| | 利子 | 配当 | 使用料 | |
| ウズベキスタン共和国 | ※1<br>10 | 15（－） | ※2 | ※1 割引債の償還差益を含む。<br>※2 文化的使用料は免税、工業的使用料は10% |
| エジプト・アラブ共和国 | 国内法どおり | 15（－） | ※<br>15 | ※ 映画フィルムの使用料を除く。 |
| オーストラリア連邦<br>（注6） | ※<br>10 | 10（5又は免税） | 5 | ※ 金融機関等が受け取る利子は免税。割引債の償還差益を含む。 |
| オーストリア共和国 | 10 | 20（10） | ※<br>10 | ※ 著作権、工業所有権等の譲渡益を含む。 |
| オマーン国 | ※<br>10 | 10（5） | 10 | ※ 割引債の償還差益を含む。 |
| オランダ王国<br>（注6） | ※1<br>10 | ※2<br>10（5又は免税） | 免税 | ※1 金融機関等や年金基金が受け取る利子は免税。割引債の償還差益を含む。<br>※2 年金基金が受け取る配当は免税。 |
| ガーンジー | 規定なし | 規定なし | 規定なし | |
| カザフスタン共和国 | ※1<br>10 | 15（5） | ※2<br>5 | ※1 割引債の償還差益を含む。<br>※2 議定書による。 |
| カタール国 | ※<br>10 | 10（5） | 5 | ※ 割引債の償還金を含む。政府・金融機関等が受け取る利子は免税。 |
| カナダ | ※<br>10 | 15（5） | 10 | ※ 割引債の償還差益を含む。 |
| キルギス共和国 | ※1<br>10 | 15（－） | ※2 | ※1 割引債の償還差益を含む。<br>※2 文化的使用料は免税、工業的使用料は10% |
| クウェート国<br>（注6） | ※<br>10 | 10（5） | 10 | ※ 年金基金が受け取る利子は免税。割引債の償還差益を含む。 |

| 国・地域名 | 限度税率 | | | 備考 |
|---|---|---|---|---|
| | 利子 | 配当 | 使用料 | |
| グレートブリテン及び北アイルランド連合王国（イギリス）（注6） | ※1<br>原則免税 | ※2<br>10（免税） | 免税 | ※1 利益連動型の利子は10%<br>※2 年金基金が受け取る配当は免税。 |
| ケイマン諸島 | 規定なし | 規定なし | 規定なし | |
| サウジアラビア王国（注6） | ※1<br>10 | 10（5） | ※2 | ※1 年金基金が受け取る利子は免税。割引債の償還差益を含む。<br>※2 設備の使用料は5%、その他は10% |
| サモア独立国 | 規定なし | 規定なし | 規定なし | |
| ザンビア共和国 | ※<br>10 | 免税 | 10 | ※ 割引債の償還差益を含む。 |
| ジャージー | 規定なし | 規定なし | 規定なし | |
| ジョージア | ※1<br>10 | 15（－） | ※2 | ※1 割引債の償還差益を含む。<br>※2 文化的使用料は免税、工業的使用料は10% |
| シンガポール共和国（注6） | ※1<br>10 | 15（5） | ※2<br>10 | ※1 割引債の償還差益を含み、特定の利子は免税。<br>※2 一定の著作権、工業所有権等の譲渡益を含む。 |
| スイス連邦（注6） | ※1<br>10 | ※2<br>10（5又は免税） | 免税 | ※1 金融機関等や年金基金が受け取る利子は免税。割引債の償還差益を含む。<br>※2 年金基金が受け取る配当は免税。 |
| スウェーデン王国 | ※<br>原則免税 | 10（免税） | 免税 | ※ 割引債の償還差益を含む。利益連動型の利子は10% |
| スペイン | 10 | 15（10） | ※<br>10 | ※ 真正譲渡以外の著作権、工業所有権等の譲渡益を含む。 |

| 国・地域名 | 限度税率 | | | 備考 |
|---|---|---|---|---|
| | 利子 | 配当 | 使用料 | |
| スリランカ | ※1<br>− | 20（−） | ※2<br>半額課税 | ※1 銀行が受け取る利子は免税。<br>※2 著作権、映画フィルムの使用料は免税。 |
| スロバキア共和国 | ※1<br>10 | 15（10） | ※2 | ※1 割引債の償還差益を含む。<br>※2 文化的使用料は免税、工業的使用料は10％ |
| タイ王国 | ※1<br>25 | ※2<br>国内法どおり（20） | ※3<br>15 | ※1 金融機関が受け取る利子は10％、割引債の償還差益を含む。<br>※2 親子会社間で産業的事業を営む法人からの配当は15％<br>※3 著作権、工業所有権等の譲渡益を含む。 |
| 大韓民国 | ※1<br>10 | ※2<br>15（5） | ※3<br>10 | ※1 割引債の償還差益を含む。<br>※2 親子会社間配当については平成15年末まで10％<br>※3 著作権、工業所有権等の譲渡益を含む。 |
| タジキスタン共和国 | ※1<br>10 | 15（−） | ※2 | ※1 割引債の償還差益を含む。<br>※2 文化的使用料は免税、工業的使用料は10％ |
| チェコ共和国 | ※1<br>10 | 15（10） | ※2 | ※1 割引債の償還差益を含む。<br>※2 文化的使用料は免税、工業的使用料は10％ |
| 中華人民共和国 | ※<br>10 | 10（−） | 10 | ※ 割引債の償還差益を含む。 |
| 中華人民共和国<br>香港特別行政区 | ※<br>10 | 10（5） | 5 | ※ 割引債の償還差益を含む。 |

| 国・地域名 | 限度税率 ||| 備考 |
|---|---|---|---|---|
| | 利子 | 配当 | 使用料 | |
| 中華人民共和国マカオ特別行政区 | 規定なし | 規定なし | 規定なし | |
| チリ共和国<br>(注5)<br>(注6) | ※1<br>10 | ※2<br>15 (5) | ※3<br>10 | ※1 銀行等が受け取る利子は4％、条約発効後2年間に支払を受けるべきものは15％。割引債の償還差益を含む。<br>※2 年金基金が受け取る配当は免税。<br>※3 設備の使用等に係る使用料は2％ |
| デンマーク王国 | ※1<br>10 | 15 (10) | ※2<br>10 | ※1 割引債の償還差益を含む。<br>※2 著作権、工業所有権等の譲渡益を含む。 |
| ドイツ連邦共和国<br>(注5)<br>(注6) | ※<br>原則免税 | 15 (5又は免税) | 免税 | ※ 割引債の償還差益を含む。利益連動型の利子を除く。 |
| トルクメニスタン | ※1<br>10 | 15 (－) | ※2 | ※1 割引債の償還差益を含む。<br>※2 文化的使用料は免税、工業的使用料は10％ |
| トルコ共和国 | ※<br>15 | 15 (10) | 10 | ※ 金融機関が受け取る利子は10％。割引債の償還差益を含む。 |
| ニュージーランド<br>(注6) | ※1<br>10 | ※2<br>15 (免税) | 5 | ※1 金融機関等が受け取る利子は免税。割引債の償還差益を含む。<br>※2 持株割合10％以上で一定の要件を満たすものは免税。 |
| ノルウェー王国 | ※1<br>10 | 15 (5) | ※2<br>10 | ※1 割引債の償還差益を含む。<br>※2 著作権、工業所有権等の譲渡益を含む。 |

| 国・地域名 | 限度税率 ||| 備考 |
|---|---|---|---|---|
| | 利子 | 配当 | 使用料 | |
| パキスタン・イスラム共和国（注6） | ※<br>10 | 10（7.5又は5） | 10 | ※ 割引債の償還差益を含む。 |
| バハマ国 | 規定なし | 規定なし | 規定なし | |
| バミューダ | 規定なし | 規定なし | 規定なし | |
| ハンガリー<br>（ハンガリー人民共和国） | ※1<br>10 | 10（－） | ※2<br>10 | ※1 割引債の償還差益を含み、特定の利子は免税。<br>※2 文化的使用料は免税、工業的使用料は10% |
| バングラデシュ人民共和国 | ※1<br>10 | 15（10） | ※2<br>10 | ※1 割引債の償還差益を含む。<br>※2 著作権、工業所有権等の譲渡益を含む。 |
| 英領バージン諸島 | 規定なし | 規定なし | 規定なし | |
| フィジー共和国（注6） | 国内法どおり | 国内法どおり | ※<br>10 | ※ 著作権、工業所有権等の譲渡益を含む。 |
| フィリピン共和国 | ※1<br>10 | 15（10） | ※2<br>10 | ※1 割引債の償還差益を含む。<br>※2 映画フィルム等の使用料は15% |
| フィンランド共和国 | 10 | 15（10） | ※<br>10 | ※ 著作権、工業所有権等の譲渡益を含む。 |
| ブラジル連邦共和国 | 12.5 | 12.5（－） | ※<br>12.5 | ※ 商標権の使用料は25％、映画フィルム等の使用料は15% |
| フランス共和国（注6） | ※<br>10 | 10（5又は免税） | 免税 | ※ 金融機関等や年金基金が受け取る利子は免税。割引債の償還差益を含む。 |
| ブルガリア共和国 | ※1<br>10 | 15（10） | ※2<br>10 | ※1 割引債の償還差益を含む。<br>※2 著作権、工業所有権等の譲渡益を含む。 |
| ブルネイ・ダルサラーム（注6） | ※<br>10 | 10（5） | 10 | ※ 割引債の償還差益を含む。 |

| 国・地域名 | 限度税率 | | | 備考 |
|---|---|---|---|---|
| | 利子 | 配当 | 使用料 | |
| ベトナム社会主義共和国（注6） | ※1<br>10 | 10（－） | ※2<br>10 | ※1 割引債の償還差益を含む。<br>※2 著作権、工業所有権等の譲渡益を含む。 |
| ベラルーシ共和国 | ※1<br>10 | 15（－） | ※2<br>10 | ※1 割引債の償還差益を含む。<br>※2 文化的使用料は免税、工業的使用料は10% |
| ベルギー王国 | 10 | 15（10） | ※<br>10 | ※ 真正譲渡以外の著作権、工業所有権等の譲渡益を含む。 |
| ポーランド共和国（ポーランド人民共和国） | ※1<br>10 | 10（－） | ※2<br>10 | ※1 割引債の償還差益を含む。<br>※2 文化的使用料は免税、工業的使用料は10% |
| ポルトガル共和国（注6） | ※<br>10 | 10（5） | 5 | ※ 銀行が受け取る利子は5％。割引債の償還差益を含む。 |
| マレーシア | ※1<br>10 | 15（5） | ※2<br>10 | ※1 割引債の償還差益を含む。<br>※2 著作権、工業所有権等の譲渡益を含む。 |
| マン島 | 規定なし | 規定なし | 規定なし | |
| 南アフリカ共和国 | ※1<br>10 | 15（5） | ※2<br>10 | ※1 間接融資等免税、償還差益を含む。<br>※2 裸用船料・パテント譲渡益を含む。 |
| メキシコ合衆国 | ※<br>15 | 15（5又は免税） | 10 | ※ 金融機関が受け取る利子は10％。割引債の償還差益を含む。 |
| モルドバ共和国 | ※1<br>10 | 15（－） | ※2<br>10 | ※1 割引債の償還差益を含む。<br>※2 文化的使用料は免税、工業的使用料は10% |
| リヒテンシュタイン公国 | 規定なし | 規定なし | 規定なし | |

| 国・地域名 | 限度税率 | | | 備考 |
|---|---|---|---|---|
| | 利子 | 配当 | 使用料 | |
| ルーマニア<br>(ルーマニア社会主義共和国) | ※1<br>10 | 10 (－) | ※2 | ※1 割引債の償還差益を含む。<br>※2 文化的使用料は10％、工業的使用料は15％ |
| ルクセンブルク大公国 | ※<br>10 | 15 (5) | 10 | ※ 割引債の償還差益を含む。 |
| ロシア連邦<br>(旧ソヴィエト社会主義共和国連邦) | ※1<br>10 | 15 (－) | ※2 | ※1 割引債の償還差益を含む。<br>※2 文化的使用料は免税、工業的使用料は10％ |

・外国居住者等所得相互免除法による取扱い

| 国・地域名 | 税率 | | | 備考 |
|---|---|---|---|---|
| | 利子 | 配当 | 使用料 | |
| 台湾 (注7) | ※ ％<br>10 | ％<br>10 | ％<br>10 | ※ 割引債の償還差益を含む。 |

(注) 1 限度税率は、日本側の税率を示します。
2 「配当」欄の括弧書は、親子会社間配当に対する特別税率を示します。
3 アゼルバイジャン共和国、アルメニア共和国、ウクライナ、ウズベキスタン共和国、キルギス共和国、ジョージア、タジキスタン共和国、トルクメニスタン、ベラルーシ共和国及びモルドバ共和国は、旧ソヴィエト社会主義共和国連邦との間で締結された条約を承継したものです。
4 チェコ共和国、スロバキア共和国は、旧チェッコスロヴァキア社会主義共和国との間で締結された条約を承継したものです。
5 アメリカ合衆国、チリ共和国及びドイツ連邦共和国については、条約発効後の限度税率を示します。
6 居住地国の国内法上、国内仕向送金された、又は国内で受領した部分にのみ租税を課されることとされている場合、条約に基づく源泉地国課税の減免は居住地国で課税することとされている部分にのみ適用されます。
7 台湾については、公益財団法人交流協会（日本側）と亜東関係協会（台湾側）との間の民間取決め及びその内容を日本国内で実施するための法令（外国居住者等所得相互免除法）によって、全体として租税条約に相当する枠組みを構築しています。
8 この表は租税条約等の概要を掲げたものですから、具体的な適用関係については、それぞれの租税条約等の該当条項を確認してください。

(国税庁 平成29年度版 源泉徴収のあらましより)

■著者紹介

**佐藤 臣夫**（さとう とみお）　税理士
慶應義塾大学経済学部卒業。
東京国税局調査第一部・主任国際専門官付調査官としてデリバティブ取引、不良債権取引（ハゲタカファンド）、各種租税回避スキーム取引の実態解明プロジェクト調査を担当後、移転価格担当国際専門官として多国籍外資系金融機関のグローバルトレーディングの移転価格事前確認及び移転価格調査を担当。その後、東京国税不服審判所副審判官、東京国税局調査第一部・国際調査担当特別国税調査官、移転価格担当特別国税調査官、国際情報第3部門統括官を歴任。東京国税局調査第三部統括官を最後に退官。佐藤臣夫税理士事務所経営。

**清水 鏡雄**（しみず あきお）　税理士
筑波大学大学院博士前期課程企業法学専攻卒業（法学修士）。
アーンスト・アンド・ヤング（国際税務部門）、プライスウォーターハウスクーパース中国（上海事務所：国際税務部門）、新日本監査法人（国際業務部、知的財産アドバイザリー業務部）等にて、公開企業、オーナー企業の海外事業展開及び相続税対策を含む税務リスク削減支援業務に従事。東京国税不服審判所にて民間登用国税審判官として、国際課税・金融事案の審判事務に従事。清水鏡雄税理士事務所経営。

## 「パナマ文書以後」に対応する
## 国外財産の移転・管理と税務マネジメント

2017年11月6日 発行

著 者　佐藤　臣夫／清水　鏡雄 ©

発行者　小泉　定裕

発行所　株式会社 清文社
　　　　東京都千代田区内神田1-6-6（MIFビル）
　　　　〒101-0047　電話03(6273)7946　FAX03(3518)0299
　　　　大阪市北区天神橋2丁目北2-6（大和南森町ビル）
　　　　〒530-0041　電話06(6135)4050　FAX06(6135)4059
　　　　URL http://www.skattsei.co.jp/

印刷：日本ハイコム㈱

■著作権法により無断複写複製は禁止されています。落丁本・乱丁本はお取替えします。
■本書の内容に関するお問い合わせは編集部までFAX（03-3518-8864）でお願いします。
■本書の追録情報等は、当社ホームページ（http://www.skattsei.co.jp/）をご覧ください。

ISBN978-4-433-62907-6